영등포의 역사와 지명이야기

영등포의 역사와 지명이야기

민긍기 지음

국학자료원

일러두기

一. 이 책은 영등포구永登浦區와 영등포구에 속해 있는 9개 법정동法定洞의 유래와 그 지명地名의 유래에 관한 필자의 이야기를 모은 것이다.

一. 영등포구에 대한 이야기인 <영등포구(永登浦區)>는 총론總論에 해당하고, 영등 포구에 속해 있는 9개 법정동에 대한 이야기인 <영등포동(永登浦洞)> <문래동 (文來洞)> <당산동(堂山洞)> <양평동(楊坪洞)> <양화동(楊花洞)> <도림동 (道林洞)> <대림동(大林洞)> <신길동(新吉洞)> <여의도동(汝矣島洞)>은 각론 各論에 해당한다.

一. 여기에 실려 있는 각각의 이야기는 서로 독립된 이야기다. 각각의 이야기를 독립 적으로 전개하기 위해 각각의 이야기에서 서로 중복되는 부분이 생긴 것은 불가 피한 일이었다.

一. 이야기를 쉽게 하기 위해 인용문이 한문인 경우 모두 번역하여 인용하였고, 인용 문이 국한문일 경우 한글을 앞세우고 한문은 병기로 처리하였으며, 각주脚註를 달 지 않고 각주에 들어갈 내용을 모두 본문으로 소화하였다.

一. 이 책은 반드시 출전出典을 밝혀야 될 경우가 아니면 출전을 밝히지 않았다. 필자 가 전에 쓴 논문論文이나 저서著書에 근거한 이야기 역시 출전을 밝히지 않았으나 주로 필자가 2000년 경인문화사京仁文化社에서 발간한 『창원도호부권역(昌原都 護府圈域) 지명연구(地名研究)』에 의거한 것이다. 다만 지명의 유래를 설명하는 내용이 지나치게 어려운 감이 있어 필자가 2012년 가을 경남대학교慶南大學校 인문과학연구소가 주최한 학술대회에서 발표했던 논문「지명연구의 새로운 지 평을 위하여」의 일부인 <필자가 지명을 바라보는 시각>을 <부록>으로 실어 이해를 돕고자 했다.

一. 이 책의 <참고문헌(參考文獻)>은 이야기를 하면서 출전으로 밝힌 문헌文獻과 출 전으로 밝히지는 않았으나 이야기를 하는 데 참고한 문헌들의 목록目錄이다.

一. 이 책에서 자료적 성격의 책은 ≪ ≫로 표시하고 그 하위 항목이나 작품은 < >로 표시하였고, 학술적 성격의 책은『 』로 논문은「 」로 표시하였다.

一. 이 책의 <색인(索引)>에 들어간 항목項目은 주로 지명地名과 인명人名, 도서명圖 書名 등이다. 그러나 지명의 경우 필자나 다른 학자가 추정하여 재구한 것은 항목 에서 제외하였다.

이야기를 시작하며

　사람은 누구나 자신이 살고 있는 지역에 관심을 갖게 마련이다. 사람들이 자신이 살고 있는 지역에 관심을 갖는 것은 아마도 자신의 성씨姓氏나 이름처럼 자기가 살고 있는 지역이 자신의 일부를 이루고 있다고 생각하기 때문일 것이다. 그런데 사람들은 누구든 자신의 성씨가 무엇이며, 누구의 자손이고 몇 대손인지, 그리고 자신의 이름이 무슨 자 돌림인지는 잘 안다. 그러나 자신이 살고 있는 지역에 대해서는 그리 잘 알지 못한다. 성씨나 이름에 대해서는 집안에서 어른들이 철저히 가르치지만 자신이 살고 있는 지역에 대해서는 누구 하나 제대로 가르쳐 주는 사람이 없기 때문에 그럴 것이다.

　그리하여 자신이 살고 있는 지역에 대한 관심은 곧장 의문으로 이어지게 마련이다. 나 또한 그러해서 내가 살고 있는 영등포에 대해 갖는 의문이 한두 가지가 아니었다. 누가 내게 어디에서 사느냐고 물어 영등포에서 산다고 하면 그 사람은 나더러 서울에서 산다고 한다. 그런데 영등포가 서울이기는 한 것인가? 영등포가 서울특별시에 속해 있으니 서울인 것은 맞겠지만 조선시대에는 도성都城 밖 10리까지를 서울이라고 했다는데 도성 밖 10리를 훌쩍 뛰어넘는 곳에 위치한 영등포가 언제부터 서울이 되었는가? 영등포는 본래 시흥군에 속해 있었다는데 영등포를 영등포라고 부르기 시작한 것은 언제부터인가? 영등포永登浦라는 지명만을 놓고 보면 영등포는 포구浦口일 텐데 영등포라고 불리던 포구는 도대체 어디에 있었는가? 영등포는 어떤 뜻을 갖는 말이며, 영등포가 영등포라고 불리게 된 까닭은 무엇인가? 의문이 꼬리를 물었고, 꼬리를 무는 의문을 나름대로 풀어보는 과정에서 생겨난 결과물이 이 책 『영등포의 역사와 지명이야기』이다.

우리 가족이 영등포에 이사와 산 지도 20년이 훌쩍 넘었다. 영등포에서 산 20여 년은 우리 가족에게는 복 받은 세월이었다. 우리 가족이 영등포에서 살면서 지금은 대학원에 다니고 있는 하나뿐인 딸이 초등학교 중학교 고등학교를 별 탈 없이 마치고 공부를 계속할 수 있었던 것도 복이었고, 집사람에게 17대 비례대표에 이어 19대 대한민국 국회의원으로 나라에 봉사할 기회가 주어진 것도 복이었다. 나 또한 영등포에서 살면서 미흡하지만 두어 권의 책을 낼 수 있었으니 그야말로 복 받은 세월이 아니었겠는가? 다만 아쉬운 것은 20여 년을 우리와 함께 사시던 어머니가 영등포에서 사는 동안 고향인 당진唐津으로 내려가신 일이다. 그러나 연세 드신 어머니의 고향 그리워하는 마음을 무엇으로 막을 수 있겠는가? 그나마 영등포에서만도 15년을 넘게 어머니와 함께 살았다는 것을 우리는 위안으로 삼고 산다.

우리 가족이 영등포에서 살면서 복 받은 세월을 보낸 것은 영등포의 풍토風土가 우리 가족을 보듬어주고 북돋워 키워주었기 때문일 것이다. 풍수지리風水地理를 이야기하자는 것이 아니라 풀 한 포기에서 만물의 영장인 사람에 이르기까지 풍토의 영향을 받지 않는 생물生物이 어디에 있겠는가? 그 동안 우리 가족을 보듬어주고 북돋워 키워준 영등포에 감사할 따름이다.

생각해 보면 나에게는 내 자신의 일부로 여겨지는 고장이 셋이 있다.

그 중 하나는 내 고향 당진唐津이다. 그 곳에서 태어나 순성국민학교順城國民學校와 합덕중학교合德中學校를 마칠 때까지 그 곳에서 살았다.

또 하나는 영등포永登浦이다. 고등학교 진학을 위해 상경하여 중동고등학교中東高等學校와 연세대학교延世大學校를 마칠 때까지 여러 곳을 옮겨 다니며 살았다. 대학원大學院에 다니던 1980년 집사람과 결혼하여 한동안 풍납동風納洞에서 살다가 정착한 곳이 바로 영등포이다. 1969년에 상경하여 40여 년을 서울에서 살았는데 그 중에서 20여 년을 살았으니 서울 생활의 절반 이상을 영등포에서 한 셈이다.

그리고 나머지 하나는 경상남도 창원昌原이다. 내가 지금은 창원대학교가 된 마산대학에서 처음으로 강의를 시작한 것이 1981년 봄학기였다. 그렇게 시작한 것이 올해로 벌써 30여 년이 되었다. 그러는 중에 박사학위博士學位를 받았고, 2권의 저서와 1권의 번역서를 출간하였으며, 60여 편의 논문을 발표하였다. 그러니 창원은 내 학문의 고향인 셈이다.

나는 이 세 고장에 항상 빚을 지고 있다고 생각한다. 이 세 고장으로 해서 지금의 내가 있고, 우리 가족이 있다고 생각하기 때문이다. 무엇으로든 빚을 갚아야 할 텐데 공부하는 사람이 무엇으로 그 빚을 갚겠는가? 생각 끝에 창원에 대해 빚을 갚는다는 심정으로 쓴 책이 2000년 경인문화사京仁文化社에서 발간한 『창원도호부권역(昌原都護府圈域) 지명연구(地名研究)』이다. 이로써 나는 창원에 대해서 가지고 있던 마음의 부담을 조금은 덜 수 있었다. 또 그것이 인연이 되어 2005년 김해문화원金海文化院에서 『김해(金海)의 지명(地名)』을, 같은 해 창원문화원昌原文化院에서 ≪역주(譯註) 창원부읍지(昌原府邑誌)≫를 발간하는 행운을 얻을 수 있었다. 나는 이 책 『영등포의 역사와 지명이야기』 역시 영등포에 대해 빚을 갚는다는 심정으로 썼다. 매우 부족한 글이지만 영등포에 대해서 내가 가지고 있는 마음의 빚을 조금이나마 갚을 수 있었으면 좋겠다. 그러나 내 고향 당진에 대해서는 빚을 조금 더 지고 다닐 수밖에 없는 형편이다. 훗날을 기약한다.

끝으로 이 책의 원고가 이루어지기까지 함께 토론해 준 전단학회栴檀學會 회원 여러분과 별로 팔리지 않을 책임에도 불구하고 기꺼이 출판을 맡아준 정찬용 원장께 감사를 드린다.

계사년 정월에 공산서실鞏山書室에서 민긍기閔肯基는 짓다.

제1장 영등포구(永登浦區)

영등포구의 유래

　영등포구라는 지명이 이 세상에 처음으로 등장하는 것은 1943년의 일이다. 이전에는 경성부京城府 영등포출장소永登浦出張所였는데 이 때 경성부가 구제區制를 실시하면서 경성부 영등포구永登浦區가 되었다. 그리하여 영등포구에는 영등포출장소에 속해 있던 영등포정永登浦町 도림정道林町에서 분리된 사옥정絲屋町 당산정堂山町 양평정楊坪町 양화정楊花町 노량진정鷺梁津町 본동정本洞町 흑석정黑石町 동작정銅雀町 신길정新吉町 번대방정番大方町 도림정道林町 상도정上道町과 경성부에서 편입된 여의도정汝矣島町이 이에 속하여 경성부 영등포구 영등포정 사옥정 당산정 양평정 양화정 노량진정 본동정 흑석정 동작정 신길정 번대방정 도림정 상도정 여의도정이 되었다. 구소재지는 영등포정이었다.

　경성부 영등포출장소는 1936년 영등포정에 설치되었다. 이에 따라 이 때 일제日帝가 경성부京城府를 확장하면서 편입한 경기도京畿道 시흥군始興郡 영등포읍永登浦邑의 영등포리永登浦里 당산리堂山里 양평리楊坪

里와 경기도 시흥군 북면北面의 노량진리鷺梁津里 본동리本洞里 흑석리黑石里 동작리銅雀里 신길리新吉里 번대방리番大方里 도림리道林里, 경기도 시흥군 동면東面의 상도리上道里, 경기도 김포군金浦郡 양동면陽東面의 양화리楊花里가 영등포정永登浦町 당산정堂山町 양평정楊坪町 노량진정鷺梁津町 본동정本洞町 흑석정黑石町 동작정銅雀町 신길정新吉町 번대방정番大方町 도림정道林町 상도정上道町 양화정楊花町으로 이름을 바꿔 그에 속하여 경성부 영등포출장소 영등포정 당산정 양평정 노량진정 본동정 흑석정 동작정 신길정 번대방정 도림정 상도정 양화정이 되었다.

한편 서울특별시特別市가 1981년에 간행한 ≪서울육백년사(六百年史) 제사권(第四卷)≫에 의하면 경성부가 출장소를 설치한 것은 1914년이 처음으로 그 때 동부출장소東部出張所 서부출장소西部出張所 북부출장소北部出張所 용산출장소龍山出張所를 설치하였다가 1915년 용산출장소龍山出張所만을 남기고 폐지했던 것을 1936년 다시 동부출장소東部出張所와 영등포출장소永登浦出張所를 설치하여 당시 경성부에 용산출장소 동부출장소 영등포출장소 등 3개의 출장소를 두었고, 1940년에는 서부출장소西部出張所를 다시 설치하여 당시 경성부에 용산출장소 동부출장소 영등포출장소 서부출장소 등 4개의 출장소를 두었다고 한다.

경기도 시흥군에 영등포읍이 설치되는 것은 1931년이다. 경기도 시흥군 영등포면永登浦面을 영등포읍으로 승격시켰다. 당시 영등포읍에는 영등포리永登浦里 당산리堂山里 양평리楊坪里가 속해 있었다.

경기도 시흥군에 영등포면이 설치되는 것은 1917년이다. 이 때 일제는 경기도 시흥군 북면北面에 속해 있던 영등포리 당산리 양평리를 따로 떼어내어 영등포면으로 독립시켰다.

경기도 시흥군 북면이 설치되는 것은 1914년이다. 이 때 일제가 대대적인 행정구역개편을 하면서 시흥군에 경기도 과천군果川郡과 경기도 안산군安山郡을 병합시키고 북면北面을 설치하였다. 북면은 경기도 시흥군 상북면上北面과 하북면下北面, 경기도 과천군 하북면下北面을 통합하여 설치되었다. 당시 경기도 시흥군 북면에는 도림리道林里 구로리九老里 당산리堂山里 양평리楊坪里 신길리新吉里 번대방리番大方里 영등포리永登浦里 노량진리鷺梁津里 본동리本洞里 흑석리黑石里 동작리銅雀里가 속해 있었는데 도림리 구로리 당산리 양평리는 시흥군 상북면에 속해 있던 마을이고, 신길리 번대방리 영등포리는 시흥군 하북면에 속해 있던 마을이며, 노량진리 본동리 흑석리 동작리는 과천군 하북면에 속해 있던 마을이다. 이 때 군소재지郡所在地와 면소재지面所在地는 영등포리였다. 영등포리가 군소재지와 면소재지가 된 것은 시흥군이 과천군과 안산군을 통합하기 전인 1910년 시흥군의 군소재지가 되었기 때문이다. 전에는 지금은 금천구衿川區 시흥동始興洞이 된 시흥군 읍내면邑內面 읍내리邑內里가 군소재지였는데 1910년에 영등포리로 옮겼다. 군소재지를 영등포리로 옮긴 것은 1899년 9월 경인선철도京仁線鐵道가 완공되면서 영등포리에 영등포역永登浦驛이 세워져 교통의 요지가 되었기 때문이다.

시흥군이라는 지명이 이 세상에 처음으로 등장하는 것은 1895년의 일이다. 이전에는 경기도 시흥현始興縣이던 것을 이 때 지방제도를 개편하면서 현縣을 군郡으로 바꾸고 인천부仁川府에 속하게 하였다가 다음해 다시 경기도에 속하게 하였다.

시흥현이라는 지명이 이 세상에 공식적인 고을 이름으로 등장하는 것은 1795년의 일이다. 본래는 금천현衿川縣이던 것을 조선朝鮮 정조正祖 19(1795)년에 그렇게 바꾼 것이다. 시흥始興은 나중에 금천으로 이름을 바꾸는 금주衿州의 별호別號였는데 조선 정조 때에 이르러 공식적인 고을의 이름으로 사용되었다. ≪고려사(高麗史)≫ <지리지(地理志)>를 보면 '금주衿州의 별호는 시흥始興인데 성종成宗이 정한 것이다.'라고 하였다. 이 때 고을의 수령은 종6품從六品의 현감縣監에서 종5품從五品의 현령縣令으로 승격되었다. ≪정조실록(正祖實錄)≫ <19년 윤2월 계미(癸未)>를 보면 '금천현감黔川縣監을 현령縣令으로 승격시키고, 읍호邑號를 시흥始興으로 바꿨는데 이는 옛 읍호를 따른 것이다.'라고 하였다.

금천현이라는 지명이 이 세상에 처음으로 등장하는 것은 1413년 조선朝鮮에 들어와서이다. 고려高麗 때부터 금주현衿州縣이라고 부르던 것을 조선 태종太宗 13(1413)년에 이르러 금천현으로 바꾼 것이다. 조선 현종顯宗 때 유형원(柳馨遠, 1622~1673)이 편찬한 ≪동국여지지(東國輿地志)≫ <금천현(衿川縣)>을 보면 '조선 태종 때 금주현衿州縣을 바꾸어 금천현衿川縣이라 하였다.'고 하고, 또 '태종 14(1414)년 과천果川을 없애고 합하여 금과현衿果縣이라고 하였다가 몇 달이 안 되어 혁파하였고, 또 양천陽川을 병합하여 금양현衿陽縣이라고 하였다가 일 년 만에 혁파하고 태종 16(1416)년 다시 금천현衿川縣으로 이름을 바꾸고 현감을 두었다. 세조世祖 때는 금천현을 없애고 과천에 병합한 일도 있었으나 얼마 안 되어 각기 이전대로 회복하였다.'고 하였다. 그러나 ≪동국여지≫의 기록 중 세조 때의 기록에는 약간에 착오가 있었던 것으로 생각된다. 금천을 없애고 과천에 병합한 것이 아니라 세조 2(1456)년 금천과 과천을 합하여 치소治所를 금천에 두었다가 6(1460)년 과천의 치소를 회복한 것이 그 본말이니 과천에 금천이 병합된 것이 아니라 금천에 과천이 병합되었었다고 보아야 옳다. ≪세조실록(世祖實錄)≫ <2(1456)년 7월 신미(辛未)>를 보면 '이조에 전지傳旨하기를 '금천 과천果川을 합하여 한 현縣으로 만들고, 임진臨津과 장단長湍 임강臨江을 합하여 한 현으로 만들어 금천과 임진으로 치소治所를 삼게 하라.'고 하였다.'고 하였고, <6년 5월 무인(戊寅)>을 보면 '이조吏曹에서 과천현 백성들이 상언上言한 것에 의거하여 아뢰기를 '일찍이 본현本縣을 혁파하여 금천현衿川縣에 속하게 하였으나 다만 본현本縣이 금천衿川과 거리가 30여 리里이고, 또 길옆에 있어서 사객使客이 더욱 번잡하나 사람과 물자는 지나치게 적어서 양현兩縣에 분주奔走하게 왕래하면서 수발하기가 어려우니 청컨대 치소治所를 본현本縣으로 옮겨 주소서.'라고 하니 그대로 따랐다.'고 하였다.

금주현이라는 지명이 이 세상에 처음으로 등장하는 것은 고려 초이다. 신라新羅 때부터 곡양현穀壤縣이라 부르던 것을 이 때 바꾼 것이다. 금주의 금衿은 검黔으로도 썼는데 성종成宗 때에 이르러 고을의 수령격인 단련사團練使를 두었다가 목종穆宗 때 혁파하였고, 현종顯宗 9(1018)년에는 지금은 인천광역시 부평구富平區가 된 수주樹州에 속하였으며, 명종明宗 때 비로소 감무監務를 두었다. 감무를 두었다는 것은 금주현이 독립적인 고을이 되었다는 것을 의미한다.

곡양현이라는 지명이 이 세상에 처음으로 등장하는 것은 신라 경덕왕景德王 16(757)년의 일이다. 본래 잉벌노현仍伐奴縣이라고 부르던 것을 이 때 곡양현으로 이름을 바꾸고 지금은 과천시果川市가 된 율진군栗津郡의 속현屬縣으로 삼았다. 김정호(金正浩, ?~1864)가 1864년에 저술한 ≪대동지지(大東地志)≫ <시흥(始興)>을 보면 '신라新羅 경덕왕景德王 16년 잉벌노仍伐奴를 곡양穀壤으로 바꾸고 율진군栗津郡의 영현領縣으로 삼았다.'고 하였다.

잉벌노현은 본래 백제百濟 땅이었는데 고구려高句麗가 취하여 현을 설치한 것이다. ≪동국여지지≫ <금천현>을 보면 '금천현은 본래 백제 땅이었는데 고구려가 취하여 잉벌노현仍伐奴縣을 삼았다.'고 하였다. 그러나 고구려가 잉벌노현을 설치하기 이전 백제에서 잉벌노현을 어떤 이름으로 불렀는지는 알려지지 않았다. 그러니 잉벌노현은 이 지역을 지칭하던 가장 오래된 이름인 셈이다.

한편 영등포구는 8·15해방을 맞고 난 다음해인 1946년 경성부가 서울시로 바뀌면서 서울시 영등포구가 되었으며, 영등포구에 속해 있던 마을 이름도 일본식 마을지칭인 정町을 청산하고 동洞으로 지칭하게 되었다.

영등포구는 1949년 서울시가 서울특별시가 되면서 서울특별시의 행정구역 확장으로 경기도 시흥군 동면東面에 속해 있던 구로리九老里 도림리道林里 번대방리番大方里를 편입하였다. 이에 따라 구로리는 서울특별시 영등포구 구로리가 되었고, 도림리는 이름을 바꾸어 서울특별시 영등포구 신도림리新道林里가 되었으며, 번대방리는 이름을 바꾸어 서울특별시 영등포구 신대방리新大方里가 되었다. 구로리 신도림리 신대방리는 1950년 리里라는 마을지칭을 청산하고 구로동九老洞 신도림동新道林洞 신대방동新大方洞이 되었다.

영등포구는 1963년 서울특별시의 행정구역 확장으로 경기도 김포군金浦郡 양동면陽東面 양서면陽西面을 편입하고, 부천군富川郡 오정면吾丁面 오곡리五谷里 오쇠리五釗里와 소사읍素砂邑 항리航里 온수리溫水里 궁리宮里 천왕리天旺里 오류리梧柳里 개봉리開峰里 고척리高尺里를 편입하는 한편 시흥군 신동면新東面과 동면東面 시흥리始興里 독산리禿山里 가리봉리加里峰里 신림리新林里 봉천리奉天里를 편입하였다. 김포군 양동면과 양서면은 1914년 행정구역개편 때 양천군陽川郡이었다가 김포군에 통합되었던 지역으로 당시 양동면에는 가양리加陽里 마곡리麻谷里 등촌리登村里 염창리鹽倉里 신정리新亭里 목동리木洞里 화곡리禾谷里 신당리新堂里가 속해 있었고, 양서면에는 내발산리內鉢山里 외발산리外鉢山里 송정리松亭里 과해리果海里 방화동傍花洞 개화동開花洞이 속해 있었다. 또한 시흥군 신동면에는 잠실리蠶室里 반포리盤浦里 방배리方背里 사당리舍堂里 양재리良才里 신원리新院里 우면리牛眠里 서초리瑞草里가 속해 있었다. 이들 리里들은 영등포구에 편입되면서 리里라는 마을지칭을 청산하고 모두 동洞이 되었는데 이 때 목동리木洞里가 목동木洞이 되었고, 신당리가 신월동新月洞으로 이름을 바꾸었으며, 송정리가 공항동空港洞으로 이름을 바꾸었다. 또한 잠실리가 잠원동蠶院洞으로 이름을 바꾸었고, 신원리新院里가 둘로 분리되어 신원동新院洞과 원지동院趾洞이 되었다.

1973년 관악구冠岳區가 새로 설치되면서 영등포구에 속해 있던 노량진동鷺梁津洞 본동本洞 상도동上道洞 봉천동奉天洞 흑석동黑石洞 동작동銅雀洞 사당동舍堂洞 방배동方背洞 상도1동上道1洞 신림동新林洞 대방동大方洞 신대방동新大方洞 잠원동蠶院洞 반포동盤浦洞 서초동瑞草洞 양재동良才洞이 분리되어 나가 서울특별시 관악구에 속하게 되었다. 이 중 상도1동은 어느 때인가 상도동에서 분리되었을 것으로 생각된다. 1989년에 간행된 ≪서울특별시 동명연혁고≫ <관악·동작구편(冠岳·銅雀區篇)>을 보면 '상도1동上道1洞은 상도동上道洞에서 분리된 것으로 보이는데 그 시기는 확실하지 않으나 1955년 4월 18일 서울특별시조례特別市條例 제66호에 의거한 동제洞制 실시 때 설치된 것으로 추정된다.'고 하였다.

1977년 강서구江西區가 새로 설치되면서 영등포구에 속해 있던 염창동鹽倉洞 목동木洞 등촌동登村洞 화곡동禾谷洞 신월동新月洞 마곡동麻谷洞

가양동加陽洞 내발산동內鉢山洞 외발산동外鉢山洞 공항동空港洞 방화동傍花洞 개화동開花洞 과해동果海洞 오곡동五谷洞 오쇠동五釗洞 신정동新亭洞이 분리되어 나가 서울특별시 강서구에 속하게 되었다. 또한 이 해에 신도림동新道林洞에서 대림동大林洞이 분리되어 독립하였다. 지금은 도림천道林川이라 부르는 마장천馬場川을 경계로 동쪽지역이 나뉘어 대림동大林洞이 된 것이다. 한편 강서구에 속해 있던 목동 신정동 신월동은 1988년 양천구陽川區가 강서구에서 분리되어 새로 설치되자 서울특별시 양천구 목동 신정동 신월동이 되었다.

1980년 구로구九老區가 새로 설치되면서 영등포구에 속해 있던 구로동九老洞 가리봉동加里峰洞 독산동禿山洞 시흥동始興洞 고척동高尺洞 개봉동開峰洞 오류동梧柳洞 궁동宮洞 온수동溫水洞 천왕동天旺洞 항동航洞 신도림동新道林洞이 분리되어 나가 서울특별시 구로구에 속하게 되었다. 한편 구로구에 속해 있던 시흥동 독산동 가리봉동은 1995년 금천구衿川區가 구로구에서 분리되어 새로 설치되자 서울특별시 금천구 시흥동 독산동이 되고, 가리봉동의 일부가 가산동加山洞이 되었다.

이와 같은 변혁을 거친 결과 영등포구에 속한 마을로 영등포동 도림동 문래동 당산동 양평동 양화동 신길동 대림동 여의도동만 남게 되었다. 이들 동이 위치한 지역은 1914년 과천군果川郡과 안산군安山郡을 병합하기 이전 시흥군의 상북면과 하북면이 있던 곳이다. 상북면에서 지금의 구로구九老區 구로동九老洞과 신도림동 지역이, 하북면에서 지금의 동작구銅雀區 대방동大方洞과 신대방동新大方洞지역이 떨어져 나갔지만 대신에 지금의 양화동楊花洞과 지금의 여의도동汝矣島洞이 편입되어 들어온 것이 그 때와 달라진 점이다.

잉벌노현 곡양현이라는 지명의 유래

잉벌노현仍伐奴縣은 1914년 과천군果川郡과 안산군安山郡을 병합하기 전 시흥군 지역을 지칭하던 고구려 때의 이름이고, 곡양현穀壤縣은 신라 때의 이름이다. 본래 잉벌노현으로 지칭하던 것을 경덕왕 16(757)년 곡양현으로 바꿨다.

잉벌노현 곡양현의 현縣은 고을을 지칭하는 지방행정구역 단위의 하나를 일컫는 말이다. 본래 중국에서 비롯된 제도로 주周나라 때부터 있었고, 진秦나라 때는 군郡에 속하였으며, 수당隋唐시대 이후부터는 부府나 주州 성省에 속하였다. 우리나라에서 처음으로 현州을 설치한 것은 신라 지증마립간智證麻立干 6(505)년이었다. ≪삼국사기(三國史記)≫를 보면 지증마립간 '6년 2월에 왕王이 친히 나라 안의 주州 군郡 현縣의 제도를 정하고, 실직주悉直州를 두어 이사부異斯夫를 군주軍主로 삼았으니 군주라는 이름이 여기에서 비롯되었다.'고 하였다. 여기서 현縣은 고을을 지칭하는 지방행정구역 단위 중 가장 작은 단위를 일컫는 말이고,

군郡은 고을을 지칭하는 지방행정구역 단위 중 현보다는 크지만 주州 보다는 작은 단위를 일컫는 말이며, 주州는 고을을 지칭하는 지방행정 구역 단위 중 가장 큰 단위를 일컫는 말이다. 또한 실직주는 강원도江 原道 삼척三陟의 옛 이름이다.

한편 고려 조선시대 현에는 큰 현과 작은 현의 구분이 있었다. 고려 시대 작은 현에는 예종睿宗 3(1108)년부터 고을 수령으로 6품品 이하 7 품 이상 품계品階의 감무監務를 두었고, 큰 현에는 고을 수령으로 5품品 이하 7품 이상 품계品階의 현령縣令을 두었다. 조선에 들어 태종 13(14 13)년 감무를 현감縣監으로 바꾸었는데 현감의 품계는 종6품從六品이었 고, 현령의 품계는 종5품從五品이었다. 현은 조선 고종高宗 32(1895)년 현을 폐지하고 군郡으로 바꿀 때까지 존속하였다.

잉벌노현의 잉벌노仍伐奴와 곡양현의 곡양穀壤은 '나벌나'의 차자 표기로 생각된다. 유창균(兪昌均, 1925~) 교수는 1980년에 출간한『한 국(韓國) 고대한자음(古代漢字音)의 연구(硏究) I』에서 잉벌노仍伐奴와 곡양穀壤을 '나벌나'의 차자표기로 보았다. 고대지명표기古代地名表記에 서 잉仍은 내乃와 함께 보통 음을 빌어 '나'를 표기하기 위한 차자로 사 용되었고, 벌伐은 음인 '벌'을 표기하기 위해 차자된 것이므로 잉벌仍 伐은 '나벌'의 차자표기로 추정되는데 '나벌'은 곡穀의 훈에 해당하는 말임이 분명하고, 노奴와 양壤은 접미사接尾辭의 하나인 땅을 뜻하는 '나'를 표기하기 위해 차자되었으므로 곡양穀壤 또한 잉벌노와 마찬가 지로 '나벌나'의 차자표기라는 것이다. 유창균 교수는 '나벌'이 곡穀의 훈에 해당하는 말임을 입증하는 증거로 ≪훈몽자회(訓蒙字會)≫에 곡穀의 훈이 '낟'으로 되어 있다는 사실과 일부방언一部方言에서 사용 하고 있는 나부래기가 '나불'과 접미사 '애기'로 분석될 수 있다는 사실을 들었다. 즉 '낟'과 '나불'을 서로 대응시킬 수 있고, 그러니 '낟'이 곧 '나불'이 아니겠느냐는 것이다. 한 가지 덧붙일 것은 잉仍이 내乃와 함께 '나'를 표기하기 위한 차자로 사용된 것은 잉仍과 내乃의 고대한 자음이 '나'로 서로 같았기 때문이라는 사실이다. 잉仍은 내乃의 음을 따르는 한자였다.

어쨌든 이와 같이 잉벌노仍伐奴와 곡양穀壤이 '나벌나'의 차자표기라고 할 때 그렇다면 '나벌나'는 무엇에서 연유하는 이름인가? 앞에서 언급한 것처럼 노奴나 양壤으로 차자표기된 '나'는 땅을 뜻하는 접미사이다. 노奴나 양壤 모두 음을 취하여 '나'를 표기한 것인데 노奴의 경우는 '나'와 유사한 음이지만 양壤의 경우는 '나'와 거리가 있어 보이는 음이다. 그러나 유창균 교수의 『한국 고대한자음의 연구 I』에 의하면 '이而 나那 내內 양壤 노弩 노奴 약若 뇌惱 여如' 등의 고대한자음은 서로 유사하였다고 한다. 실제로 1990년 금천구衿川區에 위치한 검지산黔芝山의 정상 그 지역 사람들이 제2한우물이라고 일컫는 우물터에서 '잉벌내력지내말仍伐內力只乃末……'이라는 명문이 새겨진 청동숟가락이 출토되었는데 여기서 잉벌내仍伐內는 잉벌노仍伐奴의 또 다른 표기이다.

'나'가 접미사라면 문제는 '나벌'이 무엇에서 연유하는 이름인가 하는 것이다. 그런데 지명은 대체로 일정지역을 다른 지역과 구별하기 위한 이름을 앞에 두고 일정지역의 일반적 속성을 나타내기 위한 이름이 뒤에 결합하여 형성된다. 그러므로 '나벌'의 '나'는 '나벌'을 다른 지역과 구별하기 위해 붙여진 이름이고, '나벌'의 '벌'은 '나벌'이 벌이라는 일반적 속성을 가지고 있다는 사실을 나타내기 위한 이름이다. 따라서 '나벌'은 '나벌'이라고 불리는 벌에서 연유하는 이름일 것이다.

벌은 넓고 평평하게 생긴 땅을 일컫는 말이다. 벌이 지명에 사용될 경우 벌伐 불弗 화火 등의 한자로 차자되었다. 1530년에 편찬된 ≪신증동국여지승람(新增東國輿地勝覽)≫을 보면 울산군蔚山郡의 신라 때 이름인 굴아화촌屈阿火村을 소개하면서 '신라의 지명地名에는 화火로 일컫는 지명이 많다. 화火는 곧 불弗에서 온 것이고, 불弗은 또한 벌伐이 변한 것이다.'라고 하였다. 화火는 훈인 '불'을 표기하기 위해 차자된 것이고, 불弗 벌伐은 음인 '불' '벌'을 표기하기 위해 차자된 것이다.

그렇다면 '나벌'의 '나'는 어떤 뜻을 갖는 말인가? '나벌'의 '나'와 '너르다.'의 '너르'는 서로 동일한 말에서 파생된 말로 생각된다. 유창균 교수는 『한국 고대한자음의 연구 I』에서 잉仍의 본래 한자음을 '날'로 보았으며, 잉벌仍伐로 차자표기된 '나벌' 또한 '날벌'에서 '날'의 'ㄹ'이 소거消去된 형태로 보았다. 이와 같은 사정을 생각할 때 '나벌'은 너른 벌을 뜻할 것임에 틀림이 없다. 한강에 지금은 안양천安養川으로 부르는 대천大川이 합류하는 너른 벌에 형성된 고을이기 때문에 그와 같은 이름이 붙었을 것이다.

금주현 금천현이라는 지명의 유래

금주현衿州縣은 1914년 과천군果川郡과 안산군安山郡을 병합하기 전 시흥군 지역을 지칭하던 고려 때의 이름이고, 금천현衿川縣은 조선 때의 이름이다. 본래 곡양현으로 지칭하던 것을 고려 초에 금주현으로 바꾸었고, 조선 태종 13(1413)년 다시 금천현으로 바꾸어 정조 19(1795)년 다시 시흥현始興縣으로 바꿀 때까지 그렇게 지칭하였다.

금주현衿州縣의 주州는 본래 고을을 지칭하는 지방행정구역 단위의 하나를 일컫는 말이었으나 여기서는 단순히 고을을 지칭하는 말로만 사용된 것이다. 고려시대에는 고을 이름에 주州자를 넣는 것이 유행이었다. 1991년에 간행된 ≪영등포구지(永登浦區誌)≫를 보면 원래 주州는 큰 고을이라는 뜻을 지니고 있어 '고려시대高麗時代에도 그 초기初期에는 읍호邑號에 주州자字를 붙인 고을의 수는 그렇게 많지 않았으나 지방호족地方豪族들의 세력이 컸고 또 말기末期로 내려오면서 모든 법제法制의 해이解弛와 궤軌를 같이하여 읍호邑號의 주州자字 사용使用도 문란

해져서 온 나라에 주州자字를 붙인 고을이 넘치게 되었다.'고 하였다. 이와 같이 주州를 넣은 고을이 넘쳐나게 되자 고을의 크기에 따라 붙였던 주州 군郡 현縣의 위계질서位階秩序에 혼란을 주었고, 드디어 조선에 들어 태종 13(1413)년 이를 정리하게 된다. ≪영등포구지≫를 보면 '고을의 이름이 이렇게 문란하고 규모의 계서階序를 알 수 없게 되자 태종太宗 3(1403)년 윤11월 임술壬戌에 사간원司諫院에서 상소를 올려 이의 부당 不當함을 시정할 것을 건의하였으며 이 건의에 따라 태종太宗 13(1413)년 10월 15일 신유辛酉에 도명개편道名改編과 동시에 읍호邑號도 개칭케 되었으니 즉 경주慶州 전주全州와 같이 종이품從二品 부윤府尹이 배치된 부府와 정삼품正三品 목사牧使가 배치된 목牧 이외는 주州자字의 사용을 금지해 버렸다.'고 하였다. 이에 따라 종6품從六品의 감무監務가 배치되는 현縣이었던 금주衿州도 금천衿川으로 고을 이름을 바꾸게 된다. 이 때 고을 수령의 지칭이었던 감무도 현감縣監으로 바뀌게 되었는데 실제로 ≪태종실록(太宗實錄)≫ <13년 10월 신유(辛酉)>를 보면 '…… 감무監務를 현감縣監으로 바꾸는 한편 무릇 군郡 현縣의 이름 가운데 주州자를 한 것은 모두 산山자나 천川자로 바꾸었으니 영주寧州를 영산寧山으로 바꾸고, 금주衿州를 금천衿川으로 바꾼 것이 그 예이다.'라고 하였다.

이와 같은 사정으로 금주현은 금천현으로 고을 이름을 바꾸게 되는데 이 때 금천현의 현縣은 앞에서 언급한 바와 같이 1795년 시흥현始興縣으로 바꿀 때까지 종6품從六品 현감縣監을 수령으로 두는 조선시대 가장 작은 고을을 지칭하는 지방행정구역 단위였다. 조선시대 이보다 더 큰 고을을 지칭하는 지방행정구역 단위로 종5품從五品 현령縣令을 수령으로 두는 현縣이 있었고, 이보다 더 큰 고을을 지칭하는 지방행정구역 단위로 종4품從四品 군수郡守를 수령으로 두는 군郡이 있었으며, 이보다 더 큰 고을을 지칭하는 지방행정구역 단위로 종3품從三品 도호부사都護府使를 수령으로 두는 도호부都護府가 있었고, 이보다 더 큰 고을을 지칭하는 지방행정구역 단위로 정3품正三品 대도호부사大都護府使를 수령으로 두는 대도호부大都護府와 정3품正三品 목사牧使를 수령으로 두는 목牧이 있었으며, 가장 큰 고을을 지칭하는 지방행정구역 단위로 종2품從二品 부윤府尹을 수령으로 두는 부府가 있었다.

어쨌든 금주현의 주州가 이와 같이 단순히 고을을 지칭하는 말로만 사용되었다고 할 때 금주는 금衿이라는 이름으로 부르는 고을을 뜻할 것이다. 실제로도 금주를 금衿으로 불렀는데 그와 같은 사실은 ≪고려사≫ <열전(列傳), 강감찬(姜邯贊)>을 보면 '강감찬의 옛 이름은 은천殷川이고, 금천衿川사람이다. 5세조世祖 여청餘清이 신라新羅로부터 시흥군始興郡에 와서 살았으니 시흥군은 곧 금衿이다.'라고 한 기록으로 드러난다.

그렇다면 금주현의 금衿은 무엇에서 연원하는 이름인가? 앞에서 살펴본 바와 같이 금주현은 곡양현이라고 부르던 고을 이름을 바꾼 것이고, 곡양현은 잉벌노현이라고 부르던 고을 이름을 바꾼 것이다. 그리고 잉벌노仍伐奴와 곡양穀壤은 우리말 지명인 '나벌나'의 차자표기이고, '나벌나'는 너른 벌을 뜻하는 말로 생각된다. 그러므로 금주라는 고을 이름과 잉벌노 곡양이라는 고을 이름은 소리의 측면에서나 의미의 측면에서 아무런 관련이 없다고 보아야 한다. 금衿의 음이나 훈 어디에서도 '나벌나'나 너른 벌을 유추하기는 어렵기 때문이다. 그렇다면 고을 이름을 새로 지었다는 이야기가 되는데 고을 이름을 금주로 지은 것은 무슨 까닭이 있어서일까? 그것은 고을에 금衿과 관련된 무엇이 있었기 때문일 것이다. 그렇지 않고서는 고을 이름을 금주라 지을 까닭이 없기 때문이다. 그렇다면 고을에 금衿과 관련된 무엇이 있어 금주라고 이름을 지었던 것일까? 금衿을 검黔으로도 썼다는 사실을 생각할 때 당연히 검지산黔芝山을 떠올리지 않을 수 없다. 더구나 잘 알려져 있다시피 고을의 이름이나 별호가 고을의 진산이나 이름난 산에서 연유하는 경우가 이루 헤아릴 수도 없이 많지 않은가?

검지산은 조선시대 후기에 금천현의 진산鎭山이 되는 산이다. 진산이란 고을의 주산主山으로 고을을 지키고 보호하여 주는 산을 일컫는 말이다. 금천현의 진산은 본래 삼성산三聖山이었다. 1530년에 편찬된 ≪신증동국여지승람≫ <금천현(衿川縣)>을 보면 '삼성산三聖山은 금천현 읍치에서 동쪽으로 10리里에 있는데 진산鎭山이다.'라고 하였고, 조선 현종 때 편찬된 ≪동국여지지≫ <금천현>을 보면 '삼성산三聖山은 금천현 읍치에서 동쪽으로 10리里에 있는데 진산鎭山이니 곧 과천현果川縣 관악산冠岳山의 서쪽 가지이다.'라고 하였다. 여기서 읍치邑治는 고을의 수령이 정사를 펼치는 관아官衙가 있는 곳을 일컫는 말이다. 그러나 1757년에서 1765년 사이에 편찬된 ≪여지도서(輿地圖書)≫ <금천현>을 보면 '검지산黔芝山이 동쪽 금천현 읍치의 뒤에 있는데 현의 진산으로 관악冠岳의 서쪽 가지이다.'라고 하였고, 또 '호암虎巖이 금천현 읍치 뒤 검산黔山의 꼭대기에 있는데 범이 웅크리고 있는 것과 같은 모양이다.'라고 하였다. 여기서 검산黔山은 검지산黔芝山의 또 다른 표기이다. 검지산은 ≪신증동국여지승람≫이나 ≪동국여지지≫에서는 호암산虎巖山이란 이름으로 지칭되던 산이다. ≪신증동국여지승람≫ <금천현>을 보면 '호암산虎巖山이 금천현의 읍치에서 동쪽으로 5리里에 있다. 범과 같이 생긴 바위가 있어 그러한 까닭으로 이름이 되었다.'고 하였다. ≪동국여지지≫ <금천현>을 보면 '호암산은 금천현 읍치에서 동쪽으로 5리里에 있으니 곧 관악산의 서쪽 가지로 범과 같이 생긴 바위가 있어 그러한 까닭에 이름이 되었다. 꼭대기에는 돌로 쌓은 옛 성城이 있는데 둘레가 1,600여 척尺이고, 성 안에는 대지大池가 있어 가물 때 비를 빈다.'고 하였다. 그러므로 ≪동국여지지≫가 편찬된 이후 ≪여지도서≫가 편찬되기 이전 어느 때인가 금천현의 진산이 삼성산에서 호암산으로 바뀌었고, 산의 이름도 호암산으로 부르다가 검지산이라는 또 다른 이름으로 바꾸어 불렀다는 이야기가 된다.

애초에 삼성산을 금천현의 진산으로 삼은 것은 삼성산을 영산靈山으로 여겼기 때문일 것이다. 삼성산은 조선 세종世宗의 병환에 기도처가 될 만큼 영산이었다. ≪세종실록(世宗實錄)≫ <7년 윤7월 신유(辛酉)>를 보면 세종의 병환에 종묘宗廟 사직社稷 소격전昭格殿 삼각三角 백악白嶽 목멱木覓 송악松嶽 개성덕적開城德積 삼성三聖 감악紺岳 양주성황楊州城隍에 기도하였다는 기록이 보인다. 세종 7년이면 1425년이다.

또한 고려 태조太祖가 세운 안양사安養寺가 있었다는 점도 간과할 수 없다. ≪신증동국여지승람≫을 보면 삼성산에 있었던 안양사 도안사道安寺 안흥사安興寺 삼막사三藐寺 망일사望日寺 성주사聖住寺 등 여러 절이 소개되어 있는데 그 중 안양사에 대해 '안양사安養寺가 삼성산三聖山에 있다. 절의 남쪽에 고려 태조가 세운 7층 전탑甎塔이 있다. 김부식金富軾이 지은 글을 새긴 비碑가 있는데 글자가 떨어져 나갔다.'라고 하였고, 이어 이숭인(李崇仁, 1349~1392)이 지은 <중신기(重新記)>가 실려 있는데 그 중에 안양사의 주지住持 혜겸(惠謙, ?~?)이 이숭인에게 안양사가 세워지게 된 내력을 설명하는 내용이 나온다. '절에서 전해 내려오는 기록을 살펴보니 옛날 태조太祖께서 조정에 복속치 않는 무리를 정벌하려고 이곳을 지나다가 산꼭대기에 오색구름이 이는 것을 보고 이상하게 생각하여 사람을 시켜 가서 보게 하였습니다. 과연 늙은 스님을 구름 아래에서 만났는데 이름이 능정能正이었습니다. 더불어 이야기를 나눠보니 태조의 뜻에 맞았습니다. 이것이 이 절이 세워지게 된 내력입니다.'라고 하였다.

그러나 안양사는 조선시대 후기에 들어와서 퇴락하여 결국 폐사廢寺되었고, 우연찮게도 그와 함께 금천현의 진산도 호암산으로 바뀌게 된다. 아직 삼성산이 진산이던 조선 현종 때 편찬된 ≪동국여지지≫ <금천현>을 보면 '안양사安養寺는 삼성산三聖山에 있다. 절의 남쪽에 고려 태조가 세운 7층 전탑甎塔이 있다. 김부식金富軾이 지은 글을 새긴 비碑가 있는데 글자가 떨어져 나갔다. 고려 말에 시중侍中 최영崔瑩이 중 혜겸惠謙으로 하여금 중수重修하게 하였고, 이숭인李崇仁이 기기를 지었다. 지금은 모두 허물어져 유지遺址만 남아 있다. 절의 동쪽 산기슭에 또 옛 비碑가 있는데 고려 공부원외랑工部員外郎 이원부李元符가 글씨를 쓴 것으로 글자의 획劃이 아주 단엄端嚴하며 굳세고 예스럽다.'고 하였고, 호암산으로 진산이 바뀐 뒤에 편찬된 ≪여지도서≫ <금천현>을 보면 '안양사安養寺의 옛터가 삼성산 남쪽에 있다. 이숭인의 기기가 있다.'고 하였다.

여기서 이원부(?~?)가 글씨를 썼다는 옛 비는 ≪신증동국여지승람≫이나 ≪동국여지지≫에 김부식(金富軾, 1075~1151)이 지은 글을 새긴 비碑라고 언급된 <안양사칠층탑비(安養寺七層塔碑)>이다. 그러나 오세창(吳世昌, 1864~1953)이 저술한 ≪근역서화징(槿域書畫徵)≫을 보면 ≪해동금석총목(海東金石叢目)≫이란 책을 인용하여 '인종仁宗 9(1131)년 신해辛亥에 세운 <안양사칠층탑명(安養寺七層塔銘)>은 김부철金富轍이 짓고, 이원부가 썼으니 시흥 삼성산에 있다.'고 하였다. <안양사

칠층탑명(安養寺七層塔銘)>과 <안양사칠층탑비(安養寺七層塔碑)>는 같은 비임이 분명한데 ≪신증동국여지승람≫이나 ≪동국여지지≫ 등에서는 김부식이 지었다 하였고, ≪근역서화징≫에서는 김부철(1079~1136)이 지었다고 하였다. 또한 ≪동국여지지≫에서는 김부식이 지은 글을 새긴 비가 따로 있고 이원부가 글씨를 쓴 비가 따로 있는 것으로 이야기하고 있다. 어느 이야기가 맞는지 모르겠다. 김부철은 김부식의 아우이다.

한편 이원부는 고려 예종睿宗 때의 명필이다. 중국 당唐나라 초의 서예가로 특히 해서楷書에 능했던 우세남(虞世南, 558~638)의 서법書法을 계승하여 해서에 능하였다. 가문家門이나 성장과정에 대해서는 알려진 바가 없으며, 예종 13(1118)년에 가야산伽倻山 <반야사원경왕사비(般若寺元景王師碑)>와 인종 9(1131)년에 삼성산의 <안양사칠층탑비>를 썼다.

또한 ≪대동지지≫ <시흥>을 보면 '삼성산三聖山은 시흥현 읍치에서 동쪽으로 10리에 있다. 과천果川의 관악冠岳과 돌로 연결되어 얽혀 있는데 기세가 가파른 바위이다. 향로봉香爐峯 남자하동南紫霞洞 북자하동南紫霞洞 삼막사三藐寺가 있다. 삼성산의 북쪽으로 사자봉獅子峯이 있고, 사자봉 아래에는 도화동桃花洞 사자암獅子庵이 있다. 삼성산의 남쪽으로 옛날에 안양사安養寺가 있었고, 안양사의 남쪽으로 고려 태조가 세운 칠층 전탑塼塔이 있다.'고 하였다.

어쨌든 안양사가 폐사된 것과 금천현의 진산이 바뀌게 된 것 사이에 어떤 인과관계가 있는지는 알 수 없다. 그러나 호암산이 새로이 진산이 된 데는 나름대로 이유가 있었다고 생각된다. 그것은 호암산이 원래부터 민간에서 경외敬畏와 신앙의 대상이었다는 사실이다.

호암산은 기우제祈雨祭를 지내는 장소가 되는 등 민간에서 경외와 신앙의 대상이었다. 삼성산이 진산일 때에 편찬된 ≪신증동국여지승람≫ <금천현>을 보면 호암산에 대해 기술하면서 윤자尹慈의 설說을 실었는데 윤자의 설에 '금천의 동쪽에 산이 있는데 우뚝하여 그 산세가 북으로 치달아 마치 범이 나아가는 것과 같다. 그 산에 바위가 있는데 가팔라서 민간에서는 호암虎巖이라고 부른다. 술가術家가 점을 쳐보고 바위의 북쪽 모퉁이에 절을 세워 호갑사虎岬寺라 하였다. 거기에서 북쪽으로 7리里를 가면 다리가 있는데 이름을 궁교弓橋라 하고, 또 그 북쪽 10리里에 암자가 있는데 사자암獅子菴이라고 한다. 모두 범이 나아가는 듯한 산세를 누르기 위함이었다.'라고 하였다. 윤자(?~?)는 본관이 파평坡平으로 조선 세종世宗 29(1447)년에 문과文科에 급제하여 32(1450)년에 금천현감衿川縣監이 되었으며, 세조世祖 11(1465)년에는 경기도관찰사京畿道觀察使가 되었고, 14(1468)년에는 한성부우윤漢城府右尹으로 있었으며, 예종睿宗 1(1469)년에는 한성부좌윤漢城府左尹으로 있다가 경상도관찰사慶尙道觀察使가 된 사람으로 여기에 실린 설은 금천현감으로 있을 때 지은 것이다.

또한 역시 삼성산이 진산일 때에 편찬된 ≪동국여지지≫ <금천현>을 보면 '호암산은 금천현 읍치에서 동쪽으로 5리里에 있으니 곧 관악산의 서쪽 가지로 범과 같이 생긴 바위가 있어 그러한 까닭에 이름이 되었다. 꼭대기에는 돌로 쌓은 옛 성城이 있는데 둘레가 1,600여 척尺이고, 성 안에는 대지大池가 있어 가물 때 비를 빈다.'고 하였다. 고을의 기우제는 진산에서 지내는 것이 보통이었다. 삼성산이 진산일 때 호암산에서 기우제를 지냈다면 호암산은 진산이 되기 전부터 이미 일정부분 고을의 진산의 역할을 하고 있었던 셈이다.

호암산이 금천현의 진산이 되고 나서 호암산에 대한 민간의 경외와 신앙은 더욱 굳어졌던 것으로 생각된다. 진산이 호암산으로 바뀌고, 호암산이 검지산이라는 또 다른 이름으로 지칭될 때 편찬된 ≪여지도서≫ <금천현>을 보면 호암산의 꼭대기에 있었던 옛 성을 호암산성虎巖山城이라 지칭하고 '호암산의 꼭대기에 석성石城의 옛터가 있는데 어느 시대에 쌓았는지 알 수 없다. 둘레가 1,680척尺이고, 용추龍湫가 있는데 본 금천현의 비를 비는 터이다.'라고 하였고, 또 용추龍湫에 대해서는 '검지산黔芝山의 꼭대기에 있다. 우묵하게 꺼져 저절로 둥그런 못이 되었는데 낮고 물에 잠겨 있으며, 매우 깊고 막힘이 없어 바닥이 없다. 세간에 전하기는 '용추龍湫와 방하곶方下串, 율일리栗日里의 대야택大也澤은 서로 통한다. 옛사람이 용추에 저杵를 빠뜨렸는데 뒤에 방하곶에서 그것을 얻었다. 민간에서는 저杵를 방하方下라고 하는 까닭에 방하곶이라고 이름한 것이다. 또 기우제祈雨祭를 지낼 때 용추에서 관분盥盆을 잃어버렸는데 뒤에 대야택에서 그것을 얻었다. 민간에서는 관분을 대야大也라고 하는 까닭에 대야택이라고 이름한 것이다.'라고 한다. 민간에 전하기는 '이 못은 곧 신룡神龍이 사는 곳이다. 그러한 까닭으로 날이 가물 때 경건히 정성을 드려 비를 빌면 번번이 영험이 있다.'고 한다.'고 하였다. 또한 호암虎巖에 대해 '금천현 읍치 뒤 검산黔山의 꼭대기에 있는데 범이 웅크리고 있는 것과 같은 모양이다. 세상에 전하기는 한양을 도읍으로 정할 때에 호암 북쪽에 돌로 만든 사자獅子를 묻고, 또 호암 남쪽에 돌로 만든 개 4마리를 묻었다고 한다. 대개 범으로 하여금 북쪽으로는 사자를 두려워하고, 남쪽으로는 개를 어여삐 여기게 하려고 그런 것이다. 지금 금천현의 읍치에서 북쪽으로 10리里에 사자암獅子庵이 있고, 남쪽으로 10리里에 또 사견우四犬隅가 있다.'고 하였다. 물론 ≪여지도서≫에서 옛 성을 호암산성으로 지칭한 것은 전에 부르던 이름을 습관적으로 사용했기 때문일 것이다. 1842년에서 1843년 사이에 편찬된 ≪경기지(京畿誌)≫ <시흥읍지(始興邑誌)>를 보면 호암산성은 검지성黔芝城으로 지칭되었다. 검지성에 대해 '검지산黔芝山 꼭대기에 석성石城 옛터가 있는데 어느 시대에 쌓은 것인지 모르나 둘레가 1,681척尺이고, 그 안에 용추龍湫가 있으니 본 현의 비를 비는 터이다.'라고 하였다.

이와 같이 호암산이 민간에서 경외와 신앙의 대상이었다고 할 때 호암산이 검지산이라는 또 다른 이름으로 불리게 된 것은 자연스러운 일이다. 검지산黔芝山이 신이 이 세상에 내려와 깃들어 있는 산 곧 신산神山을 뜻하는 우리말 '검뫼'의 차자표기라고 생각되는 까닭이다. 검지산이 검산黔山으로도 표기되었다는 점을 생각할 때 검黔에서 음인 '검'을 취하고, 산山에서 훈인 '뫼'를 취하여 그와 같이 표기하였을 것이다. 이때 검지산의 지芝는 사잇소리 'ㅅ'을 표기하기 위한 차자 지之의 또 다른 표기일 것이다. 지명표기에서 사잇소리 'ㅅ'을 표기하기 위한 차자로 보통 지之가 사용되었기 때문이다. 사실 김정호가 1834년에 저작한 ≪청구도(靑邱圖)≫를 보면 검지산이 금지산衿之山으로 표기되어 있고, ≪경기지≫ <시흥읍지> 등 읍지의 지도에는 보통 금지산衿芝山으로 표기되어 있기도 하다. 금衿을 검黔으로도 썼다는 사실을 생각할 때 우리말 지명 '검뫼'를 표기하기 위해 차자된 검지산을 한자음으로 읽게 되면서 사잇소리 'ㅅ'을 표기하기 위해 차자되었던 지之를 아취雅趣있게 전자轉字하여 지芝로 표기한 것이 틀림없다고 생각된다. 지금은 신도림동 대림동이 된 원지목리遠之牧里가 원지목리遠志牧里 원지목리遠芝牧里 등으로 표기된 것과 마찬가지의 예이다.

검지산黔芝山으로 차자표기된 '검뫼'가 신이 이 세상에 내려와 깃들어 있는 산 곧 신산神山을 뜻하는 것은 '검뫼'의 '검'이 신神을 뜻하는 우리말 'ᄀᆞᆷ'에서 파생된 말이기 때문이다. 보통 하늘에 있다고 상정되는 신은 이 세상에 내려와 'ᄀᆞᆷ'이 된다. 'ᄀᆞᆷ'은 외파外破되면 'ᄀᆞ ᄆᆞ'가 되는데 이들에서 '곰' '검' '금' '감' '가마' 등과 같은 말이 파생되었다. 이들이 신神을 뜻한다는 사실은 경상남도慶尙南道 창원시昌原市에 있는 성주사聖主寺의 옛 이름인 곰절의 차자표기를 보면 쉽게 드러난다. 곰절의 차자표기는 웅신사熊神寺이다. 웅사熊寺라고 표기되어 있는 경우가 없는 것은 아니지만 옛 기록을 살펴보면 웅신사로 표기된 경우가 대부분이다. 웅熊의 훈이 '곰'이고, 사寺의 훈이 '절'이니 웅사熊寺로 표기하면 충분할 것을 군이 웅신사熊神寺로 표기한 것은 웅熊으로 차자표기된 곰을 한자의 뜻인 동물 곰으로 알지 말고 신神으로 알라는 뜻으로 의미를 첨기添記했기 때문이다.

그렇다면 호암산은 언제부터 '검뫼'라는 또 다른 이름을 갖게 된 것일까? 호암산이 민간에서 경외와 신앙의 대상이었다는 점을 생각할 때 '검뫼'이라는 산이름이 갑자기 생겨났다고 보기는 어렵다. 당연히 호암산이 호암산으로 불릴 때도 '검뫼'라는 또 다른 산이름이 있었는데 호암산이 진산이 되면서 고을을 지키고 보호하여 주는 산이라는 뜻에 걸맞게 또 다른 이름이던 '검뫼'로 지칭하게 되었다고 보아야 할 것이다.

문제는 고려 초 금주라는 이름이 처음 생겨나기 이전부터 '검뫼'가 '검뫼'로 불렸느냐 하는 것인데 당연히 금주라는 이름이 처음 생겨나기 이전부터 '검뫼'라고 불렸다고 보아야 한다. 고을의 이름이나 별호가 고을의 진산이나 이름난 산에서 연유하는 경우가 이루 헤아릴 수도 없이 많다는 사실을 생각할 때 금주衿州라는 고을 이름 자체가 그것을 입증하는 증거가 될 것이기 때문이다.

이와 같은 사정을 생각할 때 검黔으로도 썼던 금주현 금천현의 금衿은 '검뫼'의 '검'에서 연유한다고 보아 틀림이 없을 것이다. 검지산黔芝山으로 차자표기된 '검뫼'가 당시에 고을의 대표적인 산이었기 때문에 고을 이름에 사용되었다고 생각된다.

한편 ≪대동지지≫ <시흥>을 보면 금주산衿州山과 호암산虎岩山이 함께 등장한다. '금주산衿州山은 금주현 읍치에서 동북쪽으로 3리里에 있는데 한정漢井이 있다.'고 하였고, '호암산虎岩山은 금주산衿州山의 동남쪽에 있는데 호갑사虎岬寺가 있다.'고 하였다. 금주산衿州山은 검지산을 달리 일컫는 말로 생각되거니와 이를 보면 김정호는 검지산과 호암산을 서로 다른 산으로 인식하고 있었다는 것을 알 수 있다. 하기야 지금도 이 지역사람들이 한우물이라 일컫는 한정이 있는 봉우리를 검지산이라고 하고, ≪대동지지≫의 기록대로 검지산의 동남쪽에 있는 봉우리를 호암산이라고 나누어 말하는 사람들이 더러 있기는 하다. 그러나 1899년 5월에 저술된 ≪경기도시흥군읍지지도(京畿道始興郡邑誌地圖≫의 지도를 보면 ≪대동지지≫의 기록과는 달리 금지산衿芝山에 호압사虎壓寺가 있다고 표시되어 있고, 금지산의 동남쪽에는 있는 봉우리는 호암산이 아니라 단지 호암虎岩이라고만 표시되어 있다. 더구나 앞에서 살펴본 바와 같이 호암산이라는 이름의 연원이 되는 호암虎巖이 검지산에 있다고 이야기되고, 호암산성虎巖山城이 검지성黔芝城으로 지칭되는 상황이라면 두 산은 서로 다른 산이 아니라 하나의 산이라고 보아야 한다. 또한 금주산에 있다는 한정漢井은 이 지역사람들이 말하는 한우물로 호암산성에 있다는 대지大池 혹은 용추龍湫를 달리 일컫는 말이 분명하고, 호갑사는 호압사虎壓寺의 옛 이름으로 생각된다. ≪여지도서≫를 보면 '호암사虎巖寺가 호암虎巖 동쪽 잠두蠶頭 아래에 있다. 호암사를 달리 호압사虎壓寺라고도 하는데 절이 호암虎巖을 힘으로 눌러 진정시키는 것을 이르는 것이다.'라고 하였다. 그러므로 두 산은 서로 다른 산이 아니라 호암산이 곧 금주산이고, 금주산이 곧 호암산이라고 보아 틀림이 없을 것이다.

시흥현 시흥군이라는 지명의 유래

시흥현은 금천현에서 바뀐 이름이다. 시흥始興은 본래 고려 성종이 정한 금주의 별호였는데 조선 정조 19(1795)년 금천현을 시흥현始興縣으로 바꾼 것이다. 그렇다면 그 때 그것도 읍호를 하필 시흥始興이라고 바꾼 까닭은 무엇인가? 금천현에서 시흥현으로 고을 이름이 바뀌면서 고을의 수령도 종6품從六品의 현감縣監에서 종5품從五品의 현령縣令으로 승격되었다. 이 문제는 고을 수령이 현령으로 승격했다는 사실과 무관한 것 같지 않다. 고을 수령의 품계가 현감에서 현령으로 승격된 것은 행궁行宮의 설치와 정조의 현륭원顯隆園 행차行次길이 과천을 경유하던 길에서 금천을 경유하는 길로 바뀜에 따라 고을을 격상시킬 필요가 있었기 때문일 것이다. 행궁이란 임금이 멀리 행차할 때 임시로 머무르는 별궁別宮을 일컫는 말이고, 현륭원은 경기도 화성군華城郡에 있는 정조의 아버지 사도세자思悼世子의 묘의 이름이다.

금천에 행궁을 짓고, 정조의 현륭원 행차길이 바뀌는 것은 정조 18

(1794)년의 일이다. ≪정조실록≫ <18년 4월 무오(戊午)>를 보면 '금천 衿川에 행궁行宮을 지었다. 경기감사京畿監司 서용보徐龍輔가 계啓로 아뢰기를 '현륭원顯隆園에 거둥할 때의 연도에 있는 지방 가운데 과천果川 지역은 고갯길이 험준하고 다리도 많기 때문에 매번 거둥할 때를 당하면 황송하고 안타까운 마음을 누를 길이 없습니다. 또 길을 닦을 적에 백성들의 노력이 곱절이나 들어가므로 상께서 이런 폐단을 깊이 염려하여 여러 차례 편리한 방도를 생각해보라는 명이 있었기에 전후前後의 도신道臣들이 모두 금천衿川으로 오시는 길이 편하다는 내용을 이미 진달하였었습니다. 신이 이번에 살펴본 바로는 비단 거리의 멀고 가까움에 현저한 차이가 없을 뿐 아니라 지대가 평탄하고 길이 또한 평평하고 넓으니 이 길로 정하는 것은 다시 의논할 필요가 없습니다. 내년 거둥 때에 거행할 여러 절차에 대한 문제는 이미 전교를 받았으므로 관아의 수리와 길을 닦는 등의 일은 지금 당장 착수하지 않을 수 없습니다. 관서關西의 남당성南塘城을 쌓고 남은 돈이 아직 1만 3천여 냥이 남았다고 하니 우선 가져다가 쓰게 하소서.'라고 하니 따랐다.'고 하였다. 거둥은 임금의 나들이를 일컫는 말이다. 한편 이 때 지은 행궁의 규모는 114간間이었다. 1842년에서 1843년 사이에 편찬된 ≪경기지≫ <시흥읍지>를 보면 '시흥현에 공해公廨로 행궁行宮이 있는데 114간間이다.'라고 하였다.

그러나 그것만으로는 읍호를 하필 시흥始興으로 바꾼 이유가 충분히 설명되지 않는다. 읍호를 시흥으로 바꾼 것은 아마도 화성華城의 축조와 관련이 있지 않나 싶다. 1794년 축성을 시작하여 1796년에 완공하는 화성은 당파정치를 타파하고 강력한 왕권의 확립을 꿈꾸던 정조의 야심작이었다. 시흥으로 읍호를 바꾸는 1795년은 화성의 축조공사가 한창

진행되던 시기이다. 정조가 당파정치가 판을 치는 도성을 떠나 새로운 정치를 구현할 발판이 되어줄 화성으로 행차하는 길에 처음으로 발을 내딛는 곳이 바로 금천현이었고 보면 금천현의 읍호를 전부터 별호로 쓰이던 시흥현始興縣으로 바꿔 화성의 축조를 새로운 정치 구현의 시발로 삼고 싶다는 뜻을 나타내고자 했다고 생각된다.

한편 고려 성종이 무엇에 근거하여 금주의 별호를 시흥으로 정했는지는 알려져 있지 않다. 그러므로 시흥이란 지명이 한자말 지명인지 우리말 지명인지도 분명치 않다. 그러나 금천현의 읍호를 시흥현始興縣으로 바꿀 때 시흥始興은 한자말 지명으로 사용된 것으로 생각된다. 시흥始興이라는 한자말이 가지고 있는 '처음 일어난다.'는 뜻을 취하여 읍호로 사용하였을 것이다.

영등포구라는 지명의 유래

영등포구永登浦區의 구區는 지방행정구역 단위의 하나를 일컫는 말이다. 영등포구는 1943년에 구가 되었다. 이전에는 경성부京城府 영등포출장소永登浦出張所였는데 이 때 경성부가 구제區制를 실시하면서 경성부 영등포구永登浦區가 되었던 것이다.

영등포구는 자치구自治區이다. 구에는 두 종류가 있다. 하나는 특별시特別市와 광역시廣域市에 속하는 기초지방자치단체基礎地方自治團體로서의 자치구自治區이고, 하나는 특별시나 광역시가 아닌 인구 5만 이상의 시市에 속하는 하부행정기관下部行政機關으로서의 일반구一般區이다. 구 밑에는 동洞이 있는데 동洞에는 행정동行政洞과 법정동法定洞이 있다. 행정동이란 말 그대로 행정의 편의를 위해서 설치하는 동을 일컫는 말로 행정동 밑에 통統이 있고, 통 밑에 반班이 있다. 이에 비해서 법정동이란 말 그대로 각종 공부公簿의 작성 등 법적인 기능을 수행하기 위해서 설치하는 동을 일컫는 말이다. 행정동과 법정동이 일치하지 않는 경우가 있을 수 있다. 예를 들어 양화동楊花洞은 법정동이지만 행정동은 양평동陽坪洞이다.

영등포구의 영등포는 영등포리永登浦里에서 연유하고, 영등포리는 영등포永登浦라는 이름의 포구浦口에서 연유한다. 영등포永登浦가 무엇에서 연유하는 이름인지에 대해서는 이 책 <영등포동(永登浦洞)>에서 자세히 살펴보았다.

제2장 영등포구에 속한 동(洞)

영등포동(永登浦洞)

1. 영등포동의 유래

영등포동은 원래 영등포리永登浦里였다. 영등포리가 기록에 처음으로 등장하는 것은 1789년에 편찬된 ≪호구총수(戸口總數)≫에서이다. ≪호구총수≫를 보면 경기도京畿道 금천현衿川縣 하북면下北面에 속한 마을로 우와피리牛臥陂里 번대방리番大坊里 방하곶리放下串里 신길리新吉里 신고사리新高寺里와 함께 영등포리永登浦里가 등장한다.

그러나 ≪호구총수≫가 편찬된 1789년 이전에 이 지역에 마을이 없었던 것은 아니다. 1757년에서 1765년 사이에 편찬된 ≪여지도서(興地圖書)≫ <금천현(衿川縣)>을 보면 경기도 금천현 하북면에 속한 마을로 민간에서는 방하곶이方下串里로 일컫는 방학호리放鶴湖里 번당리樊塘里 우와피리牛臥陂里 고사리高寺里와 함께 마포리麻浦里가 등장한다. '마포리가 금천현 관문에서 20리里의 거리에 있다.'고 하였다. 마포리는

≪여지도서≫ 이후 금천현衿川縣 관련 기록에 등장하지 않는다. ≪호구총수≫의 기록에서 보듯 영등포리永登浦里 신길리新吉里가 새로이 등장한다. 번당리의 또 다른 이름이 번대방리이고, 고사리와 신고사리가 어떻게든 관련을 갖고 있을 것이라는 점을 생각할 때 마포리 지역이 영등포리와 신길리가 되었기 때문에 그럴 것이다.

영등포리는 조선朝鮮 정조正祖 19(1795)년 금천현이 시흥현始興縣으로 이름을 바꾸자 경기도 시흥현 하북면下北面 영등포리가 되었다.

영등포리는 1895년 2월에 저술된 ≪기전읍지(畿甸邑誌)≫ <시흥현 읍지여사례성책(始興邑誌與事例成册)>에서는 영등포永登浦로 등장한다. 당시 영등포는 우와피리牛臥皮里 번대방리番大方里 신길리新吉里 상방하곳리上方下串里 하방하곳리下方下串里와 함께 경기도 시흥현 하북면에 속해 있었는데 '영등포永登浦가 시흥현 읍치邑治에서 22리里에 있다.'고 하였다. 영등포리가 아니라 영등포로 표기한 것은 영등포리가 아니라 영등포로 불렸기 때문일 것이다. 영등포리는 그 해 있었던 지방제도개편 때 시흥군으로 바뀌면서 인천부仁川府 시흥군 하북면 영등포리가 되었다가 다음해 다시 경기도 시흥군 하북면 영등포리가 되었다.

영등포리는 1914년 행정구역개편 때 시흥군이 과천군果川郡과 안산군安山郡을 병합하면서 경기도 시흥군 북면北面 영등포리가 되었는데 이 때 하방하곳리下方下串里와 당시 영등포리와 같이 시흥군 하북면에 속해 있던 중종리重宗里를 병합하였다. 당시 경기도 시흥군 북면에는 영등포리를 비롯하여 도림리道林里 구로리九老里 당산리堂山里 양평리楊坪里 신길리新吉里 번대방리番大方里 노량진리鷺梁津里 본동리本洞里 흑석리黑石里 동작리銅雀里가 속해 있었고, 영등포리가 군소재지郡所在地와 면소재지面所在地였다.

1917년 시흥군 북면에 영등포면永登浦面이 따로 설치되면서 영등포리는 당산리 양평리와 함께 영등포면에 속하여 경기도 시흥군 영등포면 영등포리가 되었으며, 1931년 영등포면이 영등포읍永登浦邑이 되자 경기도 시흥군 영등포읍 영등포리가 되었다.

영등포리는 1936년 일제가 경성부京城府를 확장하면서 영등포출장소永登浦出張所를 설치하자 같이 영등포읍에 속해 있던 당산리 양평리와 함께 영등포정永登浦町 당산정堂山町 양평정楊坪町으로 이름을 바꾸고 그에 속하여 경성부 영등포출장소 영등포정 당산정 양평정이 되었다. 영등포출장소가 설치됨에 따라 시흥군始興郡 북면北面의 노량진리鷺梁津里 본동리本洞里 흑석리黑石里 동작리銅雀里 신길리新吉里 번대방리番大方里 도림리道林里와 시흥군 동면東面의 상도리上道里, 김포군金浦郡 양동면陽東面의 양화리楊花里도 경성부에 편입되어 노량진정鷺梁津町 본동정本洞町 흑석정黑石町 동작정銅雀町 신길정新吉町 번대방정番大方町 도림정道林町 상도정上道町 양화정楊花町으로 이름을 바꾸고 그에 속하여 경성부 영등포출장소 노량진정 본동정 흑석정 동작정 신길정 번대방정 도림정 상도정 양화정이 되었다.

영등포출장소는 1943년 경성부가 구제區制를 실시하면서 영등포구永登浦區가 되었으며, 그에 따라 영등포정은 경성부 영등포구 영등포정이 되었다. 당시 영등포구에 속한 마을로는 영등포출장소에 속해 있던 영등포정永登浦町 도림정에서 분동된 사옥정絲屋町 당산정堂山町 양평정楊坪町 양화정楊花町 노량진정鷺梁津町 본동정本洞町 흑석정黑石町 동작정銅雀町 신길정新吉町 번대방정番大方町 도림정道林町 상도정上道町과 경성부에서 새로 편입된 여의도정汝矣島町이 있었다.

영등포정은 해방을 맞고 난 다음해인 1946년 경성부가 서울시로 바

꿔면서 일본식 마을지칭인 정町을 청산하고 지금과 같은 이름인 영등
포동이 되어 서울시 영등포구 영등포동이 되었다가 1949년에는 서울
시가 서울특별시가 되면서 서울특별시 영등포구 영등포동이 되었다.

2. 마포리라는 지명의 유래

지금은 영등포동이 된 영등포리는 신길리新吉里와 함께 원래는 마
포리麻浦里였다. 그런데 우리가 지금 알고 있는 마포麻浦라는 지명은 서
울특별시 마포구麻浦區 마포동麻浦洞이 된 마포이다. 마포구에 있는 마
포는 ≪조선왕조실록≫에 ≪세종실록(世宗實錄)≫에서부터 등장한다.
또한 1530년에 편찬된 ≪신증동국여지승람≫ <한성부(漢城府)>를 보
면 '마포麻浦는 도성都城의 서쪽에 있으니 곧 용산강龍山江의 하류이다.'
라고 하였다. 그러므로 마포구에 있는 마포와는 별도로 이 지역에 마포
라는 지명이 존재했다는 이야기가 된다.

그렇다면 이와 같이 두 마포라는 지명이 있게 된 까닭은 무엇인가?
필자는 두 마포가 있게 된 것은 이 지역과 마포구의 마포가 서로 왕래
하는 나루였기 때문이라고 생각한다. 양화도楊花渡만 하더라도 ≪세종
실록≫ <지리지(地理志)>를 보면 한성부漢城府 쪽도 양화도라 불렀고,
금천현 쪽도 양화도라 불렀다.

이 지역에서 마포로 건너가는 나루는 방학호진放鶴湖津이었다. 김정
호(金正浩, ?~1864)가 1864년에 저술한 ≪대동지지(大東地志)≫ <시
흥(始興)>을 보면 '방학호진放鶴湖津은 서울의 마포진麻浦津과 왕래하는

소로小路이다.'라고 하였다. 여기서 소로란 조선시대 지금으로 치면 국도國道인 역로驛路를 그 중요성에 따라 대로大路 중로中路 소로小路의 세 등급으로 나누었는데 그 중에 소로란 뜻이다.

　방학호진은 방학호放鶴湖에 나루가 설치되었기 때문에 생겨난 이름일 것이다. 방학호는 1530년에 편찬된 ≪신증동국여지승람(新增東國輿地勝覽)≫에 암곶岩串이라는 표기로 등장한다. ≪신증동국여지승람≫ <금천현(衿川縣)>을 보면 '암곶岩串이 금천현 읍치에서 북쪽으로 25리에 있다.'고 하였다. ≪여지도서≫ <금천현>을 보면 '방학호放鶴湖가 금천현 읍치에서 북쪽으로 30리에 있다. 달리 방하곶放下串이라고도 한다.'고 하였고, ≪대동지지≫ <시흥>을 보면 '방학호放鶴湖는 달리 대곶碓串이라고도 한다. 시흥현 읍치에서 북쪽으로 20리에 있다. 한강漢江의 하나이던 물줄기가 노량도露梁渡 아래에서 나뉘어 흘러 10여 리를 가다가 양화도楊花渡에 이르러 다시 합친다.'고 하였다. 1991년에 간행된 ≪영등포구지(永登浦區誌)≫를 보면 '이 방학호放鶴湖 나루터는 현재 신길동 영등포여자고등학교 북쪽의 신길동 47번지에 있었다. 이곳은 저지대로서 옛 마을의 형태가 남아 있다.'고 하였다.

　이와 같이 방학호진이 방학호에 마포구의 마포로 건너가는 나루가 설치되었기 때문에 생겨난 이름이라고 할 때 마포리는 방학호진을 중심으로 방학호 주변에 형성된 마을들을 통칭하는 이름이었을 것으로 생각된다. 그리고 방학호 주변에 형성된 마을은 방학호리와 마포리라는 마을 이름이 사라지면서 새롭게 등장하는 영등포리 신길리였을 것이다. 처음에는 이 세 마을을 통틀어 마포리로 지칭하다가 ≪여지도서≫가 편찬되는 1757년에서 1765년 사이 이전 어느 때인가 정작 마포리라고 불리게 된 원인을 제공한 방학호진 자체에 형성된 마을은 마포리에서 분리되어 방학호리로 독립하게 되었고, 나중에 영등포리와 신길리로 독립하게 되는 나머지 마을은 여전히 마포리로 지칭되면서 남아 있다가 ≪여지도서≫가 편찬되는 1757년에서 1765년 사이 이후 ≪호구총수≫가 편찬되는 1789년 이전 어느 때인가 마포리라는 이름을 버리고 영등포리와 신길리로 독립하게 되었을 것이다.

한편 마포는 마포麻浦라고 불리는 개 때문에 생겨난 지명일 것이다. 그렇다면 마포라는 지명이 생기게 된 원인이 되는 마포라고 불리는 개는 정작 어디에 있었는가? 마포麻浦는 삼개를 한자를 빌어 표기한 것이다. 아직도 연세가 많은 지역 토박이들 중에는 마포를 삼개 혹은 삼개나루로 부르는 사람들이 있다. 마麻의 훈이 '삼'이고, 포浦의 훈이 '개'이기 때문에 그와 같이 차자되었을 것이다. 그렇다면 삼개는 어떤 뜻을 갖는 말인가? 삼개의 '삼'은 도島를 뜻하는 섬과 같은 어원에서 파생된 말일 것으로 생각된다. 곧 '삼'과 섬은 'ㅏ'와 'ㅓ'의 차이에도 불구하고 같은 말일 것이라는 것이다. 그러므로 삼개는 섬에 형성된 개라는 뜻을 갖고 있다고 보아야 한다. 그리고 삼개가 섬에 형성된 개를 뜻하는 말이라 할 때 그와 같은 조건에 걸맞은 곳으로 당연히 방학호를 생각할 수밖에 없다. 방학호는 지금은 경인선 철도공사 등으로 그 원형을 잃어버렸지만 여의도와 신길동 영등포동 사이의 샛강에 형성된 지형이었다. 여의도와 신길동 영등포동 사이의 샛강에 형성되었던 방학호야 말로 섬에 형성된 개라는 말에 걸맞은 지형이었을 것이다.

사정이 이와 같다고 할 때 정작 마포라는 지명이 생겨나게 된 것은 방학호 때문이고, 마포구의 마포는 마포로 건너가는 나루였을 뿐이라는 이야기가 성립한다. 사실 생각해 보면 옛날 서울에 설치되었던 나루의 경우 건너려는 대상인 한강漢江 건너편의 지명을 나루의 이름으로 삼는 것이 보통이었다. 양화도楊花渡만 하더라도 당시 양천현에 속해 있던 양화리楊花里에서 취한 나루이름이다. 영등포구의 마포로 건너가던 나루였던 마포구의 마포나루가 광흥창廣興倉이 설치되어 세곡선이 드나드는 등 지역적 중요성이 점점 커지면서 마포나루가 아니라 마포로 널리 통용되자 정작 나루의 이름을 제공했던 영등포구의 마포는 방학호 등으로 불리게 되었고, 급기야는 영등포구의 마포는 그 이름이 역사에서 사라지고 나루였던 마포구의 마포만 살아남아 지금까지 마포로 불리게 되었을 것으로 생각된다.

3. 하방하곶리라는 지명의 유래

하방하곶리는 1914년 행정구역개편 때 지금은 영등포동이 된 영등포리에 통합된 마을이다. 본래는 상방하곶리와 함께 방하곶리였으나 방하곶리가 상방하곶리와 하방하곶리로 나뉘어 독립적인 마을로 있다가 이 때 영등포리에 병합된 것이다.

하방하곶리라는 마을 이름이 지리서에 처음으로 등장하는 것은 1895년 2월에 편찬된 ≪기전읍지≫에서이다. ≪기전읍지≫ <시흥현읍지여사례성책>를 보면 하방하곶리가 상방하곶리上方下串里와 함께 등장한다. 당시 상방하곶리 하방하곶리는 우와피리牛臥皮里 번대방리番大方里 신길리新吉里 영등포永登浦와 함께 경기도 시흥현 하북면에 속해 있었는데 '상방하곶리上方下串里가 시흥현 읍치邑治에서 20리里에 있다. 하방하곶리下方下串里가 시흥현 읍치邑治에서 20리里에 있다.'고 하였다. 그러니 방하곶리는 1895년 2월 이전 어느 때인가 상방하곶리와 하방하곶리로 나뉘었을 것이다.

방하곶리方下串里의 또 다른 표기는 방학호리放鶴湖里이다. 방학호리와 방하곶리가 지리서에 처음으로 등장하는 것은 1757년에서 1765년 사이에 편찬된 ≪여지도서≫에서이다. ≪여지도서≫ <금천현>을 보면 경기도 금천현 하북면에 속한 마을로 번당리樊塘里 마포리麻浦里 우와피리牛臥陂里 고사리高寺里와 함께 민간에서는 방하곶리方下串里로 일컫는다는 방학호리放鶴湖里가 등장한다. '민간에서는 방하곶리方下串里로 일컫는 방학호리放鶴湖里가 금천현 관문에서 20리里의 거리에 있다.' 고 하였다. 그러니까 ≪여지도서≫의 내용대로라면 방학호리는 이른바 공식적인 이름인 셈이고, 방하곶리는 민간에서 일컫는 이름으로 이른바 비공식적 이름이었던 셈이다.

그러나 비공식적 마을 이름으로 취급당하던 방하곶리는 곧 공식적인 마을 이름으로 쓰였던 것으로 생각된다. 1789년에 편찬된 ≪호구총수≫를 보면 경기도 금천현 하북면에 속한 마을로 우와피리牛臥陂里 번대방리番大坊里 영등포리永登浦里 신길리新吉里 신고사리新高寺里와 함께 방학호리放鶴湖里가 아닌 방하곶리放下串里가 등장한다. 방하곶리放下串里는 방하곶리方下串里리의 또 다른 표기일 것이다.

방하곶리는 조선朝鮮 정조正祖 19(1795)년 금천현이 시흥현始興縣으로 이름을 바꾸자 경기도 시흥현 하북면下北面 방하곶리가 되었다.

방하곶리는 1842년에서 1843년 사이에 편찬된 ≪경기지(京畿誌)≫에는 방학정리放鶴亭里라는 이름으로 등장한다. ≪경기지≫ <시흥읍지>를 보면 '방학정리가 시흥현始興縣 읍치邑治에서 20리里에 있다.'고 하였다. 또한 1871년에 편찬된 ≪경기읍지(京畿邑誌)≫ <시흥읍지(始興

邑誌)≫에는 방학정리放雀亭里라는 표기로 등장하나 이는 방학정리放鶴亭里의 이기이다. 그런데 방하곳리가 상방하곳리와 하방하곳리로 나뉘지 않고 지리서에 등장하는 것은 ≪경기읍지≫가 마지막이다. 앞에서 살펴본 바와 같이 상방하곳리와 하방하곳리라는 마을 이름이 지리서에 처음으로 등장하는 것이 1895년 2월에 편찬된 ≪기전읍지≫에서이니 방하곳리가 상방하곳리와 하방하곳리로 나뉘게 된 시기는 ≪경기읍지≫가 편찬된 1871년 이후 ≪기전읍지≫가 편찬된 1895년 2월 이전 어느 때가 될 것이다.

상방하곳리와 하방하곳리는 ≪기전읍지≫가 편찬되는 1895년에 있었던 지방제도개편 때 시흥현이 시흥군始興郡으로 바뀌면서 인천부仁川府 시흥군 하북면 상방하곳리와 하방하곳리가 되었고, 다음 해 다시 경기도 시흥군 하북면 상방하곳리와 하방하곳리가 되었다가 앞에서 언급한 바와 같이 하방하곳리는 1914년 일제日帝가 대대적인 행정구역개편을 하면서 영등포리에 병합되었다.

그렇다면 하방하곳리는 지금의 어디인가? 방하곳리가 방하곳리로 불리게 된 것은 방하곳 주위에 마을이 형성되었기 때문일 것이다. 그리고 곳이 바다나 강 들 쪽으로 좁고 길게 들어간 땅줄기를 일컫는 말이라는 점을 생각하면 방하곳리는 여의도로 해서 생겨난 샛강 가의 마을일 수밖에 없다. 그러므로 방하곳리에서 나뉘어 독립한 하방하곳리 또한 샛강 가의 마을일 수밖에 없다고 생각된다. 또한 1899년 5월에 저술된 ≪경기도시흥군읍지지도(京畿道 始興郡邑誌地圖)≫를 보면 '상방하곳리는 시흥군 읍치에서 20리에 있다. 하방하곳리는 시흥군 읍치에서 22리에 있다. 영등포리는 시흥군 읍치에서 22리에 있다.'고 하였다. 그리고 1899년 11월에 저술된 ≪시흥군읍지(始興郡

邑誌)≫를 보면 '상방하곶리는 시흥군 읍치에서 15리에 있다. 하방하곶리는 시흥군 읍치에서 17리에 있다. 영등포리는 시흥군 읍치에서 20리에 있다.'고 하였다. 이와 같은 사정을 감안하여 하방하곶리였던 지역을 추정해 본다면 신길동과 접하면서 샛강과 연접한 영등포로터리 부근이었을 것으로 생각된다.

한편 방하곶리方下串里가 방하곶리로 불리게 된 것이 방하곶 주위에 마을이 형성되었기 때문이라고 본다면 방하곶리는 방하곶에서 연유하는 마을 이름임에 틀림이 없다. 방하곶의 방하方下는 곡식을 찧거나 빻는 기구를 뜻하는 우리말 방아의 옛말 방하를 한자의 음을 빌어 표기한 것이고, 곶串은 바다나 강 들 쪽으로 좁고 길게 들어간 땅줄기를 일컫는 우리말 곶을 한자 관串을 빌어 표기한 것이나 우리나라에서는 전통적으로 관串을 관이라 읽지 않고 곶으로 읽었다. 그러므로 방하곶은 곶의 지형을 곡식을 찧거나 빻는 기구를 뜻하는 방아와 관련시켜 생겨난 지명일 것이다. 실제로 ≪여지도서≫ <금천현>을 보면 '세간에 전하기는 '용추龍湫와 방하곶方下串, 율일리栗日里의 대야택大也澤은 서로 통한다. 옛사람이 용추에 저杵를 빠뜨렸는데 뒤에 방하곶에서 그것을 얻었다. 민간에서는 저杵를 방하方下라고 하는 까닭에 방하곶이라고 이름한 것이다. 또 기우제祈雨祭를 지낼 때 용추에서 관분盥盆 잃어버렸는데 뒤에 대야택에서 그것을 얻었다. 민간에서는 관분을 대야大也라고 하는 까닭에 대야택이라고 이름한 것이다.'라고 한다.'고 하였다. 용추는 금천현의 진산鎭山인 검지산黔芝山의 정상에 있는 못의 이름이고, 저杵는 통상 방아공이를 일컫는 말이지만 <방아타령>이 보통 <저타령(杵打슈)>으로 표기된다는 점을 생각할 때 위 기록의 발처럼 빙아라는 말로 사용된 것이다. 물론 그곳에서 빠뜨린 방아가 방하곶에서 나왔을 리는 없다. 그러나 당시 사람들이 방아와 관련하여 방하곶이라는 지명을 생각했다는 것만은 분명하다는 것을 충분히 입증시켜 주는 자료이다.

그렇다면 방하곶에 방하곶이라는 이름이 붙은 것은 어떤 까닭인가? 당연히 그곳 지형이 방아와 관련시켜 생각할 만한 지형이었기 때문에 그와 같은 이름이 붙었을 것이다. 방학호진放鶴湖津은 방하곶에 설치된 나루였다. 나루가 설치되려면 포구浦口의 형태를 갖추어야 한다. 방학호진이 있었다는 현재 신길동 영등포여자고등학교 북쪽의 신길동 47번지 일대의 지형을 살펴볼 때 방학호진은 포구의 형태를 갖추었다고 생각된다. 또한 그와 같은 생각을 뒷받침해 주는 것이 방하곶의 또다른 표기인 방학호放鶴湖이다. 여의도로 해서 한강의 샛강에 위치하게된 방하곶을 방학호로 표기하였다는 것은 그곳이 호수湖水와 같은 지형곧 호수의 곡선曲線을 연상시킬 만한 지형이었다는 것을 말해주는 것이기 때문이다. 방하곶이 샛강 쪽으로 길게 들어가서 그와 같은 지형이형성되었을 것이다. 그러므로 그와 같은 지형을 통해서 사람들은 당연히 방아의 확을 연상했을 것이고, 그러한 까닭에 그곳에 방하곶이라는이름을 붙였을 것이다.

방하곶은 ≪신증동국여지승람≫에서는 암곶嵓串으로 표기되었다. 이역시 방하곶을 차자표기한 것이다. 암嵓의 훈은 '바위'인데 지금도 바위를 강원도江原道 평안도平安道 경상도慶尙道 등에서는 방우라고 한다는점을 생각할 때 암嵓이 방하를 표기하기 위한 차자로 사용되었음에 틀림이 없다.

≪신증동국여지승람≫에 암곶嵓串으로 표기되었던 방하곶은 ≪여지도서≫에서는 방학호放鶴湖로 표기되었고, 민간에서 달리 일컫는다고 하여 방하곶放下串 방하곶方下串으로도 표기되었으나 사실은 모두 방

하곳을 차자표기한 것이다. 방하곳放下串이야 방하곳方下串과 마찬가지로 한자의 음을 빌어 방하곳을 표기한 것이지만 방학호放鶴湖의 경우도 한자의 음을 빌어 방하곳을 표기한 것으로 생각되기 때문이다. 방학호放鶴湖를 한자음을 따라 발음하면 '방하코'가 되는데 이는 방하곳과 그 소리가 유사하다. 실제로 김정호金正浩가 1861년에 저작한 ≪대동여지도(大東輿地圖)≫를 보면 방하곳이 방학곳放鶴串으로 표기되어 있다. 다만 다른 점이 있다면 한자를 차자함에 있어 아취雅趣를 더했다는 것이다. 방하곳의 방아의 확 모양의 지형에서 호수를 연상하여 호湖라는 한자를 취하고, 거기에 학을 놓아준다는 뜻을 더하여 방학放鶴이라는 한자를 취하였을 것으로 생각된다. 학을 놓아준다는 뜻은 중국 송宋나라 때 장천기(張天驥, ?~?)가 은거하면서 학 두 마리를 길렀는데 아침에 놓아주면 저녁에 돌아왔으므로 집 동쪽에 정자를 지어 방학정放鶴亭이라 불렀다는 고사에서 연유하는 것이다. 그러니 ≪여지도서≫ <금천현(衿川縣)>을 저술하면서 방학호放鶴號라는 표기를 공식적으로 취하고, 방하곳放下串 혹은 방하곳方下串을 민간에서 사용하는 이름으로 처리하였다고 하여 조금도 이상할 것이 없다. ≪여지도서≫ <금천현>을 저술한 사람이 선비였다고 본다면 방학호는 그들의 취향에 딱 맞는 표기였을 것이다.

방학호放鶴湖 방하곳放下串 방하곳方下串 등으로 표기되었던 방하곳은 대곳碓串으로도 표기되었다. 앞에서 살펴본 바와 같이 ≪대동지지≫를 보면 방학호放鶴湖를 달리 부르는 이름으로 대곳碓串이 등장한다. 그러나 이 또한 방하곳을 차자표기한 것이다. 대碓의 훈이 '방아'인 까닭이다.

그렇다면 방하곳은 지금의 어디에 위치했을까? 필자는 방하곳이 지하철1호선 신길역新吉驛에서 샛강 쪽으로 뻗어나갔던 땅줄기라고 생각한다. 지금은 지형이 변하여 본래 모습을 찾을 수 없지만 그곳이 뻗어 나가야 신길동 쪽에 방아를 연상시킬 만한 곡선曲線의 지형이 형성될 수 있다고 생각될 뿐만 아니라 그곳이야말로 상방하곳리와 하방하곳리의 경계가 되었던 지역이라고 생각되기 때문이다.

한편 방하곳리의 또 다른 이름으로 방학정리放鶴亭里가 있다. 방학정리放鶴亭里가 지리서에 처음으로 등장하는 것은 앞에서 살펴본 바와 같이 1842년에서 1843년 사이에 편찬된 ≪경기지≫에서이다. 방학정리는 방학정放鶴亭에서 연유하는 이름일 것으로 생각된다. 방학호 부근에 정자를 세웠던 까닭에 방학정放鶴亭이라 이름하였겠고, 방학정이 있어 방학호리를 대신해 방학정리放鶴亭里가 마을 이름이 되었던 것으로 생각되기 때문이다. 분명 방학정이 존재했겠지만 그러나 방학정에 대해서 알려진 사실은 별로 없다. 1985년에 간행된 ≪서울특별시(特別市) 동명연혁고(洞名沿革攷)≫ <영등포구편(永登浦區篇)>을 보면 방하곳에 대해 이야기하면서 '이 곳에는 최근세에 고종말기高宗末期 황실皇室에서 세웠던 방학정放鶴亭이라는 유연遊宴의 장소가 있기도 했다.'고 하였다. 그러나 방학정리라는 마을 이름이 나타나는 ≪경기지≫가 편찬된 것이 1842년에서 1843년 사이 조선 헌종憲宗 때이고 보면 방학정이 고종 말기 황실의 유연의 장소로 사용될 수는 있었을지언정 그 때 세운 정자는 아니다. 방학정을 세운 시기는 ≪경기지≫가 편찬된 1842년에서 1843년 사이 훨씬 이전이어야 한다. 정자가 처음 지어지고 그 이름이 마을 이름이 되기까지에는 꽤 많은 시간이 걸렸다고 보아야 할 것이기 때문이다. 그런 관점에서 혹 방학정리가 1757년에서 1765년 사이에 편찬된 ≪여지도서≫에 소개되어 있는 취암정醉巖亭과 관련이 있는 것은 아닌지 모르겠다. ≪여지도서≫ <금천현>을 보면 '취암정은 방학호에 있다. 좌랑佐郞 이세운李世雲의 정자이다.'

라고 하였다. 이세운(?~?)은 조선 숙종肅宗 때 문신文臣으로 숙종25 (16
99)년 성균관成均館에 기숙하는 재생齋生들의 임원인 재임齋任에 뽑혔
고, 29(1703)년에는 영릉참봉英陵參奉이 되었으며, 32(1706)년에는 헌릉
봉사獻陵奉事가 되었고, 39(1713)년에는 형조좌랑刑曹佐郎이 되었던 사
람이다. 그러나 취암정이 방학정리와 관련이 있으려면 취암정이 방학
정으로 통칭되었다든가 누군가가 정자이름을 방학정으로 바꿨다든가
했어야 될 텐데 취암정은 ≪여지도서≫ 이후 지리서에 등장하지 않는
다. 사정을 알 수 없다.

하방하곶리는 상방하곶리에 상대되는 이름으로 상방하곶리를 윗방
하곶리라고 부르고, 하방하곶리를 아랫방하곶리라고 부르던 것을 상上
의 훈이 '위'이고, 하下의 훈이 '아래'인 것에 기대어 상방하곶리上方下串
里 하방하곶리下方下串里로 표기한 것일 것이다. 물론 여기서 리里는 상
방하곶리 하방하곶리가 마을이라는 일반적 속성을 가지고 있는 동시
에 조선시대 후기 방리제坊里制가 확산됨에 따라 가장 작은 지방행정구
역단위라는 사실을 나타낸 것이다.

4. 영등포동이라는 지명의 유래

영등포동은 원래 영등포리였다. 영등포리는 영등포永登浦라고 불리
는 개 주변에 마을이 형성되었기 때문에 붙여진 이름일 것이다. 물론
영등포리의 리里는 영등포리가 마을이라는 일반적 속성을 가지고 있는
동시에 조선시대 후기 방리제坊里制가 확산됨에 따라 가장 작은 지방행
정구역단위라는 사실을 나타낸 것이다.

그렇다면 영등포는 지금의 어디인가? ≪서울특별시 동명연혁고≫ <영등포구편>을 보면 '영등포永登浦의 포구浦口 이름은 마포麻浦 · 용산강龍山江 대안對岸, 즉 지금의 신길동新吉洞에 있던 암곶岩串, 방학호放鶴湖로 부르던 곳으로 생각해 볼 수도 있는 것이다.'라고 하여 방하곶이 곧 영등포가 아닐까 하는 의견을 피력하였다. 그리고 ≪영등포구지≫ 등 그 이후에 나온 영등포구 관련 모든 책자에 그것이 진실인 것처럼 기술되어 있다. 그러나 그와 같은 의견을 수긍하기는 어렵다. 방하곶리가 기록에 등장하는 것은 1757년에서 1765년 사이에 편찬된 ≪여지도서≫에서이고, 영등포리가 기록에 처음으로 등장하는 것은 1789년에 편찬된 ≪호구총수≫에서이다. 영등포가 방하곶이라면 방하곶리가 이미 있는 상황에서 방하곶이 아닌 다른 곳을 영등포리라고 불렀다는 이야기가 되는데 방하곶도 아닌 다른 곳을 영등포리라고 불렀을 리는 없었을 것이다.

영등포의 위치는 영등포 로터리와 당산동 사이 영등포3동의 샛강일 것으로 추정된다. 1899년 11월에 저술된 ≪시흥군읍지≫에 '상방하곶리는 시흥군 읍치에서 15리에 있다. 하방하곶리는 시흥군 읍치에서 17리에 있다. 영등포리는 시흥군 읍치에서 20리에 있다.'고 한 점과 1914년 행정구역개편 때 영등포리에 병합된 하방하곶리下方下串里의 위치가 앞에서 살펴본 바와 같이 신길동과 접하면서 샛강과 연접한 영등포로터리 부근으로 추정된다는 점을 생각할 때 그렇게 보아 틀림이 없을 것이다. 영등포구청永登浦區廳에서 2004년에 발행한 ≪영등포(永登浦) 근대(近代) 100년사(年史)≫를 보면 영등포구의 옛 나루터로 영등포나루터가 소개되어 있다. '영등포나루터는 주변 방학호진나루터나 양화도나루터와는 달리 주로 여의도 샛강만을 건너가는 소규모 나루터로서 지리적으로 지금의 영등포3동 한강성심병원 건너편 여의도 샛강의 백사장 변에 위치하였으며, 해방직후까지 통행인과 물자수송을 위한 소규모 나룻배가 이곳에서 운행되었으며, 건기 때에는 여의도 샛강의 물이 얕아 징검다리를 놓고 건너가기도 했었던 것으로 전해져오고 있다.'고 하였다. 아마도 이 나루터가 영등포에 설치된 나루터였을 것이다.

영등포永登浦는 '오라개'의 차자표기로 생각된다. 영永의 훈에 '오래다.'가 있다. '오래다.'의 옛말은 '오라다.'이다. 영永은 '오라다.'에서 '오라'를 취하기 위해 차자하였을 것이다. 등登은 영永으로 차자표기된 '오라'를 첨기하기 위해 차자된 것으로 생각된다. 등登의 옛 훈은 '오ᄅ다.'인데 '오ᄅ다.'에서 '오라'를 취하기 위해 그와 같이 차자하였을 것이다. 그리고 포浦는 물론 포구浦口를 의미하는 '개'를 표기하기 위한 차자이다. 포浦의 훈이 '개'이기 때문에 그와 같이 차자되었을 것이다.

그렇다면 '오라개'라는 개의 이름은 무엇에서 연유하는가? '오라개'의 '오라'는 '올'에서 파생된 말로 생각된다. '올'은 고대사회古代社會에 행해졌던 어른이 되는 의식인 성인식成人式과 관련된 말이다. 성인식이 행해지던 장소도 '올'이라 지칭되었고, 성인식을 통해서 어른이 된 사람도 '올'이라 지칭되었다. '올'이 외파外破되면 '으ᄅ'가 되고, 이들에서 '알' '얼' '올' '울' '아라' '아리' '어라' '어리' '오리' '우리' '을나' '오라' 등과 같은 말이 파생되었는데 이들이 들어가는 우리말 지명이 헤아릴 수 없이 많은 것도, 고대사회의 사람 이름에서 이들이 들어가는 이름을 수 없이 발견할 수 있는 것도 모두 그 때문이다. 지명의 경우 대표적으로 한강漢江의 또 다른 이름인 아리수阿利水가 그렇고, 압록강鴨綠江이 그러하며, 박혁거세왕朴赫居世王의 탄생과 관련하여 등장하는 알천闕川이 그렇다. 아리수의 아리阿利는 아阿와 리利의 음을 취해 '올'에서 파생된 '아리'를 차자표기한 것이고, 압록강의 압鴨은 압鴨의 훈인 '오리'를 취해 '올'에서 파생된 '오리'를 차자표기한 것이며, 알천의 알闕은 알闕의 음을 취해 '올'에서 파생된 '알'을 차자표기한 것이기 때문이다. 사람 이름의 경우 대표적으로 박혁거세왕의 또 다른 이름이며 경주김씨慶州金氏의 시조의 이름이기도 한 알지閼智가 그렇고, 박혁거세왕의 비妃인 알영閼英이 그러하며, 제주도 <삼성신화(三姓神話)>의 주인공인 양을나良乙那 고을나高乙那 부을나夫乙那가 그렇다. 알지의 알閼과 지智는 알閼에서는 '알'이라는 음을 취하고 지智에서는 '알'이라는 훈을 취해 알閼로 차자표기된 '올'에서 파생된 '알'이라는 이름의 의미와 소리를 동시에 첨기添記한 것이고, 알영의 알閼은 음을 취해 '올'에서 파생된 '알'을 차자표기한 것이며, 양을나 고을나 부을나의 을나乙那는 을乙과 나那의 음을 취해 '올'에서 파생된 '을나'를 차자표기한 것이기 때문이다.

그런데 고대사회에서 성인식은 중심이 되는 산山과 거기에서 가까운 물가에서 거행되었다. 중심이 되는 산에 신神을 모셔두는 당집이 있고, 고대사회에서 행해지던 성인식의 전통을 계승하고 있는 불교의 계戒를 받는 의식이나 기독교의 세례洗禮를 받는 의식에서 보듯 성인식에는 물이 필요했던 까닭이다. 그러므로 '올'은 중심이 되는 산을 지칭하는 이름으로도 쓰였고, 중심이 되는 산 가까이에 있으면서 성인식이 행해지던 못이나 내 강江 등 물을 지칭하는 이름으로도 쓰였다. 이와 같이 '오라개'의 '오라'가 한강의 또 다른 이름인 아리수阿利水와 마찬가지로 '올'에서 파생된 말이고, 성인식이 행해지던 장소인 물가의 물이름 역시 '올'로 지칭되었다고 할 때 '오라개'는 성인식을 거행하던 개를 지칭하는 말이라고 보아 틀림이 없을 것이다.

이와 같이 '오라개'가 중심이 되는 산 가까이에 있으면서 성인식이 행해지던 개를 지칭하는 말이라고 할 때 그렇다면 중심이 되는 산은 어디가 될 것인가? 아무래도 당산동이 당산동이라는 이름을 갖게 되는 연원이 되는 당산堂山을 생각하지 않을 수 없다. 당산堂山은 당집이 있는 산을 지칭하는 말이고, 당집은 신을 모셔 놓는 집을 일컫는 말인데 신은 항상 세계의 중심에 내려와 머물기 때문에 지역의 중심이 되는 산 곧 중심산中心山에 당집을 세우는 것이 보통이었다. 더구나 당산은 '오라개'의 위치로 추정되는 영등포로터리와 당산동 사이 영등포3동의 샛강에서 얼마 되지 않는 곳에 위치한다. 그러므로 당산을 '오라개'에서 행해지던 성인식과 관련된 중심산으로 보아 틀림이 없을 것이다.

한편 1991년에 간행된 ≪영등포구지≫를 보면 영등포의 영등永登에 대해 '영등永登'이라는 명칭은 어떻게 해서 붙여졌는지는 확실치 않다. 다만 무속巫俗신앙으로 음력 2월 초하루를 영등靈登날이라 하여 무당이 보름동안 영등굿을 하게 되는데 이것은 풍우를 관장하는 영등할머니가 2월 초하룻날 세상에 내려왔다가 사람들의 생활을 일일이 살피고 다니다가 보름날 하늘로 올라가기 때문이라는 것이다. 실제로 영등포동永登浦洞 이웃의 신길동新吉洞 방아곶이나루터 부근(신길동 50번지)에는 성황당城隍堂의 옛터가 있었던 만큼 이곳에서 영등굿을 했던 관계로 영등포라는 마을 이름이 유래되었다고 보는 견해가 있다.'고 하였다. 사실 그와 같은 견해는 1985년에 간행된 ≪서울특별시 동명연혁고≫ <영등포구편>에서 피력된 것이다. '영등포동永登浦洞의 지명地名 영등포永登浦는 그 유래가 어디에 있는 것인지 의문이 되는 일이다. 우리나라에서 같은 영등포永登浦의 지명地名으로는 임진왜란壬辰倭亂 때 이충무공이충무공李忠武公의 해상전적지海上戰跡地로 알리어진 경상남도慶尙南道 거제군巨濟郡(장목면長木面 구영리舊永里)의 영등포永登浦가 있다. 그곳은 옛날의 수군만호진水軍萬戶鎭이 있던 해상海上 요지要地이기도 하다. 그러나 그 지명地名의 유래는 역시 전해지지 않는다. …… 그런데 우리 민속民俗에는 음력으로 정월과 2월 중에 연등놀이, 영등굿이라는 것이 있는데, 이 갯마을이던 영등포永登浦의 지명地名이 혹 우리 고유민속固有民俗의 연등 영등과 관계가 있는 것은 아니었던지 모를 일이다.'라고 하고는 육당六堂 최남선(崔南善, 1890~1957)이 ≪고사통(故事通)≫에서 이야기한 연등회燃燈會와 연등회가 민속화한 영동, 제주도의 연등놀이, 황해도 서해안지방에서 행해지는 서낭대 영등굿을 소개하고 이어 '이러한 황해도黃海道 서해안지방西海岸地方의 서낭대 · 영등굿의 풍속은 육당六堂이 말한 연등회燃燈會나 제주도濟州島의 연등燃燈 풍속과 대동소이大同小異한 것이다. 다만 연등 영동 영등의 이동異同은 어음語音의 변천과정에서 생긴 차이에 지나지 않는 것이라 볼 수 있을 것이다. …… 그렇다면 강변江邊마을 영등포永登浦의 지명地名 또한 제주도濟州道나 황해도黃海道 서해안西海岸 등지의 연등 영등의 풍속과 서로 통하는 바 있다고도 볼 수 있을 것 같다. 뿐만 아니라 영등포동永登浦洞의 바로 이웃이요 옛날 방아곶이의 요지要地였던 신길동新吉洞 50번지 근처에는 지금도 성황당城隍堂의 옛터를 찾아볼 수 있다고 한다.'고 하였다.

영등포의 영등永嶝과 영등굿의 영등이 같은 연원에서 연유하는 말이 아니겠느냐는 이야기인데 연등회 연등놀이 영동 영등굿 등으로 불리는 민간풍속이 고대사회古代社會에서 행해졌던 성인식成人式과 관련되어 있는 것은 아닌가 하는 생각을 할 수 있다는 점에서 일변 수긍이 가는 이야기이다. 성인식은 본질적으로 신내림굿이다. 신神은 세계의 질서의 표상表象이다. 세계는 신에 의하여 움직여지기 마련인 까닭이다. 신내림굿이란 신神을 맞이하여 신으로 표상되는 세계의 질서를 받아들이는 제의를 말한다. 고대사회에서 성인成人이 되려는 사람은 신내림굿을 통해 신을 맞이하여 세계의 질서를 받아들여야만 성인이 될 수 있었다. 영등굿 또한 신내림굿이었던 것으로 생각된다. 1530년에 편찬된 ≪신증동국여지승람≫ <제주목(濟州牧)>을 보면 제주도의 풍속風俗을 소개하면서 제주도사람들이 '음사陰祀를 숭상한다.'고 하고, '또 2월 초하루에 귀덕歸德 김녕金寧 등의 곳에서는 목간木竿 12개를 세워 신을 맞이하여 제사를 지낸다. 애월涯月에 사는 사람들은 말머리 모양의 나뭇가지를 가지고 고운 빛깔의 비단으로 꾸며 약마희躍馬戲를 하여 신神을 즐겁게 하다가 보름이 되면 그치는데 이를 일러 연등燃燈이라고 한다.'고 하였다. 또한 ≪영등포구지≫에서 언급하였듯 영등굿이란 것이 '풍우를 관장하는 영등할머니가 2월 초하룻날 세상에 내려왔다가 사람들의 생활을 일일이 살피고 다니다가 보름날 하늘로 올라가기 때문'에 행하는 굿이다. 영등할머니는 영등신靈登神을 달리 일컫는 말이다. 조선 헌종憲宗 15(1849)년에 홍석모(洪錫謨, ?~?)가 저술한 ≪동국세시기(東國歲時記)≫를 보면 '2월 초하루 영남嶺南의 민속에 집집마다 신에게 제사를 지내는데 이름을 영등신靈登神이라고 한다. 무당에게 신이 내려 마을에 나다니는데 사람들이 다투어 맞이해다가 즐겁게 한다. 이 달 초하루부터 사람을 꺼려 만나지 않기를 15일 혹은 20일까지 한다.'고 하였다. 이는 영등굿이 신내림굿이었다는 사실을 말해 주는 것이다. 거기에 더하여 영등굿과 성인식은 모두 새해 봄을 맞이하여 행하는 굿이라는 공통점이 있다. 영등굿이야 보통 2월 초하루부터 보름까지 행하는 굿이지만 성인식 또한 2월에 시작하여 3월 초까지 행해진 것으로 생각된다.

고대사회에서 행해진 성인식에서 탄생한 것으로 생각되는 박혁거세왕이나 김수로왕金首露王이 탄생하는 것이 3월 초이다. 박혁거세왕은 3월 삭일朔日에 탄생하는데 삭일은 초하루이고, 김수로왕은 계락지일禊洛之日 곧 계제禊祭를 지내는 날 탄생하는데 계제를 지내는 날은 3월 첫 뱀날로 첫 뱀날은 보통 초하루에서 초사흘 사이에 돌아오는 것이 상례였다. 고대사회에서 성인식에 참가하는 사람들은 상당기간 사회와 격리隔離되었으며, 음식이나 그 밖의 금기가 가해졌다. 성인식에 참가한 사람이 성인으로 탄생하기까지 상당기간 사회와 격리되었다면 박혁거세왕이나 김수로왕의 경우로 보아 성인식이 시작되는 시기는 3월 초 이전이어야 하고, 민속에서 금줄을 치는 기간이 삼칠三七인 것을 감안하여 상당기간을 삼칠로 볼 때 영등굿과 마찬가지로 2월에 시작되었다고 보아 마땅하다. 이와 같은 사실은 영등굿이 고대사회에서 행해지던 성인식과 관련이 있다는 것을 말해주는 것이거니와 이와 같이 영등굿이 성인식과 관련이 있다고 할 때 영등포의 영등永登과 영등굿의 영등이 같은 연원에서 연유하는 말이 아니겠느냐는 생각을 한다고 해서 하등 이상할 것도 없는 일이다.

다만 문제가 되는 것은 영등포의 영등永登은 '올'에서 파생된 '오라'의 차자표기인데 연등이나 영동, 영등 역시 '올'에서 파생된 말로 볼 수 있겠느냐 하는 것이다. 그러나 연등燃燈과 그에서 파생된 말들로 생각되는 영동 영등 등을 '올'에서 파생된 말로 볼 수는 없는 일이다. 연등燃燈이 불교적 행사와 관련된 한자말임이 분명하고 보면 연등燃燈이라는 한자음에서 파생된 것이 확실해 보이는 영동 영등 등을 '올'에서 파생된 말로 볼 수는 없기 때문이다.

그렇다면 '올'에서 파생된 '오라'를 표기하기 위한 차자로 왜 하필 영등永登이란 한자가 선택되었을까? 우연이라고 보기에는 너무나 공교롭다. 더구나 '을'에서 파생된 말들이 모두 영등永登으로 차자표기되지는 않았다는 점을 생각할 때 당연히 무슨 관계가 있다고 보아야 한다. 혹 '오라개'에서 행해지던 성인식이 후대로 오면서 영등굿으로 불리게 되고, '오라개'를 한자를 빌어 표기하면서 '오라개'에서 영등굿이 행해진다는 사실을 나타내고자 하는 의도가 있어 '오라개'를 영등포永登浦로 표기했었던 것은 아닐까? 이와 같은 생각이 생각만으로 그칠 일이 아니라는 것을 보여주는 예가 영등굿의 영등을 한자로 표기할 때 ≪동국세시기≫의 경우 영등신靈登神으로 표기하였다는 사실이다.

영등을 영등신靈登神으로 표기한 것은 영등靈登을 신격神格으로 보았기 때문이다. 영등신을 달리 일컫는 말인 영등할머니의 영등 또한 마찬가지다. 영등을 신격으로 보았기 때문에 할머니라고 지칭한 것이다. 영등을 신격으로 보았다는 사실은 연등회가 갖고 있던 본래 의미에 변화가 있었다는 것을 뜻한다.

연등은 본래 부처에 귀의하고 자신의 마음을 밝게 하려는 뜻에서 부처 앞에 등불을 켜서 밝히는 일을 일컫는 말이다. 그러나 연등회燃燈會에서 연등이 본래의 의미대로 사용되었던 것은 아니다. 연등회는 신라 때 비롯된 국가적 행사로 정월 대보름에 등불을 켜고 부처와 천지신명天地神明께 제사를 지내는 행사였다. 본래 부처 앞에 등불을 켠다는 불교적인 연등의 의미에 천지신명 앞에 등불을 켠다는 민속적인 의미가 끼어든 것이다. 고려에 들어 연등회는 태조太祖가 <훈요십조(訓要十條)>에서 팔관회八關會와 함께 그 중요성을 언급할 만큼 중시되었다. 처음에는 신라와 마찬가지로 정월 대보름에 거행하였으나 성종成宗 때부터 2월 보름으로 옮겨 거행하였고, 국가적으로는 물론 지방은 지방대로 개인은 개인대로 성대하게 거행하였다. 이와 같이 연등회가 전국가全國家적 행사로 성대하게 거행되면서 애초부터 연등의 의미에 민속적인 의미가 끼어들었던 만큼 연등회는 민속과 결합하지 않을 수 없었고, 급기야는 본래의 의미를 잃고 민속과 동화되었던 것으로 생각된다. ≪서울특별시 동명연혁고≫ <영등포구편>에 인용된 최남선이 ≪고사통≫에서 '고려인高麗人 자신도 연등회燃燈會는 불佛을 위한 것으로 생각한 양 하되 불교적 요소는 조금도 없었다. 연등회燃燈會는 왕궁王宮 국도國都뿐 아니라 각지방各地方에서도 죄다 동시에 설행設行하였다. 이 연등의 의식은 후에 민속民俗으로 화化하였다. 지금도 남방南方 각지各地에 준행遵行되고, 일변 풍신관계風神關係의 제의祭儀와 결합結合하여 속俗에 영동이라고 일컫고 있다.'라고 한 말은 이와 같은 사정을 이야기한 것이다.

연등회가 민속과 동화되면서 연등의 의미도 크게 달라졌던 것으로 생각된다. 부처나 천지신명 앞에 등불을 켠다는 연등회 본래의 의미를 갖는 연등에서 벗어나 아예 부처나 천지신명을 대신해 신격 그 자체가 되어버린 것이 그것이다. 연등에서 파생된 말이 분명한 영등이 영등신靈登神 영등할머니 등으로 호칭되면서 풍우風雨을 관장하는 신격으로 자리잡았다는 사실이 그것을 입증한다.

그렇다면 연등이 신격이 될 수 있었던 것은 무슨 까닭인가? 연등회가 민속과 동화되었다는 이야기는 연등회가 굿판이 되었다는 것을 의미한다. 연등회가 민속화하면서 영등굿으로 불려졌다는 사실만 보더라도 그것을 알 수 있다. 굿판의 이름은 경우에 따라 다르기는 하지만 대체로 굿에서 모셔오는 신격의 이름에 굿을 붙이기 마련이다. 예를 들어 굿에서 모셔오는 신이 제석帝釋일 경우 제석굿이라고 하고, 모셔오는 신이 바리데기일 경우 바리데기굿이라고 한다는 말이다. 그러므로 연등회가 굿판이 되면서 연등굿이 되고, 연등굿의 연등을 제석굿의 제석이나 바리데기굿의 바리데기처럼 신격의 호칭으로 생각하여 연등이 신격화되었을 것이라 생각된다.

연등에서 파생된 말인 영등은 영등靈燈 이외에 영등迎燈 영등盈騰 영등影等 영등嶺燈 등으로도 표기되었다. 그렇다면 ≪동국세시기≫에서 홍석모가 영등을 굳이 영등靈燈으로 차자표기한 까닭은 무엇인가? 영등靈燈이라는 표기가 단순히 음만을 취하기 위해 차자된 것 같지는 않다. 당연히 영등靈燈이라는 표기에 무엇인가를 나타내 보이려고 그와 같이 표기하였을 것이다. 그렇지 않고서는 영등을 굳이 영등靈燈으로 표기할 이유가 없을 것이기 때문이다. 혹 영등굿에서 모셔오는 신격의 우리말 이름을 나타내 보이려고 그와 같이 표기했던 것은 아닐까? 영등靈燈이 영등굿에서 모셔오는 신격의 우리말 이름을 표기한 것이라면 신격의 우리말 이름은 '곰올'일 것으로 생각된다. 영등이라는 음을 갖는 한자漢字의 테두리 안에서 신격의 우리말 이름을 표기했다고 본다면 영靈은 훈인 신령神靈에 기대어 신神을 뜻하는 우리말 '곰'을, 등燈은 옛 훈이 '오르다.'인 것에 기대어 영등포의 등燈과 마찬가지로 고대사회古代社會에 행해졌던 성인식成人式과 관련된 말인 '올'을 차자표기한 것으로 생각되기 때문이다.

'곰올'이 영등굿에서 모셔오는 신격의 이름이 될 수 있는 것은 어떤 까닭인가? '곰올'의 '곰'은 이 책 <금주현 금천현이라는 지명의 유래>에서 이미 언급한 것처럼 신神을 뜻하는 우리말이다. '곰'이 외파外破되면 'ㄱ모'가 되는데 이들에서 '곰' '검' '감' '가마' 등과 같은 말이 파생되었다. 이들이 신神을 뜻하는 말이라는 사실은 경상남도慶尙南道 창원시

昌原市에 있는 성주사聖主寺의 옛 이름인 곰절의 차자표기를 보면 쉽게 드러난다. 곰절의 차자표기는 웅신사熊神寺이다. 웅사熊寺라고 표기되어 있는 경우가 없는 것은 아니지만 옛 기록을 살펴보면 웅신사로 표기된 경우가 대부분이다. 웅熊의 훈이 '곰'이고, 사寺의 훈이 '절'이니 웅사熊寺로 표기하면 충분할 것을 군이 웅신사熊神寺로 표기한 것은 웅熊으로 차자표기된 곰을 한자의 뜻인 동물 곰으로 알지 말고 신神으로 알라는 뜻으로 의미를 첨기添記했기 때문이다. 그리고 '곰올'의 '올'은 앞에서 이미 언급한 것처럼 고대사회古代社會에 행해졌던 성인식成人式과 관련된 말이다. '올'이 성인식을 통해서 어른이 된 사람을 지칭하는 말로 사용되었다는 사실은 앞에서 이미 밝혔거니와 '올'은 그 뿐만 아니라 신격을 지칭하는 데도 사용되었다. 고대사회에서 성인식을 통해서 어른이 된 사람은 사람이면서 동시에 신격이었던 까닭이다. <삼성신화>를 보면 양을나 고을나 부을나가 세 신인神人으로 지칭되었고, <혁거세왕신화(赫居世王神話)>를 보면 박혁거세왕이 천자天子로 지칭되었다. 이들이 신인神人이나 천자天子로 지칭되었다는 것은 '올'이 신격이기도 했다는 것을 입증하는 것이다. 그러므로 '곰올'이 신격의 이름이 될 수 있는 것은 '곰'이 신을 뜻하는 우리말이고, '올' 역시 신격을 지칭하는 우리말이기도 하기 때문이라고 할 수 있다.

그렇다면 '곰올'이라는 신격의 이름은 어떤 뜻을 지니고 있는가? 지명의 경우 대체로 일정지역을 다른 지역과 구별하기 위한 이름을 앞에 두고 일정지역의 일반적 속성을 나타내기 위한 이름이 뒤에 결합하여 형성된다. '곰올'의 경우도 이와 다르지 않을 것으로 생각된다. 곧 '곰올'의 '올'은 '곰올'이 신격이라는 일반적 속성을 가지고 있다는 것을 나타내기 위한 이름이며, '곰올'의 '곰'은 '곰올'을 신격이라는 일반적 속성을 가지고 있는 다른 '올'과 구별하기 위한 이름으로 생각된다는 말이다. 그러므로 '곰 올'은 '곰'이라 불리는 '올'을 뜻할 것으로 생각되며, '곰'이 신神을 뜻하고 '알' 또한 신격이라는 점을 감안한다면 '곰'은 '올'이 신격이라는 사실을 알려주는 말로 '곰 올'은 곧 신격으로서의 '알'을 뜻한다고 생각된다.

그러므로 영등굿에서 모셔오는 신의 실제적 우리말 이름은 '알'이라 할 수 있겠는데 그렇다고 할 때 주목되는 민속이 있다. 정월 대보름에 민간에서 행해지는 용알뜨기가 그것이다. 용알뜨기는 정월 대보름 민속으로 한자로는 노룡란撈龍卵 노룡자撈龍子 등으로 표기한다. ≪동국세시기≫를 보면 '황해도 평안도 민속에 정월 대보름 전날 밤에 닭이 울기를 기다려 집집마다 물바가지를 가지고 앞 다투어 정화수井華水를 긷는데 이를 일러 노룡란撈龍卵이라고 한다. 먼저 정화수를 긷는 사람이 그 해 농사를 제일 잘 짓는다.'고 하였다. 용알뜨기는 황해도 평안도뿐 아니라 우리나라 전역에 걸쳐 행해졌던 민속이다. 용알뜨기의 용알이 농사와 관련을 갖는다는 점이나 집으로 맞아들인다는 점에서 영등굿에서 '올'과 그 기능이 같다고 할 수 있다. 영등굿의 '올' 또한 풍우風雨을 관장하는 신격으로서 농사의 흉풍을 좌우한다는 점에서 용알과 같은 기능을 한다고 할 수 있고, 굿을 통해서 모셔오는 것이나 용알을 집으로 맞이하는 것이 그 의미가 같을 수밖에 없는 까닭이다.

그렇다면 그와 같은 기능을 가지고 있는 용알은 어떤 뜻을 갖는 말인가? 흔히 용알을 용龍의 알을 뜻한다고 생각한다. 물론 표면적으로 드러나는 용알은 용의 알임에 틀림이 없을 것이다. 그러나 용알이 '곰 올'과 같은 기능을 가지고 있다는 점을 생각할 때 용알을 용의 알을 뜻한다고 보기는 어렵다. '곰 올'의 경우와 같이 용알의 알은 용알이 신격이라는 일반적 속성을 가지고 있다는 것을 나타내기 위한 이름이며, 용알의 용은 용알을 신격이라는 일반적 속성을 가지고 있는 다른 알과 구별하기 위한 이름일 것이다.

그렇다면 용龍은 어떤 뜻을 갖는 말인가? '곰 올'이 '곰'이라 불리는 '올'을 뜻할 것이라는 점을 생각할 때 용龍은 알을 지칭하는 말일 것이다. 그런데 용龍의 옛 훈은 '미르'이다. 그러므로 용알은 '미르'라고 불리는 알을 뜻한다고 보아야 한다. 그렇다면 '미르'는 어떤 말인가? 중심中心을 뜻하는 우리말로 '물'이 있다. 아마도 '미르'는 중심을 뜻하는 우리말 '물'에서 파생된 말일 것이다. '물'은 외파外破되면 'ㅁㄹ'가 되는데 이들에서 '말' '만' '마리' '머리' '마루' '미르' 등과 같은 말이 파생되었다. 이들이 중심을 뜻하는 말이라는 사실은 소위 남산이 용산龍山 마산馬山 등 '물'에서 파생된 이름을 갖는 것을 보면 쉽게 드러난다. 용산의 경우 용龍은 앞에서 언급한 바와 같이 옛 훈이 '미르'이고, 마산의 경우 마馬는 옛 훈이 '물'이다. 그리고 산山은 훈이 '뫼'이다. 따라서 용산은 '미르뫼'의 차자표기이고, 마산은 '물뫼'의 차자표기이다. 그런데 소위 남산에는 보통 당집이 있게 마련이다. 당집이 있다면 그 산이 중심산이라는 사실을 의심할 여지는 조금도 없다. 보통 하늘에 있다고 상정되는 신神은 이 세상에 내려올 때 세상의 중심에 있는 산으로 내려오기 마련이며, 당집은 신이 내려와 머무는 공간이기 때문이다. 중심산이 '미르뫼' '물뫼' 등으로 불렸다면 '미르' 등 '물'에서 파생된 말이 중심을 뜻한다고 보아 틀림이 없을 것이다.

그렇다면 중심을 뜻하는 '물'에서 파생된 '미르'가 알의 이름을 지칭하는 말로 사용된 것은 어떤 까닭에서인가? 보통 하늘에 있다고 상정되는 신神은 이 세상에 내려올 때 세상의 중심에 있는 산으로 내려와 '금'이 되고, 그러한 까닭에 '미르뫼' '믈뫼' 등의 이름을 갖는 중심산은 '금뫼'라는 또 다른 이름을 갖는다. '금뫼'와 '미르뫼' '믈뫼'가 같은 산을 지칭하는 말로 사용되었다는 말이다. 이와 같이 '금뫼'와 '미르뫼' '믈뫼'가 같은 산을 지칭하는 말로 사용되었다고 할 때 '미르'가 알을 지칭하는 말로 사용된 까닭을 짐작하기란 어렵지 않다. '금'과 '미르'를 등가等價적으로 생각하여 '금알'에서 신神을 뜻하는 '금'이 알을 지칭하는 말로 사용되었듯이 '미르' 또한 '금'과 같이 신神을 뜻하는 말로 인식되어 알을 지칭하는 말로 사용되었을 것이다. 그러므로 '미르'가 우리말인 용龍은 '금 올'의 '금'과 같이 신神을 뜻하는 말이라고 보아 틀림이 없을 것이다.

또한 꿩알줍기도 이와 관련하여 주목되는 민속의 하나이다. 꿩알줍기는 정월 열나흗날이나 대보름날 꿩알을 주우면 그 해 풍년이 들거나 재수가 있다고 믿는 풍속이다. 꿩알이 농사와 관련을 갖는다는 점이나 꿩알을 줍는 행위를 집으로 맞아들이는 것으로 볼 수 있다는 점에서 이 역시 용알뜨기의 용알과 마찬가지로 영등굿의 '올'과 같은 기능을 가지고 있다고 볼 수 있다.

그렇다면 그와 같은 기능을 가지고 있는 꿩알은 어떤 뜻을 갖는 말인가? 흔히 꿩알을 꿩의 알을 뜻한다고 생각한다. 물론 표면적으로 드러나는 꿩알은 용알이 표면적으로는 용의 알로 드러나듯이 꿩의 알임에 틀림이 없을 것이다. 그러나 꿩알이 '금 올'과 같은 기능을 가지고 있다는 점을 생각할 때 용알을 용의 알을 뜻한다고 보기 어렵듯이 꿩의 알을 뜻한다고 보기는 어렵다. '금 올'의 경우와 같이 꿩알의 알은 꿩알이 신격이라는 일반적 속성을 가지고 있다는 것을 나타내기 위한 이름이며, 꿩알의 꿩은 꿩알을 신격이라는 일반적 속성을 가지고 있는 다른 알과 구별하기 위한 이름일 것이다.

그렇다면 꿩은 어떤 뜻을 갖는 말인가? 꿩이 '금 올'의 '금'과 마찬가지로 꿩알을 신격이라는 일반적 속성을 가지고 있는 다른 알과 구별하기 위한 이름이라 할 때 2004년 국립민속박물관에서 편찬한 ≪한국세시풍속사전≫ <정월편>의 꿩알줍기에 대한 소개는 이에 대해 시사하는 바가 크다. ≪한국세시풍속사전≫ <정월편>을 보면 꿩알줍기에 대해 '경북 영덕에서는 직접 꿩알을 주우러 나간다고 하며, 충남 당진군에서는 열나흗날 저녁에 오곡밥의 누룽지를 안고 자면 그 해 꿩알을 많이 줍는다고 한다. 이와는 달리 경남 밀양에서는 입춘날 보리밭에 꿩알을 주우러 가는 풍속이 있다. 하지만 현실적으로 정월에 꿩알을 줍는 것은 거의 불가능하다. 꿩의 산란기가 양력으로 4월에서 7월경이기 때문이다.'라고 하였다. 현실적으로 불가능한 일임에도 정월 대보름날 꿩알을 주우면 재수 있다는 믿음을 가지게 된 데는 그럴 만한 까닭이 있을 것이다. 그 까닭은 무엇일까? 소리의 유사성을 생각할 때 당연히 영등靈登으로 차자표기된 '금 올'을 생각하지 않을 수 없다. 즉 '금 올'이란 말이 꿩의 알을 연상시키는 말로 변이되고, 급기야는 꿩의 알로 인식되어 꿩알로 굳어지게 되었지만 '금 올'이 가지고 있던 기능만은 변하지 않아 정월 대보름날 꿩알을 주우면 재수 있다는 믿음을 가지게 된 것으로 생각된다는 말이다. 그러므로 꿩은 '금 올'의 '금'에서 변이된 말로 '금'과 같이 신神을 뜻하는 말이라고 보아 틀림이 없을 것이다.

이와 같이 용알이 '금 올'과 같은 뜻으로 사용되었고, 꿩알이 '금 올'에서 파생된 말이라고 할 때 '금 올'은 영등굿에서 모셔오는 신격의 이름일 뿐만 아니라 새해 봄을 맞이하여 행하던 일반 민속의 신격의 이름이기도 했다는 이야기가 된다. 그렇다면 '굼울'이 영등굿에서 모셔오는 신격의 이름일 뿐만 아니라 새해 봄을 맞이하여 행하던 일반 민속의 신격의 이름이기도 했던 까닭은 무엇일까? 그것은 민속화된 연등회인 영등굿이나 일반 민속이 고대사회古代社會에 행해졌던 성인식成人式의 후대적 변이變異이기 때문일 것이다. 앞에서도 언급한 바 있지만 영등굿과 성인식은 모두 새해 봄을 맞이하여 행하는 굿이라는 공통점이 있고, 또한 용알뜨기나 꿩알줍기 역시 새해 봄을 맞이하여 행하는 민속이다. 거기에 더하여 성인식을 통해서 어른이 된 사람은 '울'이라 지칭되었고, '울'은 동시에 신격이기도 했다. 고대사회 성인식에서 '울'을 맞이하던 행사가 연등굿이나 용알뜨기 꿩알줍기 등 후대의 민속 일반으로 계승되었다고 생각된다.

사정이 이와 같다고 할 때 홍석모가 ≪동국세시기≫에서 영등을 굳이 영등靈蹬으로 표기한 까닭이 영등靈蹬을 통해서 영등굿에서 모셔오는 신격의 우리말 이름 '굼울'을 나타내 보이려 한 데 있다고 확실하게 말할 수 있다. 홍석모는 영등굿 뿐만 아니라 새해 봄을 맞이하여 행하던 일반 민속의 신격이기도 했던 '굼울'을 영등이라는 음을 갖는 한자漢字의 테두리 안에서 영등靈蹬이라고 표기함으로써 나타내 보이고 싶었을 것이다.

영등포의 영등永蹬도 영등靈蹬과 마찬가지의 경우라고 생각된다. '오라'를 한자로 표기하면서 영등이라는 음을 갖는 한자漢字의 테두리 안에서 영등永蹬이라고 표기함으로써 '오라개'에서 영등굿이 행해진다는 사실을 나타내고자 한 것으로 생각되기 때문이다. 다만 다른 점이 있다면 영등靈蹬이 이왕에 있던 영등에 '굼울'을 담았다면 영등永蹬은 이왕에 있던 '오라'에 영등을 담았다는 것이다. 연등회나 영등굿보다는 고대사회에서 행해지던 성인식이 더 오래된 민속이 분명하고 보면 '오라개'라는 지명이 영등굿이 행해진 것보다 훨씬 앞서 존재했다고 보아야 하고, 그렇다면 '오라개'라는 우리말 지명 때문에 영등포永登浦라는 한자말 지명이 생겨난 것이지 영등포라는 한자말 지명 때문에 '오라개'라는 우리말 지명이 생겨난 것은 아닐 것이기 때문이다.

다만 여기서 지적하고 넘어가야 될 것은 영등굿과 관련하여 ≪영등포구지≫나 ≪서울특별시 동명연혁고≫ <영등포구편>이 모두 신길동新吉洞 방아곶이나루터 부근에 있던 성황당城隍堂을 들어 마치 그곳에서 영등굿이 행해져 영등포가 영등포로 불리게 된 것처럼 이야기하고 있다는 사실이다. 그러나 그와 같은 이야기는 영등포가 방학호진이라는 잘못된 추정에 근거한 것으로 생각된다. 그리고 설혹 방학호진에서 영등굿이 행해졌다고 하더라도 영등포와는 아무런 상관이 없다. 앞에서 살펴본 바와 같이 방학호진이 영등포가 아닐 뿐더러 영등굿이 반드시 성황당이나 당집이 있는 곳에서만 행해지는 것도 아니기 때문이다. 더구나 영등포에 당집이 없었던 것도 아니다. 지금도 영등포시장 뒤쪽에 상산전上山殿이라는 부군당府君堂이 있다. 부군당은 서울 경기 지역에서 마을을 지키는 신을 모셔놓는 당집을 일컫는 말이다. 그리고 상산上山이란 중부 지방의 굿 가운데 산신령과 마을의 부군을 모시는 굿이나 굿에서 모시는 신을 지칭하는 말로 상산전은 상산에서 모시는 신을 모셔놓는 당집이다. ≪영등포구지≫를 보면 '영등포시장 뒤쪽 영등포동7가 153번지에는 상산전上山殿이란 부군당府君堂이 있다. 전일에는 인천 수원에서 서울로 돌아오는 경치 좋은 곳에 자리잡았으나 현재는 주택이 밀집되어 찾기도 어렵다. 이곳에는 대광大洸이라는 상산上山을 모셔놓았는데 행인行人들이 여행 중의 무사함을 빌

고, 영등포 여의도 주민들의 안녕과 평안을 기원하는 제사를 올렸다.'
고 하였다. 또한 영등포에 부군당이 세워진 연대를 1865년 이후에 건
립되었다고 보는 것도 문제다. 앞의 책을 보면 '이 부군당府君堂은 당산
동堂山洞6가 110-71의 부군당府君堂, 신길동新吉洞 부군당府君堂에 이어
세 번째로 지어진 것으로 1865년 이후에 건립된 것으로 추정된다.'고
하였다. 무슨 근거로 그와 같은 추정을 하는지 모를 일이다. 설사 상산
전이라는 부군당이 1865년 이후에 건립되었다고 하더라도 그 전에 부
군당이 없었다고 말할 수 없다.

한편 ≪영등포구지≫를 보면 영등포永登浦의 또 다른 표기로 영등포
英登浦가 있다고 한다. '<경조지(京兆志)>라는 이름의 옛 지도地圖를 보
았더니 영등포를 영등포英登浦라고 표기하고 있었다. 대구大邱가 오랫
동안 대구大丘로도 표기되어 왔듯이 영등포의 '영'도 영永으로도 표기되
었고 영英으로도 표기된 것임을 알 수 있다. 영英이란 한자말은 명사로
쓰일 때는 꽃이란 뜻이며, 형용사形容詞로 쓰일 때는 아름답다는 뜻, 뛰
어나다는 뜻, 그리고 풍류風流롭다는 뜻도 지니고 있다.'고 하였다. 필자
는 아직 <경조지(京兆志)>라는 지도를 보지 못했거니와 그러나 영등
포英登浦라는 표기가 있다면 이는 영등포永登浦에서 파생된 표기일 것이
다. 영등포永登浦를 '오라개'가 아닌 한자음 영등포로 부르게 되면서 이
를 다시 영등포英登浦로 표기한 것이라 생각된다. 그러므로 한자의 뜻과
영등포英登浦는 아무런 관련도 없다고 보아야 할 것이다.

5. 중종리라는 지명의 유래

중종리라는 지방행정구역이 설치된 시기가 언제인지는 확실치 않다. 그러나 적어도 1904년 이전에 설치되었던 것만은 확실하다. ≪영등포구지≫를 보면 1904년에 안핵사按覈使 안종덕(安鍾悳, 1841~1907)이 작성한 ≪시흥직산안핵사주본(始興稷山按覈使奏本)≫에 수록된 시흥과 관련된 내용을 소개하고 있는데 그곳에 중종리가 등장한다. ≪시흥직산안핵사주본≫은 경부선철도건설에 동원된 강제부역과 관련하여 일어났던 시흥 직산의 민요民擾를 조사한 안핵사 안종덕의 사건처리 보고서로 서울대학교 규장각奎章閣에 소장되어 있다.

한편 ≪영등포구지≫를 보면 1911년 5월 1일자 제198호 ≪관보(官報)≫에 1911년 4월 27일을 기하여 '영등포永登浦 하방하곶리下方下串里 중종리重宗里를 통합하여 영등포리永登浦里로 한다.'고 하였다고 하였다. 그러나 이 ≪관보≫의 내용이 실제로 시행되지는 않았던 것으로 생각된다. 1912년 조선총독부朝鮮總督府에서 간행한 ≪구한국지방행정구역명칭일람(舊韓國地方行政區域名稱一覽)≫에 하방하곶리나 중종리가 등장하지 않는 것으로 보아 이 ≪관보≫의 내용이 시행된 듯이 보이지만 1917년 일본인 월지유칠越智唯七이 저술하여 간행한 ≪신구대조조선전도부군면리동명칭일람(新舊對照朝鮮全道府郡面里洞名稱一覽)≫를 보면 다시 중종리가 하대방리와 함께 등장하기 때문이다. 그 책을 보면 1914년 행정구역개편 때 경기도 시흥군 하북면 하방하곶리下方下串里 영등포리永登浦里 중종리重宗里가 합하여 경기도 시흥군 북면 영등포리가 되었다고 하였다. 그러므로 중종리는 19

04년 이전 어느 때인가부터 독립적인 마을로 있다가 1914년 행정구역개편 때 영등포리에 병합되었던 것으로 생각된다. 그러나 언제 독립적인 마을이 되었는지는 확실치 않다. 현재로서는 1899년 11월에 저술된 ≪시흥군읍지≫가 1904년과 가장 가까운 연대의 지리서이다. 물론 중종리는 이 책에 등장하지 않는다. 그러므로 중종리가 독립적인 마을이 되는 시기는 적어도 1899년 11월 이후 1904년 이전이라고 보아야 할 것이다.

그렇다면 중종리는 어떤 마을로부터 분리되어 나와 독립하였으며, 이와 같이 뒤늦게 독립적인 마을이 되는 것은 무슨 까닭에서인가? 또 중종리는 지금의 어디가 되었는가? 이 문제들을 해결하기 위해서는 먼저 중종리가 무엇에서 연유하는 마을 이름인가를 살펴볼 필요가 있다.

중종리는 중마루로 불리는 마을이었다. ≪영등포구지≫를 보면 '영등포永登浦는 원래 중마루로 불리우던 곳이었다.'라고 하였다. 그러나 영등포가 아니라 중종리가 중마루로 불리던 마을이었다고 해야 맞다. 중마루는 중종리의 중종重宗을 중重은 음인 '중'으로 읽고, 종宗은 훈인 '마루'로 읽어 생겨난 지명으로 생각되는 까닭이다. 그렇다면 중종리은 무엇에서 연유하는 지명인가? 중종리重宗里를 중마루로 불렀다는 것은 중종重宗이 마루이름이라는 것을 뜻하는 것이다. 중종重宗으로 차자하여 표기는 하였지만 중종이 마루라는 사실을 나타내려는 의도가 있어 중마루로 불렀을 것이기 때문이다. 마루는 산이나 고개 등의 등성이를 일컫는 말이다. 그러므로 중종리는 중重마루라고 불리는 등성이에 형성된 마을이기 때문에 붙여진 이름일 것으로 생각된다. 물론 중종리의 리里는 중종리가 마을이라는 일반적 속성을 가지고 있는 동시에 조선시대 후기 방리제坊里制가 확산됨에 따라 가장 작은 지방행정구역단위라는 사실을 나타낸 것이다.

그렇다면 중마루라고 불리는 등성이는 어디에 있었는가? 이 문제와 관련하여 주목이 되는 것은 영등포역 일대에 대한 ≪영등포구지≫의 소개이다. ≪영등포구지≫를 보면 영등포역永登浦驛 일대에 대해 '≪조선철도사(朝鮮鐵道史)(1)≫ 112쪽에 나오는 경부선京釜線 철도鐵道 기공식起工式 장면의 사진을 보면 당시의 영등포역永登浦驛은 꽤 높은 곳 즉 재 위에 있었던 것으로 추측이 된다. 또한 1925년의 을측년乙丑年 대홍수大洪水 때도 영등포永登浦 일대가 모두 침수되어 거의 원형原型을 남기지 않을 정도가 되었는데 유독 철도관사鐵道官舍만은 전혀 침수浸水되지 않은 높은 곳에 위치하였다는 기록도 있다.'고 하였다. 재는 산의 마루를 일컫는 말이니 결국은 영등포역이 재 곧 등성이에 세워졌다는 이야기인데 그렇다고 할 때 다시 주목해야 될 것은 그곳에 고추말고개가 있었다는 사실이다. ≪서울특별시 동명연혁고≫ <영등포구편>을 보면 지금은 영등포본동이 된 영등포1동을 설명하면서 '영등포역永登浦驛을 중심으로 그 주변 전체를 관할하는데 …… 이곳은 예부터 전해 오는 옛 지명이 지금도 그대로 불리고 있다. 고추말고개는 도림동道林洞과 신길동新吉洞으로 넘어가는 고개이며, 도림이고개는 도림동道林洞으로 넘어가는 고개였다.'고 하였다. 여기서 그곳에 고추말고개가 있었다는 사실을 주목해야 되는 이유는 중마루와 고추말이 같은 지명으로 생각되는 까닭이다. 중마루와 고추말을 같은 지명으로 보는 이유는 고추말의 '말'이 등성이를 뜻하는 마루에서 파생된 말로서 중마루의 '마루'와 같은 뜻을 가지고 있고, 중마루의 중重이 '겹치다.'라는 훈에 기대어 고추의 이 지역 방언인 '고치' 혹은 '꼬치'라는 소리를 차자표기하고 있다고 생각되기 때문이다. 중마루가 곧 고추말이라고 할 때 중마루가 있었던 위치는 자명하다. 지금의 영등포역이나 그 부근에 중마루로 불리던 등성이가 있었을 것이다.

영등포역이나 그 부근에 중마루로 불리는 등성이가 있었다고 할 때 중종리가 어떤 마을로부터 분리되어 나와 독립하였으며, 그와 같이 뒤늦게 독립적인 마을이 되는 것은 무슨 까닭에서인가 하는 문제나 또 중종리는 지금의 어디가 되었는가 하는 문제 또한 저절로 풀리게 된다.

우선 중종리는 지금의 어디가 되었는가 하는 문제를 생각해 보자. 중마루로 불리던 등성이가 지금의 영등포역이나 그 부근에 있었다면 당연히 중종리는 영등포역이나 그 부근을 중심으로 형성된 마을이었을 것이다. 그러므로 중종리는 지금의 영등포본동이 되었을 것으로 생각된다. 영등포본동이야말로 영등포역을 중심으로 그 주변에 형성된 마을이기 때문이다.

다음으로 중종리가 어떤 마을로부터 분리되어 나와 독립하였나를 생각해 보자. 당연히 영등포리로부터 분리되어 독립하였을 것이다. 조선 고종高宗 38(1901)년 8월 20일자 ≪고종실록(高宗實錄)≫을 보면 영등포가 등장한다. '경부철도주식회사京釜鐵道株式會社가 북부北部행 기공식起工式을 영등포永登浦에서 행하였다.'고 하였다. 철도 기공식을 영등포에서 했다면 여기서 영등포는 영등포역을 지칭할 것이다. 경인선철도京仁線鐵道가 완공되는 것이 1899년 9월이고 보면 중종리가 독립적인 마을이 되기 이전부터 영등포역은 영등포역으로 불렸다고 보아야 한다. 앞에서 살펴본 바와 같이 1899년 11월에 저술된 ≪시흥군읍지≫에 중종리가 등장하지 않는데 이와 같은 사실은 적어도 1899년 11월까지는 중종리가 독립적인 마을이 아니었다는 것을 뜻하는 것이기 때문이다. 중종리가 독립적인 마을이 되기 이전부터 영등포역을 영등포역이라고 불렀다면 영등포역은 영등포리에 역이 생겼기 때문에 붙여진 이름임에 틀림이 없을 것이다.

마지막으로 중종리가 그와 같이 뒤늦게 독립적인 마을이 되는 것은 무슨 까닭에서인가 하는 문제를 생각해 보자. 당연히 경인선철도의 개통과 경부선철도京釜線鐵道 북부행의 공사와 관련짓지 않을 수 없다. ≪영등포구지≫를 보면 '영등포永登浦가 경부선京釜線 경인선京仁線의 분기점分岐點이 되고 동시에 경부선京釜線 공사의 북부北部 거점이 되었다는 점은 영등포지대永登浦地帶에 혁명적革命的인 변화를 초래할 내용이었다. …… 경부선공사京釜線工事가 착수되자 영등포永登浦의 모습은 크게 변하였다. 우선 공사사무소工事事務所에 종사하는 많은 수의 기술자技術者 사무원事務員과 감독監督 인부人夫가 일본에서 들어왔고 그들을 따라 상인商人 여관旅館 · 음식업자飮食業者 매춘부賣春婦들도 따라 들어왔다. 이렇게 일본인日本人들이 붐비게 되었으니 한인韓人들도 따라 들어왔다. 인부人夫가 되기 위해서도 들어왔고 밥장수 채소장수가 되기 위해서도 들어왔다. 불과 10여 호 기껏해야 수 십호 정도가 산재散在해서 살던 한촌閑村에 근대화近代化의 바람이 불고 돈이 뿌려지고 사람이 모인 것이다.'라고 하였다. 경인선철도의 개통과 경부선철도京釜線鐵道 북부행의 공사가 시작되면서 갑자기 마을이 커진 데 따른 결과로 영등포리에서 영등포역 주변에 형성된 마을인 중종리를 따로 떼어 독립시켰던 것으로 생각된다.

그렇다면 고추말고개의 고추말은 무엇에서 연유하는 지명인가? ≪서울특별시 동명연혁고≫ <영등포구편>을 보면 고추말고개에 대해 영등포제1동과 도림동 경계에 있는 고개로 소개하면서 '고개가 가파르다 하여 생긴 이름'이라고 하였고, ≪영등포구지≫는 고추말고개에 대해 영등포제1동永登浦第1洞과 도림동 10통統의 경계에 있는 고개로 소개하면서 '겨울에 고추처럼 매운바람이 분다 해서 고추말고개라고 부르기도 하였다.'고 하였다. 그러나 이와 같은 이야기는 고추말의 '고추'를 나름대로 해석하면서 생겨난 민간어원설民間語源說에 지나지 않는다. '고추'를 곧추로 해석하고 '굽히거나 구부리지 아니하고 곧게'라는 뜻을 취하여 '고개가 가파르다 하여 생긴 이름'이라는 민간어원설이 나왔고, 고추를 매운 고추로 해석하고 맵다는 특성을 취하여 '겨울에 고추처럼 매운바람이 분다 해서 고추말고개'라고 불렀다는 민간어원설이 나왔을 것이다. 또한 고추말고개가 지금의 영등포본동과 도림동의 경계에 있다는 주장도 그리 신빙할 것이 못된다. 지금의 영등포본동과 도림동의 경계에 있는 고개를 고추말고개로 부른다고 하더라도 앞에서 인용했던 ≪영등포구지≫에서 이야기하듯 당시의 영등포역이 꽤 높은 곳 즉 재 위에 건설되었던 것이 사실이라면 애초의 고추말고개는 영등포역을 건설하면서 허물어졌다고 보아야 하고 지금의 고추말고개는 애초의 고추말고개의 한 모퉁이일 수밖에 없을 것이기 때문이다.

고추말은 고추라고 부르는 마루를 뜻한다. 앞에서 언급한 바와 같이 고추말의 '말'은 등성이를 뜻하는 마루에서 파생된 말로 생각되기 때문이다. 그렇다면 고추는 어떤 뜻을 갖는 말인가? 고추의 이 지역 방언인 '고치'나 혹은 '꼬치'라는 소리가 '겹치다.'라는 훈을 취하여 중重으로 차자표기되었을 것으로 추정된다는 사실을 생각할 때 필자는 고추가 곶串에서 파생된 말이라고 생각한다. 더군다나 우리가 곶으로 읽는 관串의 우리말이 꼬치이지 않는가? 영등포역永登浦驛 부근에 있었던 고추말고개는 방아곶이 있었던 신길역新吉驛 부근에서부터 벋어 올라간 등성이였다. 고추말고개를 방아곶이에서 벋어 올라간 등성이로 인식하여 그와 같은 이름이 붙었을 것으로 생각된다.

한편 흔히들 중마루를 가운데 마을로 보려는 경향이 있다. 중마루의 '중'을 중中으로 생각해서 그럴 것으로 생각된다. 실제로 중마루로 일컬어지는 곳 또한 가운데 마을이라 일컬어야 될 만큼 좁은 지역으로 줄어들었다. ≪서울특별시 동명연혁고≫ <영등포구편>를 보면 '역전驛前마을과 시장市場의 중간에 있는 가운데 마을은 죽마루 새집매라고도 하는데 바깥 영등포永登浦와 영등포永登浦의 중간에 있으므로 가운데 마을 즉 중촌中村이라 한다.'고 하여 중마루를 아주 가운데 마을 즉 중촌中村으로 못 박고 있다. 물론 여기에서 말하는 죽마루는 중마루의 또 다른 표기일 것이다. 그러나 중마루는 앞에서 살펴본 바와 같이 영등포역을 중심으로 한 영등포1동지역 전체를 일컫던 마을 이름이지 역전마을과 시장의 중간에 있는 소위 가운데 마을만을 일컫던 마을 이름이 아니다. 같은 책을 보면 죽마루에 대해 '이곳은 비가 오면 땅이 죽같이 질다고 하여 죽마을이란 이름이 붙었다고도 한다.'고 하였다. 중마루가 죽마루가 될 만큼 중마루의 실체를 망각하면서 그와 같이 좁은 지역을 지칭하게 되었을 것으로 생각된다.

다른 한편 ≪영등포구지≫를 보면 '영등포永登浦라는 지명地名이 어디에서 유래된 것인지 그 어원語源을 알려고 무척 노력하였으나 끝내 찾을 수 없었다. 그런데 ≪여지도서(輿地圖書)≫ <금천현(衿川縣)> 산천조山川條를 보니 우두현牛頭峴(소머리재)이라는 것을 소개하여 '한수漢水 우저지상牛渚之上에 서 있어 멀리 동東녘에 왕성王城을 바라볼 수 있다. 궁궐宮闕을 연모戀慕하는 마음을 가진 사람이 있으면 반드시 이 재 위에 올라갔으므로 속칭俗稱 왕현王峴으로도 전한다.'라는 글이 있었다.

우저牛渚의 정확한 위치를 알 수 없기는 하나 한강漢江 옆에 있었다는 내용과 이 우두현牛頭峴을 소개한 글 바로 뒤에 우와피牛臥陂를 소개한 것을 보면 이 소머리재는 오늘날 영등포역永登浦驛이 있는 곳같이 추측이 되며 '멀리 동東쪽으로 왕성王城을 바라볼 수 있어 궁궐宮闕을 사모思慕하는 사람이면 의례히 이 재에 오른다(필등차현必登此峴).'라는 글귀에서 영등永登나루 영등포永登浦의 어원語源을 찾을 수 있을 것 같기도 하다.'라고 하였다. 영등포역 부근을 우두현이 있던 지역으로 추측하고, '반드시 이 고개에 오른다.'를 뜻하는 필등차현必登此峴이라는 우두현을 소개하는 글귀에 등장하는 등登에서 영등포永登浦라는 지명이 유래한 것이 아니냐는 의견을 피력한 것인데 그러나 이미 살펴보았듯 영등포역 부근에는 고추말고개가 있었거니와 정작 우두현은 동작구銅雀區 상도동上道洞에 위치한 국사봉의 또 다른 이름일 것으로 생각된다. 이에 대해서는 이 책 <대림동(大林洞)>에서 자세히 살펴보았다. 우두현이 국사봉이고 보면 우두현에서 영등포라는 지명의 유래를 찾는다는 것 자체가 무색한 일이지만 필등차현必登此峴의 등登을 가지고 영등포라는 지명의 유래를 운위한다는 것 역시 우스운 일이다.

문래동(文來洞)

1. 문래동의 유래

문래동文來洞이란 지명이 세상에 처음으로 등장하는 것은 1952년의 일이다. 그 전에는 사옥동絲屋洞이라 칭하던 것을 1952년에 문래동으로 바꿨다. 사옥동이 설치된 것은 1943년의 일이다. 그 전까지 경성부京城府 영등포출장소永登浦出張所 도림정道林町에 속해 있었는데 1943년 경성부가 구제區制를 실시하면서 도림정에서 지금은 도림천道林川이라 부르는 마장천馬場川과 경인선京仁線을 경계로 그 북쪽지역을 분리하여 경성부 영등포구永登浦區 사옥정絲屋町을 설치하였다. 사옥정이란 지명은 일제강점기日帝强占期 이 지역에 경성京城 종연鐘淵 동양東洋 등 크고 작은 방적공장紡績工場이 들어서자 일본인日本人들이 이를 사옥絲屋이라고 불렀던 데서 연유한다.

한편 문래동이 속해 있던 도림동道林洞의 원래 이름은 도림리道林里

이다. 도림리가 세상에 처음으로 등장하는 것은 1914년의 일이다. 1914년 일제日帝가 대대적인 행정구역개편을 하면서 경기도京畿道 시흥군始興郡 상북면上北面 사촌리沙村里 도야미리道也味里 원지목리遠之牧里를 통합하여 경기도 시흥군 북면北面 도림리道林里라 이름하였다.

경기도 시흥군에 속해 있던 도림리는 1936년 경성부京城府가 확장되면서 경성부 영등포출장소永登浦出張所가 설치되자 둘로 나뉘게 된다. 마장천과 그 지류인 상도천上道川을 경계로 북쪽지역과 남쪽지역을 나누어 북쪽지역을 도림정道林町이라 이름을 바꾸고 경성부 영등포출장소에 편입시켰고, 남쪽지역을 도림리라는 지명을 그대로 둔 채 경기도 시흥군 동면東面에 편입시켰다.

도림정 사옥정은 해방을 맞고 난 다음해인 1946년 경성부가 서울시로 바뀌면서 일본식 마을지칭인 정町을 청산하고 서울시 영등포구 도림동 사옥동이 되었다가 1949년에는 서울시가 서울특별시가 되면서 서울특별시 영등포구 도림동 사옥동이 되었다.

경기도 시흥군 동면 도림리는 1949년 영등포구에 편입되면서 신도림리新道林里가 되었다가 1950년 신도림동新道林洞이 되었고, 1977년 도림천을 경계로 동쪽지역이 나뉘어 대림동大林洞이 되었으며, 서쪽지역은 1980년 영등포구에서 구로구九老區가 분구될 때 구로구 신도림동이 되었다.

2. 문래동이란 지명의 유래

1914년 일제가 시행한 행정구역의 개편으로 도림리道林里가 되는 사촌리沙村里 도야미리道也味里 원지목리遠之牧里가 지리서地理書에 처음으로 등장하는 것은 1757년에서 1765년 사이에 편찬된 ≪여지도서(輿地圖書)≫에서이다. ≪여지도서≫ <금천현(衿川縣)>을 보면 금천현衿川縣 상북면上北面에 속한 마을로 당산리棠山里 양평리楊坪里 선유봉리仙遊峯里 구로리九老里와 함께 도야미리 원지목리 사촌리가 등장한다. '사촌리 도야미리가 금천현 관문에서 20리의 거리에 있고, 원지목리가 금천현 관문에서 15리의 거리에 있다.'고 하였다. 이와 같은 사실은 사촌리 도야미리 원지목리가 적어도 1757년에서 1765년 사이 이전 어느 때인가 마을이 형성되어 1914년 행정구역이 개편되기 전까지 독립적인 마을로 존재했다는 것을 의미한다.

한편 사촌리沙村里는 1917년에 발간된 ≪신구대조조선전도부군면리동명칭일람(新舊對照朝鮮全道府郡面里洞名稱一覽)≫ <시흥군(始興郡)>을 보면 사촌리沙邨里라는 표기로 등장한다. 경기도京畿道 시흥군始興郡 상북면上北面 사촌리沙邨里 도야미리道也味里 원지목리遠之牧里가 통합되어 경기도 시흥군 북면北面 도림리道林里가 되었다고 하였다. 원문에는 사돈리沙頓里로 표기되어 있지만 이는 사촌리沙邨里의 오식誤植임이 분명하다. 촌村과 통자通字되는 촌邨을 돈頓으로 잘못 읽어 생긴 일일 것이다. 그러나 사촌리沙邨里가 사촌리의 일반적인 표기였던 것은 아니다. 사촌리의 일반적 표기는 사촌리沙村里였다. 사촌리는 1789년에 편찬된 ≪호구총수(戶口總數)≫나 1872년에 저작된 <시흥현지도(始興縣地圖)>, 1899년 5월에 저술된 ≪경기도시흥군읍지지도(京畿道始興郡邑誌地圖≫ 등에도 사촌沙村 혹은 사촌리沙村里로 표기되어 있다.

어쨌든 그렇다면 이들 마을은 지금의 어디가 되었는가?

도야미리는 지금의 도림동이 되었다. 1991년에 간행된 ≪영등포구지(永登浦區誌)≫를 보면 '도림동道林洞의 명칭名稱은 …… 되미리, 도야미리道也味里라고 표기하던 것이 전음轉音되어 도림리道林里라고' 하게 되었다는 이야기를 기술하고 있다.

원지목리는 지금의 대림동과 구로구 신도림동이 되었다. 1991년에 간행된 ≪영등포구지≫를 보면 '전의 도림리道林里는 도림道林마을과 원지목遠芝牧마을로 이루어졌는데 원지목은 행정구역개편으로 신도림동新道林洞에 속하게 되었다.'고 하였다. 원지목遠芝牧은 원지목遠之牧의 또 다른 표기일 것이고, 여기에서 말하는 신도림동은 1977년 도림천을 경계로 동쪽지역이 대림동으로 분동되기 이전의 신도림동을 지칭할 것이다.

사촌리는 지금의 문래동이 되었다. 1991년에 간행된 ≪영등포구지≫를 보면 도림동道林洞 지역에 있던 조선시대朝鮮時代 자연부락自然部落의 명칭으로 '모랫말' 등이 있는데 '모랫말은 도림천道林川 냇가에 있던 마을로 모래가 많다고 하여 붙여진 이름으로 사천리砂川里라고도 불렀으며, 또 수초水草의 일종인 모대가 많아 모댓말이라 불렀다 하나 모래의 와전訛傳이 아닌가 짐작된다.'고 하였다. 필자는 '모랫말'을 모래말로 표기하거니와 사천리砂川里는 사촌리沙村里의 또 다른 표기일 것이나 조선시대 문헌에는 등장하지 않는다. 어쨌든 여기서 우리가 알 수 있는 것은 사촌沙村이 모래말을 지칭한다는 사실이다. 사천리가 사촌리의 또 다른 표기로 보이기도 하지만 그것보다 더 명확한 증거는 사촌沙村이 모래말을 한자漢字를 빌어 표기한 지명으로 생각되기 때문이다. 사沙의 훈訓이 '모래'이고, 촌村의 훈이 '마을'로 흔히 마을을 뜻하는 또 다른 우리말 말을 표기하기 위한 차자借字로 사용되었기 때문에 그와 같이 차자되었을 것이다. 물론 사촌리의 리里는 조선시대 후기 방리제坊里制가 확산됨에 따라 사촌沙村이 가장 작은 지방행정구역단위라는 사실을 나타낸 것이다. 그런데 1991년에 간행된 ≪영등포구지≫는 모래말을 지금의 도림동에 있었던 마을로 기술하고 있다. 그리고 영등포초등학교 남서쪽 도림동에는 지금도 '모랫말'로 불리는 동네가 있다. 그러나 모래말이 지금의 도림동에 있는 '모랫말'만을 지칭했다고 보기는 어렵다. ≪여지도서≫의 <금천현지도(衿川縣地圖)>나 1872년에 저작된 <시흥현지도> 등 조선시대 저작된 지도를 보면 사촌 혹은 사촌리는 모두 지금은 안양천安養川으로 불리는 대천大川과 지금은 도림천으로 불리는 마장천이 만나는 지점의 북동쪽지역 곧 지금의 문래동지역에 기재되어 있다. 도림동에 모래말이 잔존하게 된 것은 1943년 경성부가 구제區制를 실시하면서 도림정에서 지금은 도림천道林川이라부르는 마장천馬場川과 경인선京仁線을 경계로 그 북쪽지역을 분리하여문래동의 전신인 경성부 영등포구永登浦區 사옥정絲屋町을 설치하였기때문이다. 그러므로 도림동에 속해 있는 모래말을 제외한 사촌리지역이 문래동이 되었다고 보아 틀림이 없을 것이다.

그렇다면 모래말이라 불리던 사촌리가 문래동이란 이름을 갖게 된까닭은 무엇인가? 흔히들 문래동이라는 지명이 실을 잣는 기구인 물레에서 유래했다고 믿는다. 1991년에 간행된 ≪영등포구지≫를 보면 문익점(文益漸, 1329~1398)의 목화 전래와 관련하여 문래동文來洞이라는 이름을 지었다는 설이 있다고 하였다. 세간에는 원元나라에서 목화씨를 가져온 문익점이 그것을 그의 장인인 정천익(鄭天益, ?~?)에게 주어 재배하게 하였고, 정천익의 아들 정문래(鄭文來, ?~?)가 목화에서실을 잣는 기구를 발명하였는데 실을 잣는 기구의 이름을 그것을 발명한 정문래의 이름을 따 물레라고 지었다는 이야기가 전해지고 있다. 우리나라의 경우 청동기靑銅器시대의 유적에서 물레가 발견되었다는 사실을 생각할 때 정문래가 물레를 발명했다는 이야기를 곧이곧대로 믿을 수는 없는 일이지만 물레의 옛말이 '문릭'이고, 문래동이 일제 때부터 방적공장이 밀집한 지역이었고 보면 그와 같은 이야기가 생겨났다고 해서 하등 이상할 것도 없는 일이다.

그러나 문래동이란 지명이 전적으로 물레에서 연유했다고 보기는 어렵다. 문래동은 본래 모래말이 있던 지역에 설치되었다. 그러므로 문래동의 문래는 모래말의 모래에서 연유한다고 보는 것이 더 자연스러울 것이다. 방적공장이 밀집한 지역이었던 까닭에 모래에서 쉽게 물레를 떠올렸을 것이고, 그것이 사실이든 아니든 정문래가 물레를 발명했다는 설에 힘입어 그의 이름과 동일하게 문래文來라고 표기하였을 것이다.

3. 모래말이라는 지명의 유래

흔히들 문래동의 옛 지명인 모래말이 모래가 많은 지역에 형성된 마을이기 때문에 생겨난 지명이라고 생각한다. 앞에서도 살펴본 것처럼 1991년에 간행된 ≪영등포구지≫를 보면 '모랫말은 도림천道林川 냇가에 있던 마을로 모래가 많다고 하여 붙여진 이름으로 사천리砂川里라고도 불렀으며, 또 수초水草의 일종인 모대가 많아 모댓말이라 불렀다 하나 모래의 와전訛傳이 아닌가 짐작된다.'고 하였다. 얼핏 공감이 가는 이야기이다. 모래말이 사촌沙村으로 차자되었다는 점이나 지금은 안양천으로 부르는 대천과 지금은 도림천으로 부르는 마장천의 동북쪽 연안의 모래가 많을 수밖에 없는 지역에 위치한다는 점을 생각할 때 모래말이 모래가 많은 지역에 형성된 마을이기 때문에 생겨난 지명이라고 믿기에 충분해 보인다.

　그러나 지명의 유래를 생각할 때 가장 주의해야 할 경우가 바로 이와 같은 경우이다. 혹 모래 때문에 모래말이라는 지명이 생겨날 수도 있겠지만 모든 지명이 그와 같은 연유로 해서 생겨나는 것은 아니기 때문이다. 모래가 많은 지역이라고 해서 모래말이라는 지명이 생겨났다고 한다면 모래가 많은 지역에 형성된 마을은 모두 모래말이라 불려야 되지 않겠는가?

　일반적으로 지명과 관련하여 흔히 빠지기 쉬운 오류가 한자漢字를 빌어 표기한 우리말 지명을 한자식漢字式으로 해석解釋하는 것이다. 우리말 지명은 우리나라 문자사용의 역사적 특수성 때문에 기록할 필요가 있을 경우 보통 한자漢字를 빌어 표기되었다. 한자를 빌어 우리말 지명을 표기하는 방식은 원칙적으로 한자의 음音을 취하거나 훈訓을 취하여 가능한 한 소리대로 표기하는 것이었다. 그러므로 한자에서 음이나 훈을 취해 표기된 우리말 지명의 대부분은 단순히 한자의 음이나 훈의 소리를 취했을 뿐 한자의 뜻을 취한 것은 아니어서 한자로 표기된 우리말 지명이 반드시 한자가 가지고 있는 뜻과 관련되어 있는 것은 아니다.

　물론 옛 지명 기록들을 검토해 보면 우리말 지명을 한자를 빌어 표기할 때 가급적이면 우리말 지명이 가지고 있던 본래의 의미와 상통되는 뜻을 가진 한자를 빌어 표기함으로써 우리말 지명이 가지고 있는 의미를 나타내려고 노력했다는 것을 알 수 있다. 예를 들어 마을을 뜻하는 또 다른 우리말 말이 촌村으로 표기되는 것이나 골이 동洞으로 표기되는 경우가 그렇고, 내가 천川이나 계溪로 표기되는 등의 경우가 그렇다. 촌村은 훈이 '마을'인데 한자의 뜻과 동일하게 보통은 마을의 또 다른 우리말 말을 표기하기 위한 차자로 사용되었고, 동洞은 훈이 '골'인데 한자의 뜻과 동일하게 보통은 마을의 또 다른 우리말 골을 표기하기 위한 차자로 사용되었다. 또한 천川은 훈이 '내'인데 한자의 뜻과 동일하게 보통은 내를 표기하기 위한 차자로 사용되었고, 계溪는 훈이 '시내'인데 한자의 뜻과 동일하게 보통은 시내 혹은 내를 표기하기 위한 차자로 사용되었다.

하지만 한자와 우리말의 특성이 다르고 보니 그와 같은 노력이 표기에 모두 반영되었던 것은 아니다. 오히려 그런 경우는 드물고 그렇지 않은 경우가 더 일반적이다. 예를 들어 지금은 신길동新吉洞이 된 방하곳方下串과 같은 경우가 그렇다. 방하곳의 방하方下는 곡식을 찧거나 빻는 기구를 뜻하는 우리말 방아의 옛말 방하를 한자의 음을 빌어 표기한 것이고, 곳串은 바다나 강 들 쪽으로 좁고 길게 들어간 땅줄기를 일컫는 우리말 곳을 한자 관串을 빌어 표기한 것이나 우리나라에서는 전통적으로 관串을 관이라 읽지 않고 곳으로 읽었다. 그러므로 방하곳은 곡식을 찧거나 빻는 기구를 뜻하는 우리말 방아와 관련하여 생겨난 지명일 것이다. 실제로 ≪여지도서≫ <금천현>을 보면 '세간에 전하기는 '용추龍湫와 방하곳方下串, 율일리栗日里의 대야택大也澤은 서로 통한다. 옛사람이 용추에 저杵를 빠뜨렸는데 뒤에 방하곳에서 그것을 얻었다. 민간에서는 저杵를 방하方下라고 하는 까닭에 방하곳이라고 이름한 것이다. 또 기우제祈雨祭를 지낼 때 용추에서 관분盥盆을 잃어버렸는데 뒤에 대야택에서 그것을 얻었다. 민간에서는 관분을 대야大也라고 하는 까닭에 대야택이라고 이름한 것이다.'라고 한다.'고 하였다. 용추는 금천현의 진산鎭山인 검지산黔芝山의 정상에 있는 못의 이름이고, 대야택이 있다는 율일리는 지금은 광명시 하안동下安洞 밤일마을이 되었다. 그런데

1530년에 편찬된 ≪신증동국여지승람(新增東國輿地勝覽)≫ <금천현(衿川縣)>을 보면 방하곶이 암곶岩串으로 표기되어 있다. 암岩의 훈이 '바위'이고, 지금도 강원도江原道 평안도平安道 경상도慶尙道 등에서는 바위를 방우라고 한다는 점을 생각할 때 암곶은 방하곶方下串의 또 다른 표기임이 분명하다. 암곶岩串으로 표기되었던 방하곶은 ≪여지도서≫ <금천현>에서는 방학호放鶴湖와 방하곶放下串으로 표기되었고, 1842년에서 1843년 사이에 편찬된 ≪경기지(京畿誌)≫ <시흥읍지(始興邑誌)>에서는 방하곶方下串으로 표기되었다. 곡식을 찧거나 빻는 기구를 뜻하는 우리말 방아와 관련하여 생겨난 지명일 것으로 생각되는 방하곶이 단순히 한자의 훈이나 음을 빌어 암곶岩串 방학호放鶴湖 방하곶放下串 방하곶方下串 등으로 표기된 것이고, 이들 표기에서 방아를 뜻하는 한자는 없다. 그러므로 이들 지명을 한자식으로 해석해보았자 방하곶이 가지고 있는 본래의 의미와 상관성을 찾아낼 수는 없는 일이다.

사정이 이와 같다고 할 때 사촌이 모래말을 표기했다고 해서 모래말이 반드시 모래 때문에 생겨난 지명이라고 볼 수는 없는 일이다. 더구나 모래말이라는 마을 이름이 조선시대에 사용되었다고는 하지만 근래에 채집된 것이고, 사촌沙村이라는 표기가 처음으로 나타나는 것은 1757년에서 1765년 사이에 편찬된 ≪여지도서≫에서이다. 모래말의 모래가 물레와 아무런 관련이 없는데도 물레와 소리가 유사하다는 이유 때문에 물레가 되어 문래文來로 표기되게 된 것처럼 모래와는 아무런 관련이 없지만 모래와 소리가 유사하다는 이유 때문에 사촌沙村으로 표기되게 된 우리말 지명이 사촌沙村을 한자식을 해석하면서 모래 때문에 생겨난 것으로 오해되었기 때문에 모래말로 굳어지게 되었을 수도 있다고 보아야 한다.

그렇다면 모래말은 과연 무엇에서 연유하는 지명인가? 이 문제와 관련하여 주목이 되는 것은 앞에서 살펴 본 바 있는 모래말을 사천리砂川里라고도 불렀다는 ≪영등포구지≫의 기록이다. 물론 사砂가 사沙의 속자俗字이고 보면 사천리砂川里는 사촌리沙村里를 한자음으로 읽게 되면서 촌村의 음이 천으로 와전되고 이를 다시 천川으로 표기한 것일 수도 있을 것이다. 그러나 그렇다 하더라도 사천리砂川里라는 표기가 아무런 이유 없이 생겨났다고 생각되지는 않는다.

지명은 대체로 일정지역을 다른 지역과 구별하기 위한 이름을 앞에 두고 일정지역의 일반적 속성을 나타내기 위한 이름이 뒤에 결합하여 형성된다. 예를 들어 사촌리沙村里의 경우 앞의 사촌沙村은 사촌리를 다른 지역과 구별하기 위해 붙여진 이름이고, 뒤의 리里는 조선시대 후기 방리제坊里制가 확산됨에 따라 사촌리가 가장 작은 지방행정구역단위라는 사실을 나타낸 것이다. 또한 사촌의 경우 앞의 사沙는 사촌을 다른 지역과 구별하기 위해 붙여진 이름이고, 뒤의 촌村은 사촌이 마을이라는 일반적 속성을 가지고 있다는 사실을 나타내기 위한 이름이다. 그러므로 사천리砂川里의 경우 앞의 사천砂川은 사천리를 다른 지역과 구별하기 위해 붙여진 이름이고, 뒤의 리里는 조선시대 후기 방리제가 확산됨에 따라 가장 작은 지방행정구역단위라는 사실을 나타낸 것으로 보아야 한다. 또한 사천砂川의 사砂는 사천을 다른 지역과 구별하기 위해 붙여진 이름이고, 천川은 사천이 내라는 일반적 속성을 가지고 있다는 사실은 나타내기 위한 이름으로 보아야 한다.

사천砂川의 사砂가 사천을 다른 지역과 구별하기 위해 붙여진 이름이고, 천川이 사천이 내라는 일반적 속성을 가지고 있다는 것을 나타내기 위한 이름이라고 할 때 사촌리沙村里로 표기되던 지명을 사천리砂川里로 또 다른 표기를 하게 된 까닭을 짐작하기란 어렵지 않다. 사촌리沙村里의 사沙로 표기된 모래를 내의 이름이라고 생각하고 모래가 내를 지칭한다는 사실을 분명하게 드러내기 위해 그와 같이 표기하게 되었다고 보아 틀림이 없을 것이다.

사沙로 표기된 모래가 내를 지칭하는 것이라면 모래는 과연 어떤 내를 지칭할 것인가? 사촌리와 관련하여 생각할 수 있는 내는 지금은 안양천安養川으로 불리는 대천大川과 대천의 지류로 지금은 도림천道林川이라 부르는 마장천馬場川이다. 사촌리가 대천과 마장천이 만나는 지점의 북동쪽지역에 형성된 마을이기 때문이다.

마장천이 기록에 처음으로 등장하는 것은 1899년 5월에 저술된 ≪경기도시흥군읍지지도≫이다. ≪경기도시흥군읍지지도≫를 보면 지도에 마장천교馬場川橋가 기재되어 있다. 마장천교는 지도에 표기된 위치로 보아 신대방동新大方洞에서 도림천을 지나 구로동九老洞으로 건너가는 다리로 지금의 시흥대로始興大路 구로교九老橋 부근에 놓였을 것으로 추정된다. 언제부터 마장천이라 불렸는지는 확실하지 않지만 마장천이라 불리는 내에 놓인 다리였기 때문에 그와 같은 이름이 붙었을 것이다.

마장천이 마장천馬場川이라 불리게 된 까닭은 마장천의 하류에 말을 기르는 목장牧場이 있었기 때문이라고 생각된다. ≪세종실록(世宗實錄)≫ <지리지(地理志)>를 보면 '금천현에 목장牧場이 둘이 있다. 하나는 달촌達村인데 달촌은 현의 북쪽에 있고, 둘레가 12리里이니 국마國馬를 기른다. 둘은 사외포沙外浦인데 사외포는 현의 서북쪽에 있고, 양천陽川의 사곶포寺串浦목장과 서로 연결되어 있으며, 둘레가 15리里이니 우군右軍의 목장牧場이다.'라고 하였다.

그런데 1871년에 편찬된 ≪경기읍지(京畿邑誌)≫ <시흥(始興)>의 지도를 보면 간포間浦가 기재되어 있고, 간포에서 대천을 건너 양천으로 넘어가는 다리로 철곶교鐵串橋가 기재되어 있다. 간포間浦는 사외포沙外浦의 사외沙外를 한자음으로 읽게 되면서 생겨난 변이된 소리를 '사이'로 인식하고 간間이 훈이 '사이'라는 사실에 힘입어 차자되어 표기된 지명이고, 철곶교鐵串橋의 철곶鐵串은 사곶포寺串浦의 사寺를 한자음으로 읽게 되면서 생겨난 변이된 소리를 '쇠'로 인식하고 철鐵의 훈이 '쇠'라는 사실에 힘입어 차자되어 표기된 지명일 것이다. 철곶교는 양평동에서 안양천을 거쳐 이대목동병원으로 건너가는 작은 다리인 희망교 부근에 놓였던 다리로 추정된다. 희망교는 양평교楊坪橋와 목동교木洞橋 사이에 있는데 영등포구와 양천구의 주민들이 산책로나 자전거도로로 이용하는 다리이다. 이에 대해서는 이 책 <양평동(楊坪洞)>에서 자세히 살펴보았거니와 그러므로 사외포에 있던 목장은 마장천이 마장천으로 불리게 된 사정과는 아무런 관련이 없다고 생각된다.

사외포가 마장천과 관련이 없다면 달촌에 있던 목장이 마장천과 관련이 있을 것이다. 그런데 금천현의 북쪽에 있다는 달촌은 ≪세종실록≫ 이후에 편찬된 지리서地理書의 기록에는 등장하지 않는다. 그렇다면 달촌이 지리서에서 사라진 이유는 무엇인가?

달촌이 금천현의 북쪽에 위치했고, 마장천과 관련이 있었다면 금천현의 북쪽에 위치하면서 마장천 연변沿邊에 있던 마을들을 살펴볼 필요가 있다. 1757년에서 1765년 사이에 편찬된 ≪여지도서≫ <금천현>에 의하면 당시 금천현 북쪽에는 상북면上北面과 하북면下北面이 있었는데 상북면에 속한 마을로 당산리棠山里 양평리楊坪里 선유봉리仙遊峯里 사촌리沙村里 도야미리道也味里 원지목리遠之牧里 구로리九老里가 있었고, 하북면에 속한 마을로 민간에서는 방하곶리方下串里로 일컫는 방학호리

放鶴湖里 마포리麻浦里 번당리樊塘里 우와피리牛臥陂里 고사리高寺里가 있었다. 그러나 상북면에 속해 있던 마을 중에서 지금은 당산동堂山洞이 된 당산리, 지금은 양평동陽坪洞이 된 양평리, 선유도仙遊島에 있었던 선유봉리와 하북면에 속해 있던 마을 중에서 지금은 영등포동永登浦洞과 신길동新吉東의 일부로 편입된 방학호리放鶴號里, 영등포동과 신길동을 포함하는 지역이었던 것으로 생각되는 마포리, 지금은 대방동大方洞이 된 번당리, 지금은 동작구銅雀區 노량진동鷺梁津洞에 편입된 고사리 등은 마장천의 연변에 형성되었던 마을들이 아니다. 상북면에 속해 있던 마을 중에서 지금은 문래동이 된 사촌리, 지금은 도림동이 된 도야미리, 지금은 대림동과 구로구 신도림동이 된 원지목리, 지금은 구로구九老區 구로동九老洞이 된 구로리와 하북면에 속해 있던 마을 중에서 지금은 동작구銅雀區 신대방동新大方洞이 된 우와피리가 마장천 주변에 형성되었던 마을들이다. 그러므로 달촌과 관련된 마을이 있다면 이들 마을이 관련되어 있을 것인데 필자는 이들 마을 중 특히 도야미리道也味里와 원지목리遠之牧里를 주목할 필요가 있다고 생각한다.

도야미리를 주목해야 되는 까닭은 도야미리道也味里가 달촌達村으로 표기된 우리말 지명에서 변이되어 생겨난 소리를 표기하고 있다고 생각되기 때문이다. 달촌은 우리말 지명 '달말'을 표기한 것으로 생각된다. 달達에서 음을 취하고, 촌村에서 훈을 취하여 그와 같이 표기하였을 것이다. '달말'의 '달'은 외파外破되면 '다라'가 되고, '다라'에서 'ㄹ'이 탈락하면 '다아'로 변이되는데 '다아'는 모음母音 충돌을 피하기 위하여 '다야' 혹은 '대야'로 변이된다. 도야미리의 도야道也는 '다야'에서 변이된 소리를 '도야'로 인식하고 차자된 표기로 생각된다. 도道와 야也의 음을 취하여 그와 같이 표기하였을 것이다. '달말'의 '말'은 마을을 뜻하

는 또 다른 우리말인데 '맏' 혹은 '맛' 등의 변이된 소리를 갖는다. 도야
미리의 미味는 '말'에서 변이된 소리 '맛'을 표기한 것이다. 미味의 훈이
'맛'이기 때문에 그와 같이 차자되었을 것이다. 그러므로 도야미리의 도
야미道也味는 달촌達村으로 표기된 우리말 지명 '달말'에서 변이된 소리
인 '도야맛'을 표기하고 있다고 생각된다. 물론 도야미리의 리里는 조선
시대 후기 방리제坊里制가 확산됨에 따라 도야미가 가장 작은 지방행정
구역단위라는 사실을 나타낸 것이다.

원지목리를 주목해야 되는 까닭은 원지목遠之牧이 말 목장을 뜻하는
한자말 마장馬場의 우리말을 표기하고 있다고 생각되기 때문이다. 마
장의 우리말은 '물맏'으로 추정할 수 있다. 마馬의 옛 훈이 '물'이고, 장
場의 옛 훈이 '맏'이기 때문에 그렇다. 원지목의 원遠은 '물맏'의 '물'에
서 변이된 소리를 '멀'로 인식하고 차자된 표기로 생각된다. 원遠의 훈
이 '멀'이기 때문에 그와 같이 표기하였을 것이다. 지之는 사잇소리 'ㅅ'
을 표기한 것이다. 목牧은 '물맏'의 '맏'이 '막'으로 변이되고, '막'이 다
시 '목'으로 변이된 것을 목牧의 음이 '목'이고, 한자에 목장牧場의 뜻이
있다는 사실에 힘입어 그와 같이 표기하였다고 생각된다. 물론 '물맏'
의 '맏'이 '목'으로 변이되기까지는 '물맏'이 말 목장이었다는 사실과
목牧이라는 한자에 목장이라는 뜻이 있다는 사실이 크게 작용했을 것
이다. 그러므로 원지목리의 원지목遠之牧은 마장馬場의 우리말 '물맏'에
서 변이된 소리인 '멊목'을 표기하고 있다고 생각된다. 물론 원지목리
의 리里는 원지목리가 마을이라는 일반적 속성을 가지고 있는 동시에
조선시대 후기 방리제坊里制가 확산됨에 따라 가장 작은 지방행정구역
단위라는 사실을 나타낸 것이다.

사정이 이와 같다고 할 때 달촌이라는 지명이 지리서에서 사라진 까

닭은 어느 정도 구명究明이 된 셈이다. 달촌에 국마國馬을 기르던 목장이 있었다는 점을 아울러 생각할 때 달촌이 후대에 가서 도야미리와 원지목리로 나뉘고, 달촌이 도야미리라는 또 다른 표기로 대체되었기 때문에 달촌이라는 지명이 지리서에서 사라졌다고 보아야 될 것이다.

어찌되었든 국마를 기르는 목장이 있던 달촌이 나뉘어 도야미리와 원지목리가 되었는데 원지목리의 원지목遠之牧이 마장馬場의 우리말 '몰맏'에서 변이된 소리인 '몂목'을 표기하고 있다고 할 때 적어도 마장천과 사촌리가 관계가 없다는 점은 분명히 밝혀진 셈이다. 보통 천川이 내를 표기하기 위한 차자로 사용되었다는 점을 감안한다면 마장천의 우리말 지명은 '몰맏내' 내지는 '몂목내'가 될 터인데 사沙로 표기된 모래와는 소리의 유사성에서 서로 거리가 있기 때문이다.

마장천이 사沙로 표기된 모래와 관계가 없다면 대천이 모래와 관련이 있다는 이야기가 된다. 모래와 대천이 관련이 있다고 할 때 주목이 되는 것은 대천이 맑은내로도 불렸다는 사실이다. 배우리 씨가 1994년에 출간한 『우리 땅이름의 뿌리를 찾아서 1』을 보면 오목내(오목천五木川)를 소개하면서 '보통은 안양천安養川으로 불리고 있는 내(천川)이다. 안양시에서부터 흘러와 영등포를 거쳐 한강으로 흘러간다. 내가 오목하다고 해서 '오목내'인데 다른 이름으로는 '갈천葛川'이라고도 하고 내의 상류쪽에선 '맑은내'로도 불리었다. 서울 양천구 신정동에 있는 '오목교梧木橋'는 이 내에 놓인 다리로, '오목내'의 '오목'을 이름에 넣었다.'고 하였다. 이와 같은 사실이 주목되는 이유는 맑은내에서 대천이 '말내'로 불렸을 가능성을 엿볼 수 있기 때문이다. '말내'가 '맑내'로 인식되고, '맑내'에서 '맑은내'로 변이되었을 가능성이 있다는 말이다.

대천이 '말내'로 불렸을 가능성이 있다고 할 때 다음으로 주목이 되는 것은 대천의 대大가 '말'을 표기하기 위한 차자로도 사용되었다는 사실이다. 훈이 '큰'인 대大는 보통 한자말로 사용되었지만 우리말을 표기하기 위한 차자로 사용될 경우에는 주로 한자의 뜻과 동일한 의미를 지니고 있는 우리말 '큰' '한' '말' 등을 표기하는 데 사용되었다. 큰길을 대로大路으로 표기한 것이나 큰 밭의 의미를 지니고 있는 한밭을 대전大田으로 표기한 것, 큰 벌이라는 뜻을 가진 말벌을 대황봉大黃蜂으로 표기한 것 등이 그것이다. 이와 같이 대천의 대大가 우리말 '말'을 표기하기 위한 차자로도 사용되었다고 할 때 대천은 '말내'의 차자표기로 보아 틀림이 없다고 생각되며, 그렇다고 할 때 소리의 유사성으로 보아 모래는 대천을 지칭한다고 보아야 한다. 모래의 옛말이 '몰애'라는 사실을 생각할 때 모래는 '말내'에서 변이된 소리일 수밖에 없기 때문이다.

그러므로 모래말은 대천大川으로 표기된 우리말 '말내'에서 연유하는 지명임에 틀림이 없다고 생각된다. '말내' 가에 형성된 마을을 뜻하는 '말내말'이 모래의 옛말이 '몰애'라는 사실에 힘입어 '몰애말'로 인식되고 급기야는 사촌沙村으로 표기되어 모래말로 굳어지게 되었을 것이다.

4. 대천이라는 지명의 유래

문래동이 모래말에서 연유하고, 모래말이 대천大川으로 차자표기된 '말내'에서 연유하는 지명이라면 '말내'는 무엇에서 연유하는 지명인가 하는 의문을 갖지 않을 수 없다. '말내'가 무엇에서 연유하는 지명인가

가 밝혀져야 문래동이라는 지명의 진정한 유래가 밝혀지는 것이 될 것이기 때문이다.

대천大川으로 차자표기된 '말내'가 지리서地理書에 처음으로 등장하는 것은 1530년에 편찬된 ≪신증동국여지승람≫에서이다. ≪신증동국여지승람≫ <금천현>을 보면 '대천大川이 금천현의 읍치邑治에서 서쪽으로 5리里에 있다. 과천현果川縣의 관악冠岳 청계淸溪 등 여러 산에서 발원하여 나와 북쪽으로 흘러 양천현陽川縣의 철곶포鐵串浦로 들어간다.'고 하였다. 읍치邑治는 고을의 수령이 정사를 펼치는 관아官衙가 있는 곳을 일컫는 말이다.

'말내'는 호계虎溪로도 불렸다. 조선 현종顯宗 때 유형원(柳馨遠, 1622~1673)이 편찬한 ≪동국여지지(東國輿地志)≫ <금천현>을 보면 '호계虎溪는 민간에서는 대천大川이라 칭하는데 금천현의 읍치에서 서쪽으로 4리里에 있다. 과천현果川縣의 관악冠岳 청계淸溪 등 여러 산에서 발원하여 나와 북쪽으로 흘러 양천현陽川縣의 칠곶포鐵串浦가 되어 한강漢江으로 들어간다.'고 하였다.

'말내'가 호계라는 이름으로도 불리게 된 것은 호암산虎巖山에서 기인하는 것으로 생각된다. 호암산은 금천현 읍치邑治에서 동쪽으로 5리에 위치한 산이다. 호암산이 호암산이라는 이름을 갖게 된 것은 호암산에 범과 같이 생긴 바위가 있기 때문이라고 한다. ≪신증동국여지승람≫ <금천현>을 보면 '호암산虎巖山이 금천현의 읍치에서 동쪽으로 5리里에 있다. 범과 같이 생긴 바위가 있어 그러한 까닭으로 이름이 되었다'라고 하였다. 호암산에서 호虎를 취하여 호계虎溪라 불렀을 것이다.

또한 '말내'는 검암천黔巖川으로도 불렸다. ≪여지도서≫ <금천현>을 보면 '검암천黔巖川이 금천현의 읍치에서 남쪽으로 3리里에 있다. 관악冠岳 청계淸溪 두 산에서 발원하여 나와 여러 내가 합쳐 대천大川이 된다. 수 십리를 관개灌漑하는데 북쪽 철곶포鐵串浦로 흘러간다.'고 하였다. 또한 김정호(金正浩, ?~1864)가 1864년에 저술한 ≪대동지지(大東地志)≫ <시흥(始興)>을 보면 '대천大川은 검암천黔岩川이라고도 한다. 수원水原 광교산光敎山과 과천果川 청계산淸溪山에서 발원하여 합쳐지는데 서쪽으로 흘러 군포천軍舖川 호계虎溪 안양천安養川이 되고 금천현 읍치를 돌아 서남쪽으로 꺾여서 북쪽으로 흘러 현縣의 서회리西回里를 지나 북쪽으로 15리에 이르러 기탄歧灘이 되고 철곶포鐵串浦가 되어 양화도楊花渡 아래로 들어간다.'고 하였다. 여기서 서회리는 지금은 경기도 광명시光明市 소하동所下洞이 된 소하리所下里의 또 다른 이름일 것이다. 소하리는 당시 시흥현 서면西面에 속해 있었다.

'말내'가 검암천으로도 불리게 된 것은 검지산黔芝山에서 기인하는 것으로 생각된다. 검지산은 검산黔山으로도 표기되었다. 검지산은 호암산의 또 다른 이름이다. ≪여지도서≫ <금천현>을 보면 '검지산黔芝山이 동쪽 금천현 읍치의 뒤에 있다.'고 하였고, 또 '호암虎巖이 금천현 읍치 뒤 검산黔山의 꼭대기에 있는데 범이 웅크리고 있는 것과 같은 모양이다.'라고 하였다. 검지산의 검黔을 취하여 검천黔川이라 불렀을 법도 하지만 굳이 검암천黔巖川이라고 한 것은 고을 이름인 금천衿川과 혼돈을 피하기 위해서일 것이다. 금천의 금衿을 검黔으로도 썼던 까닭이다. ≪고려사(高麗史)≫ <지리지(地理志)>를 보면 '금주衿州의 금衿은 검黔으로도 쓴다.'고 하였다. 어쨌든 검암黔巖은 호암을 지칭하는 것으로 생각된다. 호암을 검암黔巖이라 칭했다는 기록은 없지만 호암산과 호계의 관계와 검지산의 또 다른 표기인 검산과 검암천의 관계를 생각할 때 검암黔巖은 호암虎巖을 지칭하는 것이 분명하기 때문이다.

그렇다면 '말내'는 무엇에서 기인하는 이름인가? '말내'의 또 다른 이름인 호계나 검암천이 호암산이나 호암산의 또 다른 이름인 검지산에서 기인한다는 점을 생각할 때 '말내'라는 이름도 호암산에서 기인하는 것은 아닐까?

호암산은 조선시대 후기에 들어 금천현의 진산鎭山이 되었고, 산의 이름도 호암산이 아니라 검지산黔芝山으로 지칭되었다. 진산이란 고을의 주산主山으로 고을을 지키고 보호하여 주는 산을 일컫는 말이다.

금천현의 진산은 본래 삼성산三聖山이었다. 1530년에 편찬된 《신증동국여지승람》 <금천현>을 보면 '삼성산三聖山은 금천현 읍치에서 동쪽으로 10리里에 있는데 진산鎭山이다.'라고 하였고, 조선 현종 때 편찬된 《동국여지지》 <금천현>을 보면 '삼성산三聖山은 금천현 읍치에서 동쪽으로 10리里에 있는데 진산鎭山이니 곧 과천현果川縣 관악산冠岳山의 서쪽 가지이다.'라고 하였다.

그러나 1757년에서 1765년 사이에 편찬된 《여지도서》 <금천현>을 보면 '검지산黔芝山이 동쪽 금천현 읍치의 뒤에 있는데 현의 진산으로 관악冠岳의 서쪽 가지이다.'라고 하였다. 검지산은 《신증동국여지승람》이나 《동국여지지》에서는 호암산虎巖山이란 이름으로 지칭되던 산이다. 그러므로 《동국여지지》가 편찬된 이후 《여지도서》가 편찬되기 이전 어느 때인가 금천현은 진산을 삼성산에서 호암산으로 바꾸고, 산의 이름도 호암산에서 검지산이라는 또 다른 이름으로 바꾸어 불렀다는 이야기가 된다.

삼성산을 금천현의 진산으로 삼은 것은 삼성산을 영산靈山으로 여겼기 때문일 것이다. 삼성산은 조선 세종世宗의 병환에 기도처가 될 만큼 영산이었다. 《세종실록》 <7년 윤7월 신유(辛酉)>를 보면 세종의 병환에 종묘宗廟 사직社稷 소격전昭格殿 삼각三角 백악白嶽 목멱木覓 송악松

嶽 개성덕적開城德積 삼성三聖 감악紺岳 양주성황楊州城隍에 기도하였다는 기록이 보인다. 세종 7년이면 1425년이다.

또한 고려 태조太祖가 세운 안양사安養寺가 있었다는 점도 간과할 수 없다. ≪신증동국여지승람≫ <금천현>을 보면 삼성산에 있었던 안양사 도안사道安寺 안흥사安興寺 삼막사三藐寺 망일사望日寺 성주사聖住寺 등 여러 절이 소개되어 있는데 그 중 안양사에 대해 '안양사安養寺가 삼성산三聖山에 있다. 절의 남쪽에 고려 태조가 세운 7층 전탑甎塔이 있다. 김부식金富軾이 지은 글을 새긴 비碑가 있는데 글자가 떨어져 나갔다.'라고 하였고, 이어 이숭인(李崇仁, 1349~1392)이 지은 <중신기(重新記)>가 실려 있는데 그 중에 안양사의 주지住持 혜겸(惠謙, ?~?)이 이숭인에게 안양사가 세워지게 된 내력을 설명하는 내용이 나온다. '절에서 전해 내려오는 기록을 살펴보니 옛날 태조太祖께서 조정에 복속치 않는 무리를 정벌하려고 이곳을 지나다가 산꼭대기에 오색구름이 이는 것을 보고 이상하게 생각하여 사람을 시켜 가서 보게 하였습니다. 과연 늙은 스님을 구름 아래에서 만났는데 이름이 능정能正이었습니다. 더불어 이야기를 나눠보니 태조의 뜻에 맞았습니다. 이것이 이 절이 세워지게 된 내력입니다.'라고 하였다.

그러나 안양사는 조선시대 후기에 들어와서 퇴락하여 결국 폐사廢寺되었고, 우연찮게도 그와 함께 금천현의 진산도 호암산으로 바뀌게 된다. 아직 삼성산이 진산이던 조선 현종 때 편찬된 ≪동국여지지≫ <금천현>을 보면 '안양사安養寺는 삼성산三聖山에 있다. 절의 남쪽에 고려 태조가 세운 7층 전탑甎塔이 있다. 김부식金富軾이 지은 글을 새긴 비碑가 있는데 글자가 떨어져 나갔다. 고려 말에 시중侍中 최영崔瑩이 중 혜겸惠謙으로 하여금 중수重修하게 하였고, 이숭인李崇仁이 기記를 지었다. 지금은 모두 허물어져 유지遺址만 남아 있다. 절의 동쪽 산기슭에 또 옛 비碑가 있는데 고려 공부원외랑工部員外郞 이원부李元符가 글씨를 쓴 것으로 글자의 획劃이 아주 단엄端嚴하며 굳세고 예스럽다.'고 하였고, 호암산으로 진산이 바뀐 뒤에 편찬된 ≪여지도서≫ <금천현>을 보면 '안양사安養寺의 옛터가 삼성산 남쪽에 있다. 이숭인의 기記가 있다'고 하였다.

안양사가 폐사된 것과 진산이 바뀌게 된 것 사이에 어떤 인과관계가 있는지는 알 수 없다. 그러나 호암산이 새로이 진산이 된 데는 나름대로 이유가 있었다고 생각된다. 그것은 호암산이 원래부터 민간에서 경외敬畏와 신앙의 대상이었다는 사실이다.

호암산은 기우제祈雨祭를 지내는 장소가 되는 등 민간에서 경외와 신앙의 대상이었다. 삼성산이 진산일 때에 편찬된 ≪신증동국여지승람≫ <금천현>을 보면 호암산에 대해 기술하면서 윤자尹慈의 설說을 실었는데 윤자의 설에 '금천의 동쪽에 산이 있는데 우뚝하여 그 산세가 북으로 치달아 마치 범이 나아가는 것과 같다. 그 산에 바위가 있는데 가팔라서 민간에서는 호암虎巖이라고 부른다. 술가術家가 점을 쳐보고 바위의 북쪽 모퉁이에 절을 세워 호갑사虎岬寺라 하였다. 거기에서 북쪽으로 7리里를 가면 다리가 있는데 이름을 궁교弓橋라 하고, 또 그 북쪽 10리里에 암자가 있는데 사자암獅子菴이라고 한다. 모두 범이 나아가는 듯한 산세를 누르기 위함이었다.'라고 하였다. 윤자(?~?)는 본관이 파평坡平으로 조선 세종世宗 29(1447)년에 문과文科에 급제하여 32(1450)년에 금천현감衿川縣監이 되었으며, 세조世祖 11(1465)년에는 경기도관찰사京畿道觀察使가 되었고, 14(1468)년에는 한성부우윤漢城府右尹으로 있었으며, 예종睿宗 1(1469)년에는 한성부좌윤漢城府左尹으로 있다가 경상도관찰사慶尙道觀察使가 된 사람으로 여기에 실린 설은 금천현감으로 있을 때 지은 것이다.

또한 역시 삼성산이 진산일 때에 편찬된 ≪동국여지지≫ <금천현>을 보면 '호암산은 금천현 읍치에서 동쪽으로 5리里에 있으니 곧 관악산의 서쪽 가지로 범과 같이 생긴 바위가 있어 그러한 까닭에 이름이 되었다. 꼭대기에는 돌로 쌓은 옛 성城이 있는데 둘레가 1,600여 척尺이고, 성 안에는 대지大池가 있어 가물 때 비를 빈다.'고 하였다. 기우제는 진산에서 지내는 것이 보통이었다. 삼성산이 진산일 때 호암산에서 기우제를 지냈다면 호암산은 진산이 되기 전부터 이미 일정부분 진산의 역할을 하고 있었던 셈이다.

호암산이 진산이 되고 나서 호암산에 대한 민간의 경외와 신앙은 더욱 굳어졌던 것으로 생각된다. 진산이 호암산으로 바뀌고, 호암산이 검지산이라는 또 다른 이름으로 지칭될 때 편찬된 ≪여지도서≫ <금천현>을 보면 호암산의 꼭대기에 있었던 옛 성을 호암산성虎巖山城이라 지칭하고 '호암산의 꼭대기에 석성石城의 옛터가 있는데 어느 시대에 쌓았는지 알 수 없다. 둘레가 1,680척尺이고, 용추龍湫가 있는데 본 금천현의 비를 비는 터이다.'라고 하였고, 또 용추龍湫에 대해서는 '검지산黔芝山의 꼭대기에 있다. 우묵하게 꺼져 저절로 둥그런 못이 되었는데 낮고 물에 잠겨 있으며, 매우 깊고 막힘이 없어 바닥이 없다. 세간에 전하기는 '용추龍湫와 방하곶方下串, 율일리栗日里의 대야택大也澤은 서로 통한다. 옛사람이 용추에 저杵를 빠뜨렸는데 뒤에 방하곶에서 그것을 얻었다. 민간에서는 저杵를 방하方下라고 하는 까닭에 방하곶이라고 이름한 것이다. 또 기우제祈雨祭를 지낼 때 용추에서 관분盥盆을 잃어버렸는데 뒤에 대야택에서 그것을 얻었다. 민간에서는 관분을 대야大也라고 하는 까닭에 대야택이라고 이름한 것이다.'라고 한다. 민간에 전하기는 '이 못은 곧 신룡神龍이 사는 곳이다. 그러한 까닭으로 날이 가물 때 경건히 정성을 드려 비를 빌면 번번이 영험이 있다.'고 한다.'고 하였다. 또한 호암虎巖에 대해 '금천현 읍치 뒤 검산黔山의 꼭대기에 있는데 범이 웅크리고 있는 것과 같은 모양이다. 세상에 전하기는 한양을 도읍으로 정할 때에 호암 북쪽에 돌로 만든 사자獅子를 묻고, 또 호암 남쪽에 돌로 만든 개 4마리를 묻었다고 한다. 대개 범으로 하여금 북쪽으로는 사자를 두려워하고, 남쪽으로는 개를 어여삐 여기게 하려고 그런 것이다. 지금 금천현의 읍치에서 북쪽으로 10리里에 사자암獅子庵이 있고, 남쪽으로 10리里에 또 사견우四犬隅가 있다.'고 하였다. 물론 ≪여지도서≫에서 옛 성을 호암산성으로 지칭한 것은 전에 부르던 이름을 습관적으로 사용했기 때문일 것이다. 1842년에서 1843년 사이에 편찬된 ≪경기지≫ <시흥읍지>를 보면 호암산성은 검지성黔芝城으로 지칭되었다. 검지성에 대해 '검지산黔芝山 꼭대기에 석성石城 옛터가 있는데 어느 시대에 쌓은 것인지 모르나 둘레가 1,681척尺이고, 그 안에 용추龍湫가 있으니 본 현의 비를 비는 터이다.'라고 하였다.

이와 같이 호암산이 민간에서 경외와 신앙의 대상이었다고 할 때 호암산이 검지산이라는 또 다른 이름으로 불리게 된 것은 자연스러운 일이다. 검지산이 신산神山을 뜻하는 우리말 지명을 표기하고 있다고 생각되기 때문이다. 검지산은 우리말 지명 '검뫼'를 표기하기 위한 차자이다. 검지산의 검黔은 음이 '검'이고, 산山은 훈이 '뫼'이다. 검지산이 검산黔山으로도 표기되었다는 점을 생각할 때 검지산의 지芝가 사잇소리 'ㅅ'을 표기하기 위해 차자된 지之를 아취雅趣있게 전자轉字한 것이 틀림이 없고 보면 검黔에서 음을 취하고, 산山에서 훈을 취하여 그와 같이 표기하였을 것이다. '검뫼'는 신神이 깃들어 있는 산 곧 신산神山을 뜻한다. '검'이 신神을 뜻하는 우리말 '곰'에서 파생된 말이기 때문이다. '곰'이 외파外破되면 'ㄱㅁ'가 되는데 이들에서 '곰' '검' '감' '가마' 등과 같은 말이 파생되었다. 이들이 신神을 뜻하는 말이라는 사실은 경상남도慶尚南道 창원시昌原市에 있는 성주사聖主寺의 옛 이름인 곰절의 차자표기를 보면 쉽게 드러난다. 곰절의 차자표기는 웅신사熊神寺이다. 웅사熊寺라고 표기되어 있는 경우가 없는 것은 아니지만 옛 기록을 살펴보면 웅신사로 표기된 경우가 대부분이다. 웅熊의 훈이 '곰'이고, 사寺의 훈이 '절'이니 웅사熊寺로 표기하면 충분할 것을 굳이 웅신사熊神寺로 표기한 것은 웅熊으로 차자표기된 곰을 한자의 뜻인 동물 곰으로 알지 말고 신神으로 알라는 뜻으로 의미를 첨기添記했기 때문이다.

그렇다면 호암산은 언제부터 검지산이라는 또 다른 이름을 갖게 된 것일까? 호암산이 민간에서 경외와 신앙의 대상이었다는 점을 생각할 때 검지산이라는 이름이 갑자기 생겨났다고 보기는 어렵다. 당연히 호암산이 호암산으로 불릴 때도 검지산이라는 또 다른 이름이 있었는데 호암산이 진산이 되면서 고을을 지키고 보호하여 주는 산이라는 뜻에 걸맞게 검지산으로 지칭하게 되었다고 보아야 할 것이다. 또한 이 문제를 생각했을 때 결코 간과해서는 안 될 사실은 고을 이름인 금주나 금천의 금衿을 검黔으로도 썼으며, 그러므로 금주나 금천의 금衿 역시 검지산의 검黔과 같이 신神을 뜻하는 우리말을 표기하기 위한 차자일 수밖에 없다는 것이다. 고구려에서는 잉벌노현仍伐奴縣이라 부르고, 신라에서는 곡양穀壤이라 부르던 고을 이름을 고려에 들어 금주로 바꾼 까닭은 무엇일까? 유창균(兪昌均, 1925~) 교수가 1980년에 간행한『한국(韓國) 고대한자음(古代漢字音)의 연구(研究) I』에 의하면 잉벌노仍伐奴

와 곡양穀壤은 우리말 지명인 '나벌나'의 차자표기라고 한다. '나벌나'는 너른 벌을 뜻하는 말로 생각된다. 이에 관해서는 이 책 <영등포구(永登浦區)>에서 자세히 살펴본 바 있거니와 '나벌나'가 너른 벌을 뜻하는 말이라면 금衿으로 차자표기된 신神을 뜻하는 우리말과 관계가 없다는 것만은 분명하다. 그러므로 고을 이름을 금주로 새로 지었다고 보아야 하는데 고을 이름을 금주로 지은 것은 고을에 신神과 관련된 무엇이 있었기 때문일 것이고, 그럴 때 당연히 신과 관련된 무엇으로 검지산을 생각하지 않을 수 없다. 그렇지 않고서는 고을 이름을 금주라 이름할 까닭이 없기 때문이다. 고을 이름이 검지산에서 기인하는 것이라 할 때 호암산이 검지산이라는 또 다른 이름을 갖게 된 시기는 고을 이름을 금주로 하기 이전이라고 보아야 할 것이다.

호암산이 검지산이라는 또 다른 이름을 갖게 된 것이 이와 같이 연원이 오래되었다고 할 때 '말내' 또한 검지산에서 기인하는 이름이라 확언할 수 있다. 검지산黔芝山 혹은 검산黔山으로 차자표기된 '검뫼'는 '믈뫼'라는 또 다른 이름을 갖기 마련이기 때문이다.

그렇다면 '검뫼'가 '믈뫼'라는 또 다른 이름을 갖는 것은 무슨 까닭에서인가? 앞에서 언급했듯이 검지산黔芝山 혹은 검산黔山으로 차자표기된 '검뫼'는 신神이 깃들어 있는 산 곧 신산神山을 뜻한다. 신이 그 산에 깃들어 있는 것은 그 산이 세상의 중심中心에 있기 때문이다. 보통 하늘에 있다고 상정되는 신神은 이 세상에 내려올 때 세상의 중심에 있는 산으로 내려와 '곰'이 되고, 그러한 까닭에 그 산의 이름은 '곰뫼'가 된다. 그러므로 검지산黔芝山 혹은 검산黔山으로 차자표기된 '검뫼'는 세상의 중심에 있는 산 곧 중심산中心山이다. 그런데 '곰뫼'는 중심산인 까닭에 또 다른 이름을 갖는다. 곧 중심산을 뜻하는 '믈뫼'라는 이름을 갖는 것

이 그것이다. '뫼'의 '뫼'은 중심中心을 뜻하는 말로 외파外破되면 'ᄆᆞ
ᄅ'가 되는데 이들에서 '말' '맏' '마리' '머리' '마루' '미르' 등과 같은 말
이 파생되었다. 이들이 중심을 뜻하는 말이라는 사실은 소위 남산이 용
산龍山 등 '뫼'에서 파생된 이름을 갖는 것을 보면 쉽게 드러난다. 용산
의 경우 용龍은 옛 훈이 '미르'이고, 따라서 용산은 '미르뫼'의 차자표기
이다. 그런데 소위 남산에는 보통 당집이 있게 마련이다. 당집이 있다
면 그 산이 중심산이라는 사실을 의심할 여지는 조금도 없다. 당집은
신이 내려와 머무는 공간이기 때문이다. 중심산이 '미르뫼' 등으로 불
렸다면 '미르' 등 '뫼'에서 파생된 말이 중심을 뜻한다고 보아 틀림이 없
을 것이다.

그렇다면 호암산은 과연 실제로 '뫼'라는 또 다른 이름으로 불렸을
것인가? 물론 호암산을 '뫼'로 불렀다는 직접적인 기록은 발견되지
않는다. 그러나 '뫼'로 불렸음을 유추할 수 있는 기록은 있다. 호암산
성 안에 있는 못의 이름이 대지大池라는 ≪동국여지지≫의 기록과 대
지의 또 다른 이름이 용추龍湫라는 ≪여지도서≫의 기록이 그것이다.
용추는 '미르못'의 차자표기이다. 용龍의 옛 훈이 '미르'이고, 추湫의 훈
에 '못'이 있기 때문에 그와 같이 차자되었을 것이다. 그러므로 대지大池
또한 한자식 이름이 아니라 대천大川의 대大가 '말'의 표기이듯 대지의
대大가 '말'을, 지池가 훈에 기대어 '못'을 표기한 것으로 우리말 이름 '말
못'의 차자로 보아야 한다. '말못'에서 변이된 말이 '미르못'으로 인식되
어 용추龍湫로 차자되었다고 생각되기 때문이다. 물론 그에 맞추어 용
추에 신룡神龍이 산다는 민간의 전설도 생겨나게 되었을 것이다. 호암
산성 안에 있는 못이 '말못' 혹은 '미르못'으로 불렸다고 할 때 호암산
역시 '뫼'로 불리지 않았을 이유가 없다.

이와 같이 '검뫼'가 '믈뫼'라는 또 다른 이름을 갖는다고 할 때 '말내'의 또 다른 이름인 호계나 검암천이 호암산이나 호암산의 또 다른 이름인 검지산에서 기인한 것처럼 '말내' 또한 호암산의 또 다른 이름인 '믈뫼'에서 기인한다고 보아야 한다. 그리고 그와 함께 '말내'는 큰 내를 뜻하는 것이 아니라 '믈뫼'에서 연원하는 내를 뜻한다고 보아야 할 것임은 물론이다.

당산동(堂山洞)

1. 당산동의 유래

당산동은 원래 당산리堂山里였다. 당산리가 지리서地理書에 처음으로 등장하는 것은 1757년에서 1765년 사이에 편찬된 ≪여지도서(輿地圖書)≫에서이다. ≪여지도서≫ <금천현(衿川縣)>을 보면 경기도京畿道 금천현衿川縣 상북면上北面에 속한 마을로 양평리楊坪里 선유봉리仙遊峯里 사촌리沙村里 도야미리道也味里 원지목리遠之牧里 구로리九老里와 함께 당산리棠山里가 등장한다. '당산리棠山里가 금천현 관문에서 25리里의 거리에 있다'고 하였다. 당산리棠山里는 당산리堂山里의 또 다른 표기일 것이다.

당산리가 당산리堂山里라는 표기로 처음 등장하는 것은 1789년에 편찬된 ≪호구총수(戶口總數)≫에서이다. ≪호구총수≫를 보면 경기도 금천현 상북면에 속한 마을로 원지목리遠之牧里 구로리九老里 사촌리沙

村里 도야미리也味里 양평리楊坪里 선유리仙遊里 간포리間浦里와 함께 당산리堂山里가 등장한다.

조선朝鮮 정조正祖 19(1795)년 금천현이 시흥현始興縣으로 이름을 바꾸자 당산리는 경기도 시흥현 상북면上北面 당산리堂山里가 되었고, 시흥현이 1895년 지방제도개편 때 시흥군으로 바뀌면서 인천부仁川府 시흥군 상북면 당산리가 되었다가 다음해 다시 경기도 시흥군 상북면 당산리가 되었다. 이즈음 상북면에 속한 마을로는 당산리를 비롯하여 원지목리遠之牧里 구로일리九老一里 구로이리九老二里 사촌리沙村里 도야미리道也味里 양평리楊坪里 양진리楊津里가 있었다.

당산리는 1914년 행정구역개편 때 시흥군이 과천군果川郡과 안산군安山郡을 병합하면서 경기도 시흥군 북면北面 당산리가 되었는데 이 때 양진리를 병합하였다. 당시 경기도 시흥군 북면에는 당산리를 비롯하여 도림리道林里 구로리九老里 양평리楊坪里 신길리新吉里 번대방리番大方里 영등포리永登浦里 노량진리鷺梁津里 본동리本洞里 흑석리黑石里 동작리銅雀里 속해 있었고, 영등포리가 군소재지郡所在地와 면소재지面所在地였다.

1917년 시흥군 북면에 영등포면永登浦面이 따로 설치되면서 당산리는 영등포리 양평리와 함께 영등포면에 속하여 경기도 시흥군 영등포면 당산리가 되었으며, 1931년 영등포면이 영등포읍永登浦邑이 되자 경기도 시흥군 영등포읍 당산리가 되었다.

당산리는 1936년 일제가 경성부京城府를 확장하면서 영등포출장소永登浦出張所를 설치하자 같이 영등포읍에 속해 있던 영등포리 양평리와 함께 당산정堂山町 영등포정永登浦町 양평정楊坪町으로 이름을 바꾸고 그에 속하여 경성부 영등포출장소 당산정 영등포정 양평정이 되었다. 이 때 시흥군始興郡 북면北面의 노량진리鷺梁津里 본동리本洞里 흑석리黑石里

동작리銅雀里 신길리新吉里 번대방리番大方里 도림리道林里와 시흥군 동면
東面의 상도리上道里, 김포군金浦郡 양동면陽東面의 양화리楊花里도 경성부
에 편입되어 노량진정鷺梁津町 본동정本洞町 흑석정黑石町 동작정銅雀町
신길정新吉町 번대방정番大方町 도림정道林町 상도정上道町 양화정楊花町
으로 이름을 바꾸고 그에 속하여 경성부 영등포출장소 노량진정 본동
정 흑석정 동작정 신길정 번대방정 도림정 상도정 양화정이 되었다.

영등포출장소는 1943년 경성부가 구제區制를 실시하면서 영등포구
永登浦區가 되었으며, 그에 따라 당산정은 경성부 영등포구 당산정이 되
었다. 당시 영등포구에 속한 마을로는 영등포출장소에 속해 있던 영등
포정永登浦町 도림정에서 분동된 사옥정絲屋町 당산정堂山町 양평정楊坪町
양화정楊花町 노량진정鷺梁津町 본동정本洞町 흑석정黑石町 동작정銅雀町
신길정新吉町 번대방정番大方町 도림정道林町 상도정上道町과 경성부에서
새로 편입된 여의도정汝矣島町이 있었다.

당산정은 해방을 맞고 난 다음해인 1946년 경성부가 서울시로 바뀌
면서 일본식 마을지칭인 정町을 청산하고 지금과 같은 이름인 당산동
이 되어 서울시 영등포구 당산동이 되었다가 1949년에는 서울시가 서
울특별시가 되면서 서울특별시 영등포구 당산동이 되었다.

한편 1914년 당산리에 통합되었던 양진리지역은 1962년에 착공하
여 1965년에 개통한 양화대교의 건설로 주민들이 소개되었고, 1976년
에 착공하여 1968년에 완성된 여의도 윤중제輪中堤공사에 필요한 토사
채취로 인하여 섬이 되어 선유도仙遊島로 불리게 되었다. 현재 선유도
는 양화동에 속해 있다. 아마도 양진리지역이 선유도로 불리게 된 즈음
에 양화동에 속하게 되었을 것이다.

2. 당산동이라는 지명의 유래

지금은 당산동이 된 당산리는 그 지역에 당산堂山이 있었기 때문에 생겨난 지명일 것이다. 당산堂山은 당집이 있는 산을 지칭하는 말이다. 당집은 신을 모셔 놓는 집을 일컫는 말로 지역의 중심이 되는 산 곧 중심산中心山에 세우는 것이 보통이었다. 그러므로 중심산은 흔히 당산이라는 이름을 갖는다.

당산동에는 지금도 부군당府君堂으로 부르는 당집이 있다. 부군당은 서울 경기 지역에서 마을을 지키는 신을 모셔놓는 당집을 일컫는 말이다. 1991년에 간행된 ≪영등포구지(永登浦區誌)≫에 의하면 원래 있었던 부군당은 을축(乙丑, 1925)년 대홍수大洪水 때 유실되었고, 지금 있는 부군당은 1950년에 세운 것인데 본래 있었던 곳에서 자리를 옮겨 세운 것이라 한다. 지형이 변해서 잘 알 수는 없지만 지금의 부군당 부근은 당산동은 물론 그 일대에서 가장 지대가 높은 곳이다. 그러므로 부군당 부근의 높은 지대가 당산일 것이다.

그런데 앞에서 보았듯 1757년에서 1765년 사이에 편찬된 ≪여지도서≫ <금천현>을 보면 당산리는 당산리棠山里로 표기되어 있다. 그리고 당산棠山에 대하여 '당산棠山은 금천현衿川縣의 읍치邑治에서 20리里에 있다. 양화진楊花津 가 산山 앞의 한강漢江 가에 흰 모래가 명주와 같은데 해당화海棠花가 흐드러지게 핀다. 옛날 중국의 사신이 왕래할 때에 배를 멈추고 두루 다니며 구경하였다.'고 하였다. 마치 당산을 한강가 흰 모래밭에 핀 해당화 때문에 당산棠山이라는 이름으로 불렀고, 당산棠山이 있는 마을이니 당연히 당산리棠山里라고 표기하여야 하지 않느냐고 주장하는 듯하다. 물론 여기에 등장하는 당산리棠山里가 당산리堂

山里를 지칭하고, 당산棠山이 당산堂山을 지칭한다는 사실은 의심할 여지가 없다.

그렇다면 《여지도서》의 기록은 당산리의 실상을 어느 정도 반영하고 있는 것일까? 지금으로서는 확인할 수 없지만 당산 앞 한강 가 흰 모래밭에 해당화가 흐드러지게 피었다는 것은 사실일 것이다. 그리고 중국中國 사신이 배를 멈추고 두루 다니며 그곳을 구경했다는 이야기도 어느 정도 사실에 근거한 것이다. 《조선왕조실록(朝鮮王朝實錄)》을 보면 중국사신이 양화도에서 유람을 했다는 기사가 자주 등장한다. 그러나 불과 이삼십년 후인 1789년에 편찬된 《호구총수》를 보면 당산리는 당산리堂山里로 표기되어 있고, 이후 나온 모든 지리서들에도 당산리는 당산리堂山里로 표기되어 있다. 또한 당산棠山에 대한 기록도 《여지도서》가 유일하다. 이와 같은 사실은 역시 당산리는 당산리堂山里이고, 당산은 당산堂山이라는 것을 역설적으로 보여주는 것이라 생각된다. 아마도 실제로 당산 앞 한강 가 흰 모래밭에 해당화가 좋아 당산이 당산棠山이라는 설說이 민간에서 만들어졌고, 그것이 실상과는 다르게 《여지도서》를 편찬할 때 반영되었다가 그 뒤에 바로잡혔던 것이 아닌가 생각된다.

또한 영등포구청永登浦區廳에서 2004년에 발행한 《영등포(永登浦)근대(近代) 100년사(年史)》를 보면 '당산동의 동명은 이 마을 언덕에 당이 있었기 때문에 지어진 이름이다.'라고 하면서도 '일설에는 마을 한 가운데 우뚝 솟은 산이 있어 단산單山이라고 지칭하였는데 이곳에 은행나무 두 그루가 있어 이를 보호하였고 또 부군당府君堂이 있어 당산堂山이라고 불리어지게 되었다고 한다.'고 하였다. 당산이 애초에는 단산單山으로 불리다가 부군당 때문에 당산堂山으로 불리게 되었다는 이야기인데 그러나 당산을 단산으로 불렀다는 근거를 찾을 수 없다. 상식적으로 당제를 지내는 산은 당산堂山이라고 부르기 마련인데 무엇에 근거하여 그와 같은 이야기를 하는지 모를 일이다.

한편 당산리는 당산리가 아니라 당산으로 불렀던 것으로 생각된다. 1842년에서 1843년 사이에 편찬된 ≪경기지(京畿誌)≫ <시흥읍지(始興邑誌)>를 보면 당산리는 당산堂山으로만 표기되어 있다. 당산으로 불렀으니 그와 같이 표기하였을 것이다. 당산堂山은 당집이 한자말 당堂과 우리말 집의 합성어合成語이듯이 한자말 당堂과 우리말 뫼의 합성어合成語 '당뫼'로 불리던 것이 산山의 훈이 '뫼'인 것에 기대어 차자표기된 것으로 생각된다. 실제로 '당뫼'로 불렸는지는 확인할 길이 없지만 '당뫼'로 불리던 것이 당산堂山이라는 한자로 표기되면서 점차 당산이라는 이름으로 굳어졌을 것이다. 그리고 당산리의 리里는 당산리가 마을이라는 일반적 속성을 가지고 있는 동시에 조선시대 후기 방리제坊里制가 확산됨에 따라 가장 작은 지방행정구역단위라는 사실을 나타낸 것이다.

다른 한편 1985년에 간행된 ≪서울특별시(特別市) 동명연혁고(洞名沿革攷)≫ <영등포구편(永登浦區篇)>을 보면 당산동에 있던 마을로 벌당산을 들고는 '벌당산은 일면 안당산堂山이라고도 하는데 옛날 벌판이었던 곳에 생긴 마을로 당산동堂山洞의 안쪽 마을이라는 붙여진 이름으로 약 20여 호 정도가 살았다.'고 하였고, 1994년 간행된 배우리 씨의 『우리 땅이름의 뿌리를 찾아서 2』를 보면 벌당산에 대해 '당산동6가의 한 마을이 벌당산으로 불리어 왔다.'고 하면서 '당산동의 안쪽 마을, '벌판쪽의 당산'이란 뜻으로 붙은 이름이다.'라고 하였다. 모두들 벌에 있는 마을이라서 벌당산이라는 이름이 붙었다고 생각하는 듯하다.

그러나 그와 같은 의견에 선뜻 동의하기 어렵다. 이 책 <양평동(楊坪洞)>에서 상세히 언급하였지만 벌당산의 '벌'은 서쪽을 뜻하는 '블'에서 파생된 말이라고 생각되는 까닭이다. '벌'이 서쪽을 뜻하는 말이라고 할 때 벌당산을 벌판에 생긴 마을이라서 그와 같은 이름이 붙었다거나 벌판쪽의 당산이라는 뜻으로 그와 같은 이름이 붙었다고 볼 수는 없는 일이다. 당연히 서쪽의 당산마을이라는 뜻에서 벌당산이라는 이름이 붙었다고 보아야 할 것이다.

3. 양진리와 선유봉리의 유래

양진리는 1914년 행정구역 개편 때 당산리에 병합된 마을이다. 양진리가 지리서에 처음으로 등장하는 것은 1895년 2월에 저술된 ≪기전읍지(畿甸邑誌)≫ <시흥현읍지여사례성책(始興邑誌與事例成册)>에서이다. 당시 양진리는 원지목리遠之牧里 구로일리九老一里 구로이리九老二里 사촌리沙村里 도야미리道也味里 당산리堂山里 양평리楊坪里와 함께 경기도 시흥현 상북면에 속해 있었는데 '양진리楊津里가 시흥현 읍치邑治에서 25리里에 있다.'고 하였다.

양진리는 선유봉리仙遊峰里가 이름을 바꾼 것으로 생각된다. 선유봉리가 지리서에 처음으로 등장하는 것은 ≪여지도서≫에서이다. ≪여지도서≫ <금천현>을 보면 경기도京畿道 금천현衿川縣 상북면上北面에 속한 마을로 당산리堂山里 양평리楊坪里 사촌리沙村里 도야미리道也味里 원지목리遠之牧里 구로리九老里와 함께 선유봉리가 등장한다. '선유봉리仙遊峰里가 금천현 관문에서 25리里의 거리에 있다.'고 하였다. 이후 선유봉리는 지리서에 계속하여 등장한다. 1842년에서 1843년 사이에 편찬된 ≪경기지≫ <시흥읍지>를 보면 경기도 시흥현 상북면에 속한 마을로 원지목遠之牧 구로리九老里 사촌沙村 도야미道也味 당산堂山 양평리楊坪里와 함께 등장하는데 '선유봉리仙遊峯里가 시흥현 읍치邑治에서 25리里에 있다.'고 하였다. 또한 1871년에 편찬된 ≪경기읍지(京畿邑誌)≫ <시흥읍지(始興邑誌)>를 보면 경기도 시흥현 상북면에 속한 마을로 원지목리遠之牧里 구로리九老里 사촌리沙村里 도야미리道也味里 당산리堂山里 양평리楊坪里와 함께 등장하는데 '선유봉리仙遊峯里가 시흥현 읍치에서 25리里에 있다.'고 하였다. 그러나 선유봉리는 ≪경기읍지≫를 끝으로 지리서에 다시 등장하지 않는다. 1895년 2월에 저술된 ≪기전읍지≫ <시흥현읍지여사례성책>에서 보았듯이 대신 양진리가 등장한다. 지리서에 선유봉리 대신 양진리가 등장한다는 점이나 선유봉리와 양진리가 똑같이 읍치에서 25리에 있다고 한 점을 생각할 때 선유봉리가 양진리로 이름을 바꾸었다고 보아 틀림이 없을 것이다.

그런데 이 지역이 처음부터 금천현에 속해 있었던 것 같지는 않다. 본래는 양천현陽川縣에 속해 있었던 것으로 생각된다. 1530년에 편찬된 ≪신증동국여지승람(新增東國輿地勝覽)≫ <양천(陽川)>을 보면 '양화도산楊花渡山이 양천현陽川縣 읍치에서 16리里에 있다'고 하였다. 양화도산은 선유봉仙遊峯을 달리 일컫는 말이다. 조선 현종顯宗 때 유형원(柳馨遠, 1622~1673)이 편찬한 ≪동국여지지(東國輿地志)≫ <양천(陽川)>을 보면 '선유봉仙遊峯은 양천현陽川縣 읍치邑治에서 동쪽으로 16리 양화도楊花渡에 있다. 민간에서는 양화도산楊花渡山

이라고 부르는데 작은 돌 봉우리가 강江 가운데 깎아 세운 듯 우뚝 솟아 있다. 명明나라 사신 주지번朱之蕃이 일찍이 이곳을 유람하다가 돌벼랑에 지주砥柱 두 자를 새겨 놓았다.'고 하였다. 지주는 중국中國 황하黃河의 중류에 있는 산으로 황하의 거센 물 흐름 가운데에 우뚝 솟아 있는 것이 기둥 같다고 하여 붙여진 이름이다. 이에 중책을 맡거나 난국을 극복할 수 있는 사람이나 역량을 비유하는 말로도 쓰인다. 주지번(?~?)은 명나라 산동山東 임평荏平 출신으로 자가 원개元介 원승元升이고, 호는 난우蘭嵎이다. 만력(萬曆, 1573~1619) 연간에 진사進士에 급제하여 벼슬이 이부시랑吏部侍郞에 이르렀고, 서화書畵에 뛰어났던 사람으로 조선 선조宣祖 39(1606)년에 조선에 사신으로 와서는 한강을 유람했다는 기록이 ≪선조실록(宣祖實錄)≫에 보이고, ≪여지도서≫ <금천현>에도 '누동천樓洞川이 금천현衿川縣 읍치邑治 남쪽 박달리博達里에 있다. 곱고 깨끗한 모래와 흰 돌이 수십 리에 걸쳐 평평하게 펼쳐 있는데 아래로 양화진楊花津에 닿아 있다. 중국사신 주지번이 석주石洲 권필權韠과 더불어 양화도를 유람할 때 누동천의 물고기를 잡아서 먹고 말하기를 맛이 동정洞庭의 물고기의 맛과 흡사하다고 하였다. 대개 내의 형세가 평평하고 험한 여울과 큰 바위가 없기 때문에 물고기 맛이 동정호洞庭湖의 물고기와 흡사한 것이다.'라고 하였다는 기록이 있다. 권필(1569~1612)은 조선 선조 때의 시인詩人으로 본관이 안동安東이고, 자가 여장汝章이며, 호가 석주石洲이다. 정철(鄭澈, 1536~1593)의 문인으로 시재詩才가 뛰어났다. 광해군光海君 때 <궁류시(宮柳詩)>를 지어 왕의 노여움을 사 해남海南으로 귀양가던 도중 동대문東大門 밖에서 술을 폭음하고 죽었다. 저서로 ≪석주집(石洲集)≫이 있다.

또한 선유봉은 정선(鄭敾, 1676~1759)이 양천현감陽川縣監으로 있으면서 그린 <양천팔경첩(陽川八景帖)>에 들어 있다. ≪승정원일기(承政院日記)≫에 의하면 정선이 양천현감이 된 것은 조선 영조英祖 16(1740)년 음력으로 12월이고, 그만둔 것은 영조 21(1745)년 음력으로 1월이다. 그러니 그 사이에 선유봉을 그렸을 것이다. 그러므로 정선이 선유봉을 그린 시기까지는 선유봉이 양천에 속해 있었던 것이 아닌가 추측할 수 있다.

이 지역이 금천현에 속해 등장하는 것은 ≪여지도서≫가 처음이다. 앞에서 살펴보았듯 선유봉리가 금천현 상북면에 속해 있다고 하였고, 또한 '선유봉仙遊峰이 금천현衿川縣의 읍치邑治에서 20리里에 있다. 양화진楊花津 가에 서너 길이 되는 깎아지른 돌벼랑이 있는데 벼랑의 평평한 곳에 지주砥柱 두 글자를 새겼다.'고 하였다. 그러므로 이 지역은 양천현에 속해 있다가 정선이 양천현감으로 있던 1740년에서 1745년 사이 이후 ≪여지도서≫가 편찬된 1757년에서 1765년 사이 이전 어느 때인가 금천현에 속하게 되었을 것이다.

한편 ≪영등포(永登浦) 근대(近代) 100년사(年史)≫를 보면 이곳에 양녕대군讓寧大君이 말년에 지은 영복정榮福亭이 있었다고 하였다. 그러나 이는 사실무근의 이야기이다. 영복정은 마포에 있었다. ≪세조실록(世祖實錄)≫ <5(1459)년 6월 신해(辛亥)>를 보면 '임금이 서교西郊에 거둥하여 관가觀稼하고, 이내 마포麻浦에 있는 양녕 대군讓寧大君 이제李褆의 새로 지은 정자亭子에 나아가서 어서御書로 그 정자를 이름 짓기를 영복정榮福亭이라 하고, 그 아래에 주註를 달기를 '한평생을 영화롭게 살며 한평생 복福을 누리라(榮一世享百年).'고 하였다. 좌의정左議政 강맹경姜孟卿에게 명하여 서문序文을 짓게 하고 병조 참판

김순金淳 도승지都承旨 윤자운尹子雲 좌승지左承旨 김질金礩 우부승지右副承旨 이교연李皎然 등에게 명하여 시詩를 짓도록 하였다. 양녕 대군讓寧大君에게 쌀 50석石을 내려 주고 또 호위扈衛하는 군사에게 술과 고기를 내려 주었다.'는 기록이 나온다.

또한 이곳에 용화사龍華寺가 있었다고 한다. ≪영등포 근대 100년사≫를 보면 '예전에 선유봉에 있었던 사찰인 용화사(일명 선유봉절)의 부처와 미륵은 6·25동란 중 미군에 의해 노량진 본동 473-4 극락정사로 옮겨 모셔져 있다.'고 하였다.

4. 양진리와 선유봉리라는 지명의 유래

당산리에 병합된 양진리는 양화진楊花津에서 연유하는 마을 이름일 것이다. 양화진을 줄여 양진楊津이라 하고 마을 이름을 삼았을 것으로 생각된다. 양화진을 양진으로 줄여 쓴 예로는 서강팔경西江八景의 하나로 꼽히는 양진낙조楊津落照를 들 수 있다. 양진낙조는 양화진에서 바라보는 저녁 햇빛의 아름다움을 일컬은 것이다. 양화진으로 건너가는 나루가 있었기 때문에 생겨난 이름이다. 보통은 양화진리로 불러야 할 것이나 양화진 그리고 지금은 양화동楊花洞이 된 양화리楊花里와 혼동을 피하기 위해 줄여 부르게 되었을 것으로 생각된다.

양화진은 고려 때부터 양화도楊花渡로 불리던 나루이다. ≪고려사(高麗史)≫ <지리지(地理志)>를 보면 '금주衿州에 양화도楊花渡가 있다.'고 하였다. 도渡란 종9품從九品의 도승渡丞을 두어 나라에서 관리하는 큰 나루를 일컫는 말이다. 양화도는 송파松坡에 있었던 삼전도三田渡, 한남동漢南洞에 있었던 한강도漢江渡와 함께 조선 초기 서울의 손꼽히는 나루터였다. 도渡가 설치된 곳은 망원동望遠洞 합정동合井洞 부근이었다. 1530년에 편찬된 ≪신증동국여지승람≫ <금천현>을 보면 '양화도楊花渡는 금천현 읍치에서 33리里에 있다. 도승渡丞을 두었다. 한성부漢城府를 보라'고 하였고, 같은 책 한성부를 보면 '양화도는 곧 서강西江의 하류이다. 도승渡丞 1인을 두었다.'고 하였다. 그러나 조선 후기에는 양화진楊花津을 설치하였으니 1757년에서 1765년 사이에 편찬된 ≪여지도서≫ <금천현>을 보면 '양화진楊花津이 금천현 읍치에서 30리에 있다. 진장津將을 두었고, 또 5척隻의 배를 두었다.'고 하였다. 여기서 진장은 도승에 해당하는 직책으로 별장別將을 지칭할 것이다. 조선시대 제진諸鎭 산성山城 도진渡津 포구浦口 등에 별장을 두어 관리하게 하였다. 양화도에서 나룻배를 타고 한강을 건너 양진리에서 내리거나 양화리에서 내려 양천陽川으로 가는 길은 서울에서 강화江華로 가는 중요한 길목이었지만 지금은 양화대교楊花大橋가 그 역할을 대신하고 있다.

선유봉리는 선유봉仙遊峯에서 연유하는 마을 이름이다. 선유봉 주위에 마을이 생겨 그와 같이 이름하였을 것이다. ≪호구총수≫에 등장하는 선유리仙遊里는 선유봉리의 또 다른 이름으로 생각된다. 선유봉리를 줄여서 그렇게 불렀을 것이다.

선유봉은 지금의 선유도仙遊島에 있던 산으로 앞에서 살펴본 바와 같이 양화도산이라는 이름으로도 불렀다. 양화도 앞에 있던 산이었기 때문에 그와 같이 불렀을 것이다. 선유봉이 있던 지역은 지금은 완전히 섬이 되어 선유도라고 부르지만 조선시대만 해도 섬으로 인식되던 곳이 아니었다. 당산리와 연결된 지역으로 인식되었다. 몇 대에 걸쳐 양평동楊坪洞에 살고 있는 주민의 말에 의하면 옛날 두 지역 사이에는 배 없이 통행이 가능한 샛강이 흐르고 있었다고 한다.

선유봉은 정선(鄭歚, 1676~1759)이 양천현령陽川縣令으로 있으면서 그린 <양천팔경첩>에 들 만큼 절경絶景이었다. 그러나 지금은 산의 형체조차 짐작할 수 없는 평평한 섬이 되어 버렸다. 1985년에 간행된 《서울특별시(特別市) 동명연혁고(洞名沿革攷)》 <영등포구편(永登浦區篇)>에 의하면 1962년 양화대교를 가설할 때 허물어버렸다고 한다.

선유봉은 한자말 지명으로 신선들도 와서 놀만한 산이라는 뜻을 갖고 있는 것으로 생각된다. 선유봉은 빼어난 경치로 예로부터 시인묵객詩人墨客들의 사랑을 받아왔다. 또한 중국사신中國使臣들이 유람하는 장소이기도 했다. 《조선왕조실록》을 보면 중국사신이 양화도에서 유람을 했다는 기사가 자주 등장한다. 아마도 선유봉 등의 경치를 즐기기 위해서였을 것이다. 실제로 《선조실록》과 《인조실록(仁祖實錄)》을 보면 중국사신이 양화도楊花渡를 유람하고 선유봉의 경치를 즐겼다는 기사가 등장하기도 한다.

한편 1966년에 한글학회가 간행한 《한국지명총람》 <서울편>을 보면 선유봉의 또 다른 이름으로 괭이산이 등장한다. 산의 형국이 고양이같이 생겼다고 하였다. 고양이처럼 생겼으니 괭이산이라는 이름으로 부른 것이 아니겠느냐는 논리일 것이다. 괭이는 고양이를 줄여서 일컫는 말이다. 그러나 선유봉의 또 다른 이름인 괭이산이 그와 같은 이유 때문에 생겨났다고 생각되지는 않는다. 앞에서 살펴보았듯이 선유봉이 있던 지역은 본래 양천현陽川縣에 속했던 곳이다. 양천현의 관아官衙는 고양리高陽里에 있었다. 고양리는 괭이말로 속칭되었다고

한다. 같은 책을 보면 지금은 강서구江西區 가양동加陽洞에 속한 고양동
高陽洞을 꿩이말로 소개하면서 '옛 고양리高陽里였던 마을'이고, '꿩이
말은 고양리의 속칭'이라고 하였다. 고양리가 꿩이로 변이되고 거기
에 마을을 뜻하는 말이 덧붙여져 꿩이말이란 말이 생겨났을 것으로
생각된다. 양천현의 관아가 있었다면 고양리는 양천현을 대표하는 마
을이다. 고양리가 양천현을 대신하여 양천현에 속해 있는 산이라는
뜻으로 선유봉을 고양리산이라고 칭하다가 꿩이산이 되었을 것으로
생각된다.

양평동(楊坪洞)

1. 양평동의 유래

양평동은 원래 양평리楊坪里였다. 양평리가 지리서地理書에 처음으로 등장하는 것은 1757년에서 1765년 사이에 편찬된 ≪여지도서(輿地圖書)≫에서이다. ≪여지도서≫ <금천현(衿川縣)>을 보면 경기도京畿道 금천현衿川縣 상북면上北面에 속한 마을로 당산리堂山里 선유봉리仙遊峯里 사촌리沙村里 도야미리道也味里 원지목리遠之牧里 구로리九老里와 함께 양평리가 등장한다. '양평리楊坪里가 금천현 관문에서 25리里의 거리에 있다.'고 하였다. 또한 1789년에 편찬된 ≪호구총수(戶口總數)≫를 보면 경기도 금천현 상북면에 속한 마을로 원지목리遠之牧里 구로리九老里 사촌리沙村里 도야미리道也味里 당산리堂山里 선유리仙遊里 간포리間浦里와 함께 양평리楊坪里가 등장한다.

조선朝鮮 정조正祖 19(1795)년 금천현이 시흥현始興縣으로 이름을 바꾸자 양평리는 경기도 시흥현 상북면上北面 양평리楊坪里가 되었고, 시흥현이 1895년 지방제도개편 때 시흥군으로 바뀌자 인천부仁川府 시흥군 상북면 양평리가 되었다가 다음해 다시 경기도 시흥군 상북면 양평리가 되었다. 이즈음 상북면에 속한 마을로는 양평리를 비롯하여 원지목리遠之牧里 구로일리九老一里 구로이리九老二里 사촌리沙村里 도야미리道也味里 당산리堂山里 양진리楊津里가 있었다.

양평리는 1914년 행정구역개편 때 시흥군이 과천군果川郡과 안산군安山郡을 병합하면서 경기도 시흥군 북면北面 양평리가 되었다. 당시 경기도 시흥군 북면에는 양평리를 비롯하여 도림리道林里 구로리九老里 당산리堂山里 신길리新吉里 번대방리番大方里 영등포리永登浦里 노량진리鷺梁津里 본동리本洞里 흑석리黑石里 동작리銅雀里가 속해 있었고, 영등포리가 군소재지郡所在地와 면소재지面所在地였다.

1917년 시흥군 북면에 영등포면永登浦面이 따로 설치되면서 양평리는 영등포리 당산리와 함께 영등포면에 속하여 경기도 시흥군 영등포면 양평리가 되었으며, 1931년 영등포면이 영등포읍永登浦邑이 되자 경기도 시흥군 영등포읍 양평리가 되었다.

당산리는 1936년 일제가 경성부京城府를 확장하면서 영등포출장소永登浦出張所를 설치하자 같이 영등포읍에 속해 있던 영등포리 당산리와 함께 양평정楊坪町 당산정堂山町 영등포정永登浦町으로 이름을 바꾸고 그에 속하여 경성부 영등포출장소 양평정 당산정 영등포정이 되었다. 이때 시흥군始興郡 북면北面의 노량진리鷺梁津里 본동리本洞里 흑석리黑石里 동작리銅雀里 신길리新吉里 번대방리番大方里 도림리道林里와 시흥군 동면東面의 상도리上道里, 김포군金浦郡 양동면陽東面의 양화리楊花里도 경성부에 편입되어 노량진정鷺梁津町 본동정本洞町 흑석정黑石町 동작정銅雀町

신길정新吉町 번대방정番大方町 도림정道林町 상도정上道町 양화정楊花町으로 이름을 바꾸고 그에 속하여 경성부 영등포출장소 노량진정 본동정 흑석정 동작정 신길정 번대방정 도림정 상도정 양화정이 되었다.

영등포출장소는 1943년 경성부가 구제區制를 실시하면서 영등포구 永登浦區가 되었으며, 그에 따라 양평정은 경성부 영등포구 양평정이 되었다. 당시 영등포구에 속한 마을로는 영등포출장소에 속해 있던 영등포정永登浦町 도림정에서 분동된 사옥정絲屋町 당산정堂山町 양평정楊坪町 양화정楊花町 노량진정鷺梁津町 본동정本洞町 흑석정黑石町 동작정銅雀町 신길정新吉町 번대방정番大方町 도림정道林町 상도정上道町과 경성부에서 새로 편입된 여의도정汝矣島町이 있었다.

양평정은 해방을 맞고 난 다음해인 1946년 경성부가 서울시로 바뀌면서 일본식 마을지칭인 정町을 청산하고 지금과 같은 이름인 양평동이 되어 서울시 영등포구 양평동이 되었다가 1949년에는 서울시가 서울특별시가 되면서 서울특별시 영등포구 양평동이 되었다.

2. 양평동이라는 지명의 유래

흔히들 지금은 양평동이 된 양평리가 양평리楊坪里라는 이름으로 불리게 된 연유에 양화진楊花津이 관련되어 있다고 생각한다. 1985년에 간행된 ≪서울특별시(特別市) 동명연혁고(洞名沿革攷)≫ <영등포구편(永登浦區篇)>을 보면 '양평동楊坪洞의 동명洞名의 유래는 …… 양화진楊花津 근처 벌판에 이루어진 마을이란 뜻에서 불리어진 것이다. 즉

양화진楊花津의 양楊자와 벌 평坪자를 따서 양평동楊坪洞이 된 것이다.'
라고 하였다.

그러나 이와 같은 주장은 잘못 설정된 양화진의 위치에 바탕한 것이
다. 같은 책을 보면 '양화진楊花津이란 곳은 지금의 양화대교楊花大橋보다
상당히 하류下流쪽으로 김포공항金浦空港으로 가는 양화동楊花洞의 양
화교楊花橋 근처가 되는 곳이다.'라고 하였다. 이 지역 사람들은 이 나
루를 보통 큰나루라고 불렀다고 한다. 물론 양화진으로 건너가는 나루
즉 이 지역 사람들이 큰나루라고 부르는 나루도 보통 양화진이라고 불
렀던 것은 사실이다. 그리고 ≪고려사(高麗史)≫ <지리지(地理志)>를
보더라도 '금주衿州에 양화도楊花渡가 있다.'고 하였다. 그러나 기실 양화
진이 설치된 곳은 한강 건너 지금의 망원동望遠洞 합정동合井洞 부근이었
다. ≪신증동국여지승람≫ <금천현(衿川縣)>을 보면 '양화도楊花渡 금
천현 읍치에서 33리里에 있다. 도승渡丞을 두었다. 한성부漢城府를 보라.'
라고 하였고, <한성부(漢城府)>를 보면 '양화도는 곧 서강西江의 하류
이다. 도승 1인을 두었다.'라고 하였다. 또한 ≪여지도서≫ <금천현(衿
川縣)>을 보면 '양화진楊花津이 금천현 읍치에서 30리에 있다. 진장津將
을 두었고, 또 5척隻의 배를 두었다.'고 하였고, 조선 고종高宗 때 저술된
≪동국여지비고(東國輿地備考)≫ <한성부(漢城府)>를 보면 '양화도楊
花渡는 곧 서강의 하류이다. 처음에는 도승渡丞을 두었는데 후에 별장別
將으로 바꿨다. …… 선조宣祖 24년에 물이 얕아져 통행하지 못하였고,
인조仁祖 14년에 또 물이 얕아져 통행하지 못하였다. 어영청御營廳 배 10
척이 속해 있는데 관방關防조에도 보인다.'고 하였다. 더군다나 이 책
<당산동(堂山洞)>에서 살펴본 바와 같이 ≪여지도서≫ 등의 기록에
지금은 선유도로 불리는 선유봉리가 금천현 관문에서 25리에 있다고

하였다. 양화진이 선유봉리보다 8리 내지 5리 읍치에서 더 멀리 있었던 것이다. 이로써 볼 때 양화진은 통상 한강 건너 망원동望遠洞 합정동合井洞 부근에 설치된 양화진을 지칭하는 것이지 결코 양화교 근처의 한강에 있던 이른바 큰나루를 지칭하는 것은 아니라는 사실을 알 수 있다.

그러므로 양평동의 양평楊坪이 양화진 근처 벌판에 형성된 마을이란 뜻에서 불린 것이라고 보기도 어렵고, 양화진의 양楊자와 벌 평坪자를 따서 양평동楊坪洞이 된 것이라고 보기도 어렵다. 그렇다면 양평리는 무엇에서 연유하는 이름인가?

양평리의 양楊은 '버들'을 표기하기 위한 차자借字이고, 평坪은 양楊으로 차자표기된 '버들'의 '들'을 첨기添記하기 위한 차자로 생각된다. 양楊의 훈이 '버들'이고, 평坪의 훈이 '들'이기 때문에 그와 같이 차자되었을 것이다. 그리고 리里는 양평리가 마을이라는 일반적 속성을 가지고 있는 동시에 조선시대 후기 방리제坊里制가 확산됨에 따라 가장 작은 지방행정구역단위라는 사실을 나타낸 것이다.

그렇다면 '버들'은 어떤 의미를 갖는 이름인가? 버들이라고 불리는 들을 뜻하는 이름임에 틀림이 없다. 굳이 평坪을 차자하여 '버들'의 '들'을 첨기한 것을 보면 그것을 알 수 있다. 평坪이 한자로 들을 뜻하고 보면 그것에 기대어 '버들'이 들이라는 일반적 속성을 가지고 있다는 사실을 나타내 보인 것이라고 생각되기 때문이다. 지명이 대체로 일정지역을 다른 지역과 구별하기 위한 이름을 앞에 두고 일정지역의 일반적 속성을 나타내기 위한 이름이 뒤에 결합하여 형성된다는 점을 생각할 때 '버들'의 '버'는 '버들'을 다른 지역과 구별하기 위한 이름일 것이다. 그런데 일정지역을 다른 지역과 구별하기 위한 이름은 보통은 방위를 지칭하는 이름들이다. 북면北面 동면東面 등의 이름이 그렇고, 상북면上

北面 하북면下北面 등의 이름이 그렇다. 그러므로 '버들'의 '버' 또한 방위를 지칭하는 이름은 아닐까 하는 생각을 할 수 있는데 이 때 고려해야 될 사항은 서쪽을 뜻하는 우리말이 '블'이라는 사실이다. '블'이 외파外破되면 'ᄇᆞᆯᄅᆞ'가 되는데 이들에서 '버' '배' '발' '벌' '바리' 등과 같은 말이 파생되었다. 이들이 서쪽을 뜻하는 말이라는 사실은 ≪삼국사기(三國史記)≫ <잡지(雜志) 지리(地理)>에 등장하는 고구려高句麗 지명 도서현道西縣을 통해서 입증될 수 있을 것이다. ≪삼국사기≫를 보면 '도서현道西縣은 도분현都盆縣이라고도 한다'고 하였다. 이정룡李正龍 박사는 2002년 출간한 『한국(韓國) 고지명(古地名) 차자표기(借字表記) 연구(研究)』에서 도서道西의 서西와 도분都盆의 분盆이 서로 대응하며, 따라서 서西를 지칭하는 우리말이 분盆을 뜻하는 우리말로 나타난 경우라고 보고 분盆을 뜻하는 우리말을 그릇의 이름인 바리 버리 종바리 종발 등의 예를 들어 '바리' '발' 등으로 재구再構하였다. 곧 '바리' '발' 등이 서쪽을 뜻하는 우리말이라는 것이다. 사정이 이와 같다고 할 때 '버들'의 '버'는 서쪽을 뜻하는 우리말 '블'에서 'ㄹ'이 탈락하여 생겨난 말로 보아 틀림이 없다고 생각되며, 그러므로 '버들'은 서쪽 들을 뜻할 것으로 생각된다.

그렇다면 버들이 그와 같은 이름을 갖게 된 연유는 무엇인가? 그것은 당산리堂山里의 서쪽 들에 형성된 마을이기 때문이라고 생각된다. 신神을 모시는 당집이 있는 산이 당산인데 신이 있는 곳은 항상 중심中心이 된다. '버들'이 서쪽 들을 뜻하는 우리말이라는 것을 생각할 때 중심이 되는 곳의 서쪽에 있는 들에 형성된 마을을 버들이라고 부르는 것은 당연한 일이다.

한편 ≪서울특별시 동명연혁고≫ <영등포구편>을 보면 양평2동사

무소 근처에 있는 전통적인 마을로 벌말을 들고는 '벌녘에 있는 마을'이라고 소개하였다. 벌에 있는 마을이라서 벌말이라는 이름이 붙었다고 생각한 듯하다. 그러나 양평楊坪이 서쪽에 있는 들을 뜻하는 '버들'이라는 우리말 이름을 차자표기한 것이라면 벌말 또한 '벌녘에 있는 마을'이라서 벌말이라는 이름이 붙었다고 볼 수는 없는 일이다. 당연히 중심이 되는 곳을 기준으로 서쪽에 형성된 마을이어서 벌말이라는 이름이 붙었다고 보아야 한다. 그렇다면 벌말에 있어 중심이 되는 곳은 어디인가? 아무래도 당산동이 당산동이라는 이름을 갖게 되는 연원이 되는 당산堂山을 생각하지 않을 수 없다. 당산堂山은 당집이 있는 산을 지칭하는 말이고, 당집은 신을 모셔 놓는 집을 일컫는 말인데 신은 항상 세계의 중심에 내려와 머물기 때문에 지역의 중심이 되는 산 곧 중심산中心山에 당집을 세우는 것이 보통이었다. 더구나 당산은 벌말에서 얼마 되지 않는 곳에 위치한다. 그러므로 벌말은 당산을 기준으로 서쪽에 형성된 마을이기 때문에 그와 같은 이름이 붙었다고 보아 틀림이 없을 것이다.

3. 간포리의 유래

간포리間浦里는 1789년에 편찬된 ≪호구총수≫에 나타났다가 그 이후 지리서에서는 사라진 마을 이름이다. 그렇다고 해서 마을 자체가 사라졌다고 볼 수는 없는 일이고, 어디엔가 다른 마을에 통합되었기 때문에 그럴 것이다.

간포리는 간포間浦 주위에 마을이 형성되었기 때문에 생겨난 이름으

로 생각된다. 1842년에서 1843년 사이에 편찬된 ≪경기지(京畿誌)≫
<양천(陽川)>을 보면 '간포진間浦津은 양천현 관문官門에서 동쪽으로
13리의 거리에 있다. 나룻배 2척隻을 두었다.'고 하였다. 또한 1871년에
편찬된 ≪경기읍지(京畿邑誌)≫ <양천>을 보면 ≪경기지≫와 같은 내
용이 기록되어 있고, 같은 책 <시흥(始興)>의 지도를 보면 간포間浦와
간포에서 지금은 안양천安養川으로 부르는 대천大川을 건너 양천陽川의
철곶鐵串으로 넘어가는 다리로 철곶교鐵串橋가 기재되어 있다.

1899년에 저술된 ≪양천군읍지(陽川郡邑誌)≫를 보면 '남산면南山
面 철곶평鐵串坪에 소진小津이 있는데 소양화도小楊花渡 혹은 간포間浦라
고도 한다.'고 하였다. 또한 1966년에 한글학회가 간행한 ≪한국지명
총람≫ <서울편>을 보면 작은나루가 등장하는데 양화교 위쪽에 있
던 작은나루로 안양천을 건너 김포 목동으로 통하던 나루라고 소개되
어 있다. ≪양천군읍지≫에 등장하는 소진小津은 작은나루를 차자표기
하고 있는 것으로 생각된다.

한편 ≪서울특별시 동명연혁고≫ <영등포구편>을 보면 당산동堂山
洞과 양평동楊坪洞 사이에 있는 마을을 샛말이라고 불렀다는 기록이 보
인다. 샛말과 간포리間浦里는 같은 마을일 것으로 생각된다. 샛말과 간
포리間浦里가 같은 말에서 연원하는 지명으로 생각되기 때문이다. 곧 샛
말의 '새'와 간포리의 간間이 같은 말을 표기하고 있다고 생각된다는 말
이다. 샛말은 '새'와 '말'의 합성어合成語이고, 'ㅅ'은 사잇소리이다. '새'를
'사이'의 축약으로 본다면 샛말은 '사잇말'의 축약이다. 그리고 간포리
의 간포間浦는 '사이개'의 차자표기이다. 간間의 훈이 '사이'이고, 포浦의
훈이 '개'이기 때문에 그와 같이 차자된 것이다. 그러므로 '사잇말'과 '사
이개'는 같이 '사이'에서 연원하는 마을과 개라는 공통점을 갖는다.

그렇다면 '사이'는 무엇에서 연원하는 말인가? 이 문제를 해결하기 위해서는 ≪세종실록(世宗實錄)≫ <지리지(地理志)>의 기록을 살펴볼 필요가 있다. ≪세종실록(世宗實錄)≫ <지리지(地理志)>를 보면 '금천현에 목장牧場이 둘이 있다. 하나는 달촌達村인데 달촌은 현의 북쪽에 있고, 둘레가 12리里이니 국마國馬를 기른다. 둘은 사외포沙外浦인데 사외포는 현의 서북쪽에 있고, 양천陽川의 사곶포寺串浦목장과 서로 연결되어 있으며, 둘레가 15리里이니 우군右軍의 목장牧場이다.'라고 하였다. 여기서 주목해야 할 것은 사외포沙外浦와 사곶포寺串浦이다. 이들을 주목해야 되는 이유는 간포가 사외포沙外浦에서 연유하는 지명이고, 철곶교의 철곶鐵串이 사곶포寺串浦의 사곶寺串에서 연유하는 지명으로 생각되기 때문이다. 즉 사외포沙外浦를 한자음으로 부르게 되면서 생겨난 변이된 소리를 '사이포'로 인식하고 간間이 훈이 '사이'라는 사실에 힘입어 간포間浦로 표기하게 되었고, 사곶포寺串浦를 한자음으로 부르게 되면서 생겨난 변이된 소리를 '쇠곶포'로 인식하고 철鐵의 훈이 '쇠'라는 사실에 힘입어 '쇠곶'을 철곶鐵串으로 표기하게 된 것이라는 이야기이다. 위의 ≪세종실록≫의 기록에 금천현에 있던 사외포 목장과 양천현에 있던 사곶포목장이 서로 연결되어 있다고 한 점이나 간포에서 안양천을 건너 양천의 철곶으로 넘어가는 다리로 철곶교가 놓였다는 점을 생각할 때 사외포가 곧 간포가 되고, 사곶이 곧 철곶이 되었다고 보아 틀림이 없을 것으로 생각된다.

사정이 이와 같다고 할 때 샛말은 당산동과 양평동의 사이에 형성된 마을이라서 샛말이 아니라 사외포 곧 간포 주위에 형성된 마을이라서 샛말이겠거니와 그렇다면 간포 주위에 형성된 마을인 간포리는 어디에 통합되었을까? 간포는 안양천에 있던 개였다. 간포가 안양천에 있던 개였고, 간포리가 간포 주위에 형성된 마을일 것이라는 점을 생각할 때 간포리는 지금은 양평동이 된 양평리에 통합되었음에 틀림이 없다. 샛말이 있었다는 당산동 양평동 주변을 돌아볼 때 안양천에 접해 있는 마을은 지금은 양평동이 된 양평리밖에 없기 때문이다.

그렇다면 간포리가 있던 지역은 양평동 어디가 되었는가? 이 문제를 풀기 위해서는 1871년에 편찬된 ≪경기읍지≫ <시흥>의 지도에 기재되어 있는 철곶교鐵串橋를 주목할 필요가 있다. 철곶교는 앞에서 언급한 바와 같이 간포間浦에서 지금은 안양천安養川으로 부르는 대천大川을 건너 양천陽川의 철곶으로 넘어가는 다리이고, 그러한 까닭에 철곶교가 놓인 철곶의 위치가 확인되면 바로 간포의 위치가 확인될 것이기 때문이다.

철곶은 사곶포寺串浦의 사곶寺串에서 연유하는 지명으로 사곶포寺串浦를 한자음으로 부르게 되면서 생겨난 변이된 소리를 '쇠곶포'로 인식하고 철鐵의 훈이 '쇠'라는 사실에 힘입어 '쇠곶'을 철곶鐵串으로 표기하게 되었을 것으로 생각된다는 이야기는 앞에서 이미 언급한 바 있다. 그렇다면 사곶寺串을 한자음으로 부르기 전 어떤 말로 불렀을까? '뎔곶'으로 불렀을 것으로 생각된다. 사寺의 옛 훈이 '뎔'이고, 곶串은 바다나 강 들쪽으로 좁고 길게 들어간 땅줄기를 일컫는 우리말 곶을 한자 관串을 빌어 표기한 것이나 우리나라에서는 전통적으로 관串을 관이라 읽지 않고 곶으로 읽었기 때문이다.

그렇다면 '뎔곶'은 어떤 뜻을 갖는 지명인가? '뎔곶'이라고 불리는 곶을 뜻하는 지명임에 틀림이 없다. 그렇다면 '뎔'은 무엇을 뜻하는 이름인가? 지명이 대체로 일정지역을 다른 지역과 구별하기 위한 이름을 앞에 두고 일정지역의 일반적 속성을 나타내기 위한 이름이 뒤에 결합하여 형성된다는 점을 생각할 때 '뎔곶'의 '뎔'은 '뎔곶'을 다른 지역과 구별하기 위한 이름일 것이다. 그런데 일정지역을 다른 지역과 구별하기 위한 이름은 보통은 방위를 지칭하는 이름들이다. 그러므로 '덜곳'의 '덜' 또한 방위를 지칭하는 이름은 아닐까 하는 생각을 할 수 있는데 이 때 고려해야 될 사항은 북쪽을 뜻하는 우리말이 '둘'이라는 사실이다. '둘'이 외파外破되면 '드ㄹ'가 되는데 이들에서 '뒤' '되' '데' '대' '달' '들' '덜' '딜' '다라' '도리' '두리' '도라' 등과 같은 말이 파생되었다. 이들이 북쪽을 뜻하는 말이라는 사실은 흔히 사용되는 우리말 지명 잣뒤가 성북城北으로 차자표기되는 경우를 통해 쉽게 입증될 수 있을 것이다. 잣뒤의 잣은 성城을 뜻하는 우리말이다. 그리고 뒤는 흔히 앞뒤의 뒤로 알고 있고, 또 그렇게 사용하고 있지만 사실은 북北쪽을 뜻하는 우리말이다. 이와 같이 '둘'이 북쪽을 뜻하는 말이라고 할 때 '덜'은 '둘'에서 파생된 말로서 북쪽을 뜻할 것으로 생각된다.

사곳寺串으로 차자표기된 '덜곳'의 '덜'이 북쪽을 뜻하는 '둘'에서 파생된 말이라고 할 때 다시 주목해야 될 것은 서울특별시 양천구陽川區 목동木洞에 속해 있는 월촌月村마을이다. 월촌마을이 안양천 가에 위치한 마을인데다가 월촌의 월月 또한 훈이 '달'로 북쪽을 뜻하는 우리말 '둘'에서 파생된 말 '달'을 표기하기 위한 차자로 생각되는 까닭이다.

월촌마을은 본래 월촌리月村里였다. 월촌리月村里가 기록에 처음으로 등장하는 것은 1789년에 편찬된 《호구총수》에서이다. 당시 경기도 양천현陽川縣 남산면南山面에 속해 있었다. 월촌리는 1895년 양천현이 양천군陽川郡이 되면서 인천부仁川府 양천군 남산면에 속했다가 다음 해 다시 경기도 양천군 남산면에 속하게 되었는데 1914년 행정구역개편 때 양천군이 김포군金浦郡에 통합되면서 내목동內木洞 외목동外木洞과 함께 목동리木洞里로 통합되어 경기도 김포군 양동면陽東面 목동리가 되었다. 목동리는 1963년 서울특별시가 행정구역을 확장하면서 경기도 김포군金浦郡 양서면陽西面과 함께 양동면陽東面을 영등포구에 편입시키자 서울특별시 영등포구에 속해 목동木洞이 되었고, 목동은 1977년 강서구江西區가 새로 설치될 때 영등포구에서 분리되어 서울특별시 강서구 목동이 되었으며, 1988년 양천구陽川區가 새로 설치될 때 강서구에서 신월동新月洞 신정동新亭洞과 함께 분리되어 서울특별시 양천구 목동이 되었다.

그런데 월촌마을의 또 다른 이름은 달거리 혹은 달거리마을이다. 1991년에 간행된 ≪서울특별시 동명연혁고≫ <강서 · 양천구편(江西 · 陽 川區篇)>을 보면 '월촌月村은 달거리 혹은 달거리마을이라고도 하는데 용왕산 남쪽에 형성된 마을이다.'라고 하였다. 그렇다면 달거리는 무엇에서 연유하는 지명인가? 우선 달거리가 월촌月村으로 차자표기된 우리말 지명이 아니겠느냐 하는 생각을 할 수 있겠지만 월촌月村을 달거리의 차자표기로 보기는 어렵다. 월月은 훈이 '달'이니 달거리의 '달'을 차자표기했다고 할 수 있지만 달거리의 '거리'를 촌村으로 차자표기했다고 보기는 어렵기 때문이다. '거리'가 마을을 뜻하는 한자漢字로 차자되기 위해서는 우선 '거리'가 마을을 뜻하는 또 다른 우리말 골에서 변이된 소리여야 하는데 골이 워낙 견고하게 굳어진 말이라서 '거리'가 골에서 변이된 말인지도 불분명할뿐더러 혹 골에서 변이된 말이라 하더라도 골은 보통 곡谷이나 동洞으로 차자표기되지 촌村으로 차자표기되지는 않는다. 그러므로 달거리는 월촌과는 다른 연원에서 온 말이라고 생각하지 않을 수 없는데 그렇다고 할 때 사곶寺串으로 차자표기된 '뎔곶'을 떠올리지 않을 수 없다. 월촌이 '뎔곶'과 마찬가지로 안양천 가에 위치하는 마을인데다 달거리의 '달'을 '뎔곶'의 '뎔'과 같이 북쪽을 뜻하는

'들'에서 파생된 말로 볼 수 있고, 또 '덜곶'의 '곶'과 달거리의 '거리' 사이에는 소리의 유사성이 있기 때문이다. 다만 문제가 되는 것은 소리의 유사성에도 불구하고 실제로 '곶'이 '거리'로 변이될 수 있겠느냐 하는 것인데 '곶'은 얼마든지 '거리'로 변이될 수 있는 말이다. '곶'은 '곶이'와 함께 사용되는 말인데 '곶'은 '곧'으로 발음될 수 있고, '곶'을 '곶이'라고 말하듯이 '곧'을 '곧이'라고 말한다면 '곧이'가 '거리'로 변하는 것은 시간문제인 까닭이다. 그러므로 달거리는 사곶寺串으로 차자표기된 '덜곶'에서 변이된 지명으로 생각되거니와 그렇다고 할 때 월촌이 곧 '덜곶'이라는 이야기가 된다. 그리고 월촌이 곧 '덜곶'이라고 할 때 철곶의 위치 또한 자명해진다. 철곶은 월촌마을 안양천 가에 있었다고 보아 틀림이 없을 것이다. 그렇다면 월촌마을 안양천 가 어디쯤이 철곶이 있던 곳일까? 곶이 바다나 강 들 쪽으로 좁고 길게 들어간 땅줄기를 일컫는 말이라는 사실과 월촌마을의 위치를 고려할 때 양평교楊坪橋와 목동교木洞橋 사이 양정고등학교養正高等學校 부근의 안양천 가에 있었을 것으로 추정된다. 안양천이 정비되면서 지형이 변하여 확실하게 알 수 없지만 지금의 지형만으로도 그곳이야 말로 목동쪽에서 양평동 쪽으로 두드러지게 튀어나온 곳이기 때문이다.

이와 같이 철곶이 양평교와 목동교 사이 양정고등학교 부근의 안양천 가에 있던 곳이라고 할 때 간포리의 위치도 자명해진다. 양정고등학교 부근의 안양천 건너편이 바로 간포가 될 것이고, 그 주위 양평동이 곧 간포리가 있던 지역일 것이다.

한편 ≪서울특별시동명연혁고≫ <강서 · 양천구편>을 보면 소양화도小楊花渡 철곶포鐵串浦에 대해 '영등포永登浦 방면에서 지금의 목동木洞으로 가기 위해서는 안양천安養川에 있는 양화교楊花橋 목동교木洞橋

오목교梧木橋 중 하나를 건너야 한다. 이 가운데 양화교와 오목교는 김포金浦 부천富川 인천仁川 방면方面으로 가는 데 중요한 통행로 구실을 하고 있다. 양화교楊花橋를 작은양화나루 또는 철곶포鐵串浦라 하였고, 작은 거룻배를 이용하여 안양천安養川을 건너다녔다. 처음에는 나무다리였는데 1935년 안양천 제방을 염창동鹽倉洞쪽으로 축조하면서 지금의 양화교楊花橋 자리에 콘크리트교량을 건설하자 이 지역사람들은 염창교라 불렀다. 그러나 서울역 근방에 있는 염천교와 발음이 비슷하여 혼동이 되자 옛 양화나루로 이어지는 길이라 하여 양화교楊花橋라는 이름을 붙이게 되었다.'고 하였다. 안양천에 양화교가 건설되고 양화교가 소양화도 곧 간포진이나 철곶교의 역할을 대신하게 되었던 것은 사실일 것이다. 그러나 지금의 양화교 자리를 마치 소양화도 곧 간포진이나 철곶교의 위치인 것처럼 이야기하는 것에는 동의하기 어렵다. 앞에서 살펴본 것처럼 간포나 철곶교가 놓였던 철곶은 양정고등학교 부근의 안양천 가와 그 대안對岸인 양평동 안양천 가에 위치했기 때문이다. 양평동에서 안양천을 거쳐 이대목동병원으로 건너가는 작은 다리로 희망교가 있다. 희망교는 목동교와 양평교 사이에 있는데 영등포구와 양천구의 주민들이 산책로나 자전거도로로 이용하는 다리이다. 몇 대에 걸쳐 양평동에 살고 있는 주민의 말에 의하면 옛날 희망교 자리에 섶다리가 있었는데 영등포구 국회의원을 지낸 박한상(朴漢相, 1922~2001)씨가 국회의원시절 콘크리트다리로 바꿨다고 한다. 아마도 이 다리 부근에 철곶교가 있었을 것이다.

4. 간포라는 지명의 유래

앞에서 밝혔듯 간포間浦는 사외포沙外浦를 한자음으로 부르게 되면서 변이된 소리를 '사이포'로 인식하여 생겨난 지명이다. 그러므로 간포間浦는 사이에 있는 개라는 뜻을 차자표기한 지명이고, 또 그와 같은 뜻을 갖는 지명으로 이해되었을 것이다. 그리고 간포리를 지칭하는 샛말 또한 사이포 주위에 형성되었기 때문에 사이에 있는 동네라는 뜻을 갖는 지명으로 이해되었을 것이다. 실제로 간포가 당산리와 양평리의 사이에 있는 개이고, 샛말이 그 주위에 형성된 마을이라는 사실이 그와 같은 생각을 더욱 굳혀 주었을 것이다.

그러나 사외포沙外浦 역시 사이에 있는 개 곧 '사잇개'를 표기하기 위한 차자라고 보기는 어렵다. '사잇개'는 결코 소리대로 표기하기 어려운 말이 아니다. 얼마든지 소리대로 정확하게 표기할 수 있는 말이다. 사외포가 '사잇개'를 표기하기 위한 차자이려면 사외포의 사沙와 외外가 음音을 취해 차자한 것이어야 하는데 '사잇개'를 정확하게 소리대로 표기할 수 있는 방법이 얼마든지 있는 상황에서 굳이 본래 소리와 차이가 나게 사외포沙外浦로 표기할 필요는 없었을 것이다.

그렇다면 사외포沙外浦는 어떤 말을 표기하고 있는 것일까? 이 문제를 생각했을 때 우선 고려해야 될 사항은 사외포가 지금은 안양천으로 부르는 대천의 하류에 있던 개라는 사실이이라고 생각된다. 이 책 <문래동(文來洞)>에서 살펴보았듯이 대천大川은 '말내'의 차자표기이다. 말벌을 대황봉大黃蜂으로 표기하는 것에서 알 수 있는 것처럼 대大가 큰 것을 뜻하는 우리말 말을 훈으로 갖고 있고, 천川의 훈이 '내'이기 때문에 그와 같이 차자되었을 것이다. 대천이 '말내'의 차자표기라고 할 때 사외포의 사외沙外 또한 '말내'를 표기하는 것이 아닌가 하는 생각을 할 수 있다. 사沙는 옛 훈이 '몰애'이다. 沙의 옛 훈이 '몰애'이고 보면 사외의 사沙는 '몰애'를 표기하기 위한 차자이고, 외外는 음으로 차자되어 '몰애'의 '애'를 표기하기 위한 차자임이 분명한데 사외포가 대천의 하류에 있는 개라는 점을 고려할 때 '몰애'는 '말내'에서 변이된 소리라고 볼 수밖에 없기 때문이다. 그러므로 사외포는 '말내개'의 차자표기로 생각된다. 지금은 안양천으로 부르는 대천大川의 우리말 이름이 '말내'이고, '말내'에 있던 개였기 때문에 그와 같은 이름이 붙었을 것이다.

그러나 아무리 그렇다 하더라도 하필 '말내'를 사외沙外로 표기한 까닭은 무엇인가 하는 의문을 가지지 않을 수 없다. 하지만 그와 같은 의문은 사외포 상류에 지금은 문래동文來洞이 된 사촌리沙村里가 있었다는 사실을 생각하면 풀릴 수 있을 것으로 생각된다. '말내'에서 변이된 소리를 사외沙外로 차자표기함으로써 고을의 읍치에서 보아 사외포가 사촌리沙村里 밖에 있는 개라는 사실을 함께 나타내려고 했기 때문에 그와 같이 표기하였을 것이다.

양화동(楊花洞)

1. 양화동의 유래

양화동은 원래 양화리楊花里였다. 양화리는 1789년에 편찬된 ≪호구총수(戶口總數)≫에는 양화도리楊花渡里라는 이름으로 등장한다. 당시 경기도京畿道 양천현陽川縣 남산면南山面에 속해 있었다. 양화리가 양화리楊花里라는 이름으로 지리서地理書에 등장하는 것은 1842년에서 1843년 사이에 편찬된 ≪경기지(京畿誌)≫에서이다. ≪경기지≫ <시흥읍지(始興邑誌)>를 보면 '양화리楊花里가 양천현陽川縣 읍치邑治에서 동쪽으로 15里의 거리에 있다.'고 하였다. 당시 경기도 양천현 남산면에 속해 있었다. 이후 모든 지리서에 양화리라는 이름으로 등장한다.

양화리는 1895년 지방제도개편 때 양천현이 양천군陽川郡으로 바뀌면서 인천부仁川府 양천군 남산면 양화리가 되었다가 다음해 다시 경기도 양천군 남산면 양화리가 되었고, 1914년 행정구역개편 때 양천군이 김포군金浦郡에 통합되면서 경기도 김포군 양동면陽東面 양화리가 되었다.

김포군 양동면에 속해 있던 양화리는 1936년 일제가 경성부京城府를 확장하면서 영등포출장소永登浦出張所를 설치하자 그에 편입되어 경성부 영등포출장소 양화정楊花町이 되었다. 영등포출장소가 설치됨에 따라 경기도京畿道 시흥군始興郡 영등포읍永登浦邑의 영등포리永登浦里 당산리堂山里 양평리楊坪里와 경기도 시흥군 북면北面의 노량진리鷺梁津里 본동리本洞里 흑석리黑石里 동작리銅雀里 신길리新吉里 번대방리番大方里 도림리道林里, 경기도 시흥군 동면東面의 상도리上道里도 경성부에 편입되어 영등포정永登浦町 당산정堂山町 양평정楊坪町 노량진정鷺梁津町 본동정本洞町 흑석정黑石町 동작정銅雀町 신길정新吉町 번대방정番大方町 도림정道林町 상도정上道町으로 이름을 바꾸고 그에 속하여 경성부 영등포출장소 영등포정 당산정 양평정 노량진정 본동정 흑석정 동작정 신길정 번대방정 도림정 상도정이 되었다.

영등포출장소는 1943년 경성부가 구제區制를 실시하면서 영등포구永登浦區가 되었으며, 그에 따라 양화정은 경성부 영등포구 양화정이 되었다. 당시 영등포구에 속한 마을로는 영등포출장소에 속해 있던 영등포정永登浦町 도림동에서 분동된 사옥정絲屋町 당산정堂山町 양평정楊坪町 노량진정鷺梁津町 본동정本洞町 흑석정黑石町 동작정銅雀町 신길정新吉町 번대방정番大方町 도림정道林町 상도정上道町 양화정楊花町과 경성부에서 새로 편입된 여의도정汝矣島町이 있었다.

양화정은 해방을 맞고 난 다음해인 1946년 경성부가 서울시로 바뀌면서 일본식 마을지칭인 정町을 청산하고 지금과 같은 이름인 양화동이 되어 서울시 영등포구 양화동이 되었다가 1949년에는 서울시가 서울특별시가 되면서 서울특별시 영등포구 양화동이 되었다.

2. 양화동이라는 지명의 유래

지금은 양화동이 된 양화리를 흔히 망원동望遠洞 합정동合井洞 부근에 설치되었던 양화도楊花渡에서 연유하는 마을 이름으로 생각한다. 1985년에 간행된 ≪서울특별시(特別市) 동명연혁고(洞名沿革攷)≫ <영등포구편(永登浦區篇)>을 보면 '양화동楊花洞 동명洞名의 유래는 지금의 양화대교楊花大橋 하류下流 쪽의 김포공항金浦空港으로 가는 양화교楊花橋 근처에 고려高麗~조선시대朝鮮時代에 걸쳐 한강漢江을 건너던 나룻터인 양화도楊花渡가 있었음으로 하여 유래된 것으로 전해진다.'고 하였다.

그러나 이와 같은 주장은 잘못 설정된 양화진의 위치에 바탕한 것이다. 같은 책을 보면 '양화진楊花津이란 곳은 지금의 양화대교楊花大橋보다 상당히 하류下流쪽으로 김포공항金浦空港으로 가는 양화동楊花洞의 양화교楊花橋 근처가 되는 곳이다.'라고 하였다. 이 지역 사람들은 이 나루를 보통 큰나루라고 불렀다고 한다. 물론 양화진으로 건너가는 나루 즉 이 지역 사람들이 큰나루라고 부르는 나루도 보통 양화진이라고 불렀던 것은 사실이다. 그리고 ≪고려사(高麗史)≫ <지리지(地理志)>를 보더라도 '금주衿州에 양화도楊花渡가 있다'고 하였다. 그러나 기실 양화진이 설치된 곳은 한강 건너 지금의 망원동望遠洞 합정동合井洞 부근이었다. 1530년에 편찬된 ≪신증동국여지승람(新增東國輿地勝覽)≫ <금

천현(衿川縣)>을 보면 '양화도楊花渡 금천현 읍치에서 33리里에 있다. 도승渡丞을 두었다. 한성부漢城府를 보라.'라고 하였고, <한성부(漢城府)>를 보면 '양화도는 곧 서강西江의 하류이다. 도승 1인을 두었다.'라고 하였다. 또한 1757년에서 1765년 사이에 편찬된 ≪여지도서(輿地圖書)≫ <금천현(衿川縣)>을 보면 '양화진楊花津이 금천현 읍치에서 30리에 있다. 진장津將을 두었고, 또 5척隻의 배를 두었다.'고 하였고, 조선 고종高宗 때 저술된 ≪동국여지비고(東國輿地備考)≫ <한성부(漢城府)≫를 보면 '양화도楊花渡는 곧 서강의 하류이다. 처음에는 도승渡丞을 두었는데 후에 별장別將으로 바뀌었다. …… 선조宣祖 24년에 물이 얕아져 통행하지 못하였고, 인조仁祖 14년에 또 물이 얕아져 통행하지 못하였다. 어영청御營廳 배 10척이 속해 있는데 관방關防조에도 보인다.'고 하였다. 더군다나 이 책 <당산동(堂山洞)>에서 살펴본 바와 같이 ≪여지도서≫ 등의 기록에 지금은 선유도로 불리는 선유봉리가 금천현 관문에서 25리에 있다고 하였다. 양화진이 선유봉리보다 8리 내지는 5리 읍치에서 더 멀리 떨어져 있었다는 이야기이다. 이로써 볼 때 양화진은 통상 한강 건너 망원동望遠洞 합정동合井洞 부근에 설치된 양화진을 지칭하는 것이지 결코 양화교 근처의 한강에 있던 이른바 큰나루를 지칭하는 것은 아니라는 사실을 알 수 있다.

그러므로 이와 같은 주장은 양화도리楊花渡里의 경우 사실일 수 있을 것이다. 양화도로 건너가는 나루가 있었기 때문에 양화도리라는 이름이 붙었을 것이기 때문이다. 그러나 양화楊花라는 지명 자체가 양화도 때문에 생겨났다고 생각하는 것에는 문제가 있다. 나루를 설치하고 이름을 붙일 때 반드시 그런 것은 아니지만 보통은 나루를 건너 도착하는 곳의 이름을 가지고 나루의 이름을 붙이기 마련인 까닭이다.

양천에 설치되었던 간포진間浦津의 경우만 하더라도 그렇다. 간포진이 설치되었던 곳은 간포間浦가 아니라 철곶鐵串이었다. 1842년에서 1843년 사이에 편찬된 ≪경기지(京畿誌)≫ <양천(陽川)>을 보면 '간포진間浦津이 양천현 관문官門에서 동쪽으로 13리의 거리에 있다. 나룻배 2척隻을 두었다.'고 하였고, 1899년에 저술된 ≪양천군읍지(陽川郡邑誌)≫를 보면 '남산면南山面 철곶평鐵串坪에 소진小津이 있는데 소양화도小楊花渡 혹은 간포間浦라고도 한다.'고 하였다. 또한 1871년에 편찬된 ≪경기읍지(京畿邑誌)≫ <시흥(始興)>의 지도를 보면 간포間浦와 간포에서 지금은 안양천安養川으로 부르는 대천大川을 건너 양천陽川으로 넘어가는 다리로 철곶교鐵串橋가 기재되어 있다. 철곶교는 양평동에서 안양천을 거쳐 이대목동병원으로 건너가는 작은 다리인 희망교 부근에 놓였던 다리로 추정된다. 희망교는 양평교楊坪橋와 목동교木洞橋 사이에 있는데 영등포구와 양천구의 주민들이 산책로나 자전거도로로 이용하는 다리이다. 이에 대해서는 이 책 <양평동(楊坪洞)>에서 자세히 살펴보았거니와 그러므로 철곶에 설치되었던 소진小津의 이름을 간포진이라 한 것은 그곳이 간포라서가 아니라 간포로 건너가는 나루이기 때문에 붙여진 이름이라 결론을 내릴 수 있다.

망원동望遠洞 합정동合井洞 부근에 양화도가 설치될 때도 같은 논리가 적용되었을 것으로 생각된다. 양화楊花는 우리말 이름 '버들곶'의 차자표기借字表記이다. 양楊의 훈이 '버들'이고, 화花의 옛 훈이 '곶'이기 때문에 그와 같이 차자되었을 것이다. '버들곶'은 '버들'이라고 불리는 곶을 의미한다. 곶은 바다나 강 들 쪽으로 좁고 길게 들어간 땅줄기를 일컫는 우리말이다. 그렇다면 '버들곶'은 어디를 지칭하는 것일까? 지형이 변해서 그런지는 몰라도 양화도가 설치되었던 망원동望遠洞 합정동合井

洞 부근에 곶이라고 일컬을 만한 곳은 없다. 그러므로 당연히 양화도楊花渡에서 배를 타고 건너가는 곳의 지형을 살펴보아야 하는데 양화리야말로 안양천이 한강으로 합류함으로 해서 곶이 된 곳이다. 이와 같이 양화리가 곶이라고 할 때 망원동望遠洞 합정동合井洞 부근에 설치되었던 도진渡津의 이름을 양화도 혹은 양화진楊花津이라 한 것은 그곳이 양화楊花라서가 아니라 양화로 건너가는 나루이기 때문에 붙여진 이름이라 보아 틀림이 없을 것이다.

그렇다면 그곳이 '버들곶'으로 불리게 된 까닭은 무엇인가? 이 문제를 생각했을 때 고려해야 될 사항은 '버들곶'의 옆에 양평동楊坪洞이 있다는 사실이다. 이 책 <양평동(楊坪洞)>에서 살펴보았듯 양평楊坪 또한 '버들'의 차자표기로 양楊은 '버들'을 표기하기 위한 차자借字이고, 평坪은 양楊으로 차자표기된 버들의 '들'이라는 음가와 동시에 의미를 첨기添記하기 위한 차자로 생각되기 때문이다. 양楊의 훈이 '버들'이고, 평坪의 훈이 '들'이기 때문에 그와 같이 차자되었을 것이다. 사정이 이와 같다고 할 때 그곳이 '버들곶'으로 불리게 된 까닭을 짐작하기란 어렵지 않다. 양평楊坪에 있는 곳이기 때문에 그와 같이 불리게 되었을 것이다.

한편 1985년에 간행된 ≪서울특별시 동명연혁고≫ <영등포구편>을 보면 '양평동楊坪洞의 동명洞名의 유래는 …… 양화진楊花津 근처 벌판에 이루어진 마을이란 뜻에서 불리어진 것이다. 즉 양화진楊花津의 양楊자와 벌 평坪자를 따서 양평동楊坪洞이 된 것이다.'라고 하여 마치 양화 때문에 양평楊坪이라는 동洞이름이 생겨난 것처럼 이야기하고 있다. 그러나 앞에서 살펴보았듯 양화로 차자표기된 '버들곶'이 양평에 있는 곳이기 때문에 생겨난 이름이라면 양평 때문에 양화楊花라는 지명이 생겨난 것이지 결코 양화 때문에 양평이라는 지명이 생겨난 것은 아니다.

또한 위와 같은 책을 보면 '양화도楊花渡의 양화楊花란 명칭이 붙게 된 것은 옛날부터 양화도楊花渡 부근 일대에 버드나무가 많아 수려한 경치를 자랑하였기 때문이었다.'라고 하였다. 그러나 이는 양화의 양楊을 한자의 뜻으로 해석했기 때문에 생겨난 민간어원설이다. 양화의 양楊은 훈인 '버들'이라는 소리를 취한 것이지 결코 버드나무라는 뜻을 취한 것이 아니다. 이에 대해서는 이 책 <양평동(楊坪洞)>에서 자세히 살펴보았다.

다른 한편 배우리 씨가 1994년에 출간한 『우리 땅이름의 뿌리를 찾아서 2』를 보면 양화楊花의 양楊을 '벋어나간다.'의 뜻을 갖는 '벋을'에서 연유하는 것으로 보았다. '이 일대에 온통 들이 벋어 있음에 비추어 '벋을곳(연평延坪)'이었다가 '버들곳'이 되면서 한자로 양화楊花가 되었을 것이다.'라고 하였다. 그러나 쉽게 납득이 가지 않는 이야기이다. 들이 벋어 있다고 해서 '벋을곳'이라는 지명을 설정한 것도 그렇고, '벋을곳'이 '버들곳'이 되었다는 이야기도 그렇다. 들이 벋어 있다면 '벋은들'이 되어야지 '벋을곳'이 될 리도 없겠거니와 '벋을곳'에서 '버들곳'이 되었다면 곳이 아닌 곳을 곳이라 지칭하게 되었다는 이야기가 되는데 곳도 아닌 곳을 곳이라고 지칭할 리가 있겠는가? 논리의 비약이 심하다.

또 다른 한편 2004년 영등포구청永登浦區廳에서 발행한 ≪영등포(永登浦) 근대(近代) 100년사(年史)≫를 보면 양화동에 있는 쥐산이 소개되어 있다. '쥐산은 영등포구에서 유일하게 현존하는 산으로 …… 정상의 높이는 해발 50.5m이며 산 아래에는 국제적인 규모의 …… 양화인공폭포가 설치되어 김포공항 방향으로 오가는 여행객들에게 시원한 인공폭포수를 선보이고 있다.'고 하고, 쥐산이라는 이름의 유래에 대하여 '지금은 없어졌지만 선유봉의 모습은 고양이가 쥐를 발견하여 발톱을 세우고 있는데 비해서, 쥐산은 먹이를 앞에 놓고 있는 쥐가 금방이라도 도망갈 듯한 자세를 취하고 있다고 해서 붙여졌다.'고 하였다. 선유봉의 또 다른 이름이 괭이산이다. 산의 형국이 고양이 같이 생겨서 생겨난 이름이라고 하는데 괭이는 고양이를 줄여서 일컫는 말이다. 그러나 선유봉의 또 다른 이름인 괭이산이 그와 같은 이유 때문에 생겨났다고 생각되지는 않는다. 이 책 <당산동(堂山洞)>에서 살펴보았듯이 선유봉이 있던 지역은 본래 양천현陽川縣에 속했던 곳이다. 양천현의 관아官衙는 고양리高陽里에 있었다. 고양리는 괭이말로 속칭되었다고 한다. ≪한국지명총람≫<서울편>을 보면 지금은 강서구江西區 가양동加陽洞에 속한 고양동高陽洞을 괭이말로 소개하면서 '옛 고양리高陽里였던 마을'이고, '괭이말은 고양리의 속칭'이라고 하였다. 고양리가 괭이로 변이되고 거기에 마을을 뜻하는 말이 덧붙여져 괭이말이란 말이 생겨났을 것으로 생각된다. 양천현의 관아가 있었다면 고양리는 양천현을 대표하는 마을이다. 고양리가 양천현을 대신하여 양천현에 속해 있는 산이라는 뜻으로 선유봉을 고양리산이라고 칭하다가 괭이산이 되었을 것으로 생각된다. 그러므로 쥐산 또한 본래 쥐의 모습을 한 까닭에 쥐산이라고 했다고 보기 어렵다.

아마도 쥐산은 '뒤산'에서 변한 이름일 것이다. '뒤산'의 '뒤'가 구개음화口蓋音化하여 쥐산이 되었다고 생각되기 때문이다. '뒤산'의 '뒤'는 북쪽을 뜻하는 우리말 '들'에서 파생된 말로 생각된다. 북쪽을 뜻하는 우리말 '들'이 외파外破되면 '드르'가 되는데 이들에서 '뒤' '되' '데' '대' '달' '들' '덜' '다라' '도리' '두리' '도라' 등과 같은 말이 파생되었다. 이들이 북쪽을 뜻하는 말이라는 사실은 흔히 사용되는 우리말 지명 잣뒤가 성북城北으로 차자표기되는 경우를 통해 쉽게 입증될 수 있을 것이다. 잣뒤의 잣은 성城을 뜻하는 우리말이다. 그리고 뒤는 흔히 앞뒤의 뒤로 알고 있고, 또 그렇게 사용하고 있지만 사실은 북北을 뜻하는 우리말이다. 그러므로 '뒤산'은 북北쪽에 위치한 산을 의미한다. 쥐산은 양화동 마을의 중심에서 북쪽에 위치한다. 쥐산이 양화동 마을의 중심에서 북쪽에 위치하기 때문에 그와 같은 이름이 붙었을 것이다.

도림동(道林洞)

1. 도림동의 유래

도림동은 원래 도림리道林里이다. 도림리가 세상에 처음으로 등장하는 것은 1914년의 일이다. 1914년 일제日帝가 대대적인 행정구역개편을 하면서 경기도京畿道 시흥군始興郡 상북면上北面 사촌리沙村里 도야미리道也味里 원지목리遠之牧里를 통합하여 경기도 시흥군 북면北面 도림리道林里라 이름하였다. 이 때 시흥군은 과천군果川郡과 안산군安山郡을 병합하였고, 당시 시흥군 북면北面에는 도림리를 비롯하여 구로리九老里 당산리堂山里 양평리楊坪里 신길리新吉里 번대방리番大方里 영등포리永登浦里 노량진리鷺梁津里 본동리本洞里 흑석리黑石里 동작리銅雀里가 속해 있었으며, 영등포리가 군소재지郡所在地와 면소재지面所在地였다.

경기도 시흥군에 속해 있던 도림리는 1936년 경성부京城府가 확장되면서 영등포출장소永登浦出張所가 설치되자 둘로 나뉘게 된다. 마장천과 그 지류인 상도천上道川을 경계로 북쪽지역과 남쪽지역을 나누어 북쪽지역을 도림정道林町이라 이름하고 경성부 영등포출장소에 편입시켰고, 남쪽지역을 도림리라는 지명을 그대로 둔 채 경기도 시흥군 동면東面에 편입시켰다.

영등포출장소는 1943년 경성부가 구제區制를 실시하면서 영등포구가 되었다. 그와 함께 도림정에서 사옥정이 분리되어 경성부 영등포구 도림정 사옥정이 되었다.

한편 도림정 사옥정은 해방을 맞고 난 다음해인 1946년 경성부가 서울시로 바뀌면서 일본식 마을지칭인 정町을 청산하고 서울시 영등포구 도림동道林洞 사옥동絲屋洞이 되었다가 1949년에는 서울시가 서울특별시가 되면서 서울특별시 영등포구 도림동 사옥동이 되었다.

또한 경기도 시흥군 동면 도림리는 1949년 영등포구에 편입되면서 신도림리新道林里가 되었다가 1950년 신도림동新道林洞이 되었고, 1977년 도림천을 경계로 동쪽지역이 나뉘어 대림동大林洞이 되었으며, 서쪽지역은 1980년 영등포구에서 구로구九老區가 분구될 때 구로구 신도림동이 되었다.

2. 도림동이라는 지명의 유래

지금은 도림동이 된 도림리道林里는 도야미리道也味里에서 연유하는 이름이다. 1985년에 간행된 《서울특별시(特別市) 동명연혁고(洞名沿革攷)》 <영등포구편(永登浦區篇)>을 보면 '도림동道林洞의 동명洞名의 유래는 두 가지로 구전口傳되어 내려오고 있다. 그 하나는 산山 형국形局이 마을 뒤로 성성城처럼 마을을 둘러싸고 있는데 이 마을이 국도國道에서 돌아앉아 있다고 해서 도야미리道也味里가 도림道林으로 되었다는 설說이 있다. 그리고 또 다른 하나는 도림리道林里 일대의 들판이 억새풀 종류의 새나무가 많았으며, 특히 길옆에 삿자리 일종의 풀이 숲을 이루었기 때문에 붙여진 이름이라고 전해지고 있다.'라고 하였다. 또한 1991년에 간행된 ≪영등포구지(永登浦區誌)≫를 보면 '도림동道林洞의 명칭名稱은 지금은 주택지가 되었지만 이 지역 뒤쪽의 야산 모습이 성성城처럼 둘러싸고 있다고 하여 되미리, 도야미리道也味里라고 표기하던 것이 전음轉音되어 도림리道林里라고' 하게 되었다고 하였다. 도대체 무슨 말인지 알 수 없는 소리들이지만 어쨌든 도림리가 도야미리에서 연유하는 이름인 것만은 사실이다. 도야미리의 도道를 훈인 '도리'로 읽어 되미혹은 도야미가 도리미가 되고 이를 다시 도림으로 인식하여 도림道林으로 표기했다고 생각되는 까닭이다. 1966년에 한글학회가 간행한 ≪한국지명총람≫ <서울편>을 보면 도림이가 등장하는데 도림이에 대해 '일명 도야미리道也味里라고도 하며, 도림동의 원마을로 산 형국이 마을 뒤로 성처럼 빙 둘러싸고 마을은 국도에서 돌아앉았다.'고 한다고 하였다.

도야미리道也味里가 지리서地理書에 처음으로 등장하는 것은 1757년에서 1765년 사이에 편찬된 ≪여지도서(輿地圖書)≫에서이다. ≪여지도서≫ <금천현(衿川縣)>을 보면 경기도京畿道 금천현衿川縣 상북면上北面에 속한 마을로 당산리棠山里 양평리楊坪里 선유봉리仙遊峯里 사촌리沙村里 원지목리遠之牧里 구로리九老里와 함께 도야미리가 등장한다. '도야미리가 금천현 관문에서 20리의 거리에 있다.'고 하였다.

도야미리는 조선朝鮮 정조正祖 19(1795)년 금천현이 시흥현始興縣으로 이름을 바꾸자 경기도 시흥현 상북면上北面 도야미리道也味里가 되었고, 시흥현이 1895년 지방제도개편 때 시흥군으로 바뀌면서 인천부仁川府 시흥군 상북면 도야미리가 되었다가 다음해 다시 경기도 시흥군 상북면 도야미리가 되었다. 이즈음 상북면에 속한 마을로는 도야미리를 비롯하여 원지목리遠之牧里 구로일리九老一里 구로이리九老二里 사촌리沙村里 당산리堂山里 양평리楊坪里 양진리楊津里가 있었다.

앞에서 언급했듯 도야미리道也味里는 결국 1914년 일제가 시행한 행정구역의 개편으로 사촌리沙村里 원지목리遠之牧里와 합쳐져 도림리道林里가 되었다.

한편 도야미리는 도야미리가 아니라 도야미道也味로 불렸던 것으로 생각된다. 1842년에서 1843년 사이에 편찬된 ≪경기지(京畿誌)≫ <시흥읍지(始興邑誌)>를 보면 도야미리는 도야미道也味으로만 표기되어 있다. 도야미가 도야미리로 표기된 것은 리里를 붙여 도야미가 가장 작은 지방행정구역단위라는 사실을 나타내려 했기 때문일 것이다.

그렇다면 도야미는 무엇에서 연원하는 이름인가? 이 문제를 생각할 때 주목해야 될 것은 ≪세종실록(世宗實錄)≫에 달촌達村이 등장한다는 사실이다. ≪세종실록≫ <지리지(地理志)>를 보면 '금천현에 목장牧場이 둘이 있다. 하나는 달촌達村인데 달촌은 현의 북쪽에 있고, 둘레가 12리里이니 국마國馬를 기른다. 둘은 사외포沙外浦인데 사외포는 현의 서북쪽에 있고, 양천陽川의 사곶포寺串浦목장과 서로 연결되어 있으며, 둘레가 15리里이니 우군右軍의 목장牧場이다.'라고 하였다. 금천현의 북쪽에 있다는 달촌을 주목해야 되는 이유는 도야미리道也味里가 달촌達村으로 표기된 우리말 지명에서 변이되어 생겨난 소리를 표기하고 있다고 생각되기 때문이다.

달촌達村은 우리말 지명 '달말'을 표기한 것으로 생각된다. 달達에서 음인 '달'을 취하고, 촌村에서 훈으로 마을의 또 다른 우리말인 '말'을 취하여 그와 같이 표기하였을 것이다. '달말'의 '달'은 외파外破되면 '다라'가 되고, '다라'에서 'ㄹ'이 탈락하면 '다아'로 변이되는데 '다아'는 모음母音 충돌을 피하기 위하여 '다야' 혹은 '대야'로 변이된다. 도야미의 도야道也는 '다야'에서 변이된 소리를 '도야'로 인식하고 차자된 표기로 생각된다. 도道와 야也의 음을 취하여 그와 같이 표기하였을 것이다. '달말'의 '말'은 마을을 뜻하는 또 다른 우리말인데 '맏' 혹은 '맛' 등의 변이된 소리를 갖는다. 도야미리의 미味는 '말'에서 변이된 소리 '맛'을 표기한 것이다. 미味의 훈이 '맛'이기 때문에 그와 같이 차자되었을 것이다. 그러므로 도야미道也味는 달촌達村으로 표기된 우리말 지명 '달말'에서 변이된 소리인 '도야맛'을 표기하고 있음에 틀림이 없다.

도야미가 '달말'에서 연원하는 이름이라고 할 때 그렇다면 '달말'은 무엇에서 연원하는 이름인가? 지명이 대체로 일정지역을 다른 지역과 구별하기 위한 이름을 앞에 두고 일정지역의 일반적 속성을 나타내기 위한 이름이 뒤에 결합하여 형성된다는 점을 생각할 때 '달말'의 '달'은 '달말'을 다른 지역과 구별하기 위한 이름일 것이다. 그런데 일정지역을 다른 지역과 구별하기 위한 이름은 보통은 방위를 지칭하는 이름들이다. 북면北面 동면東面 등의 이름이 그렇고, 상북면上北面 하북면下北面 등의 이름이 그렇다. 그러므로 '달말'의 '달'이 방위를 지칭하는 이름은 아닐까 하는 생각을 할 수 있는데 이 때 고려해야 될 사항은 북쪽을 뜻하는 우리말이 '들'이라는 사실이다. '들'이 외파外破되면 '드ㄹ'가 되는데 이들에서 '뒤' '되' '데' '대' '달' '들' '덜' '다라' '도리' '두리' '도라' 등과 같은 말이 파생되었다. 이들이 북쪽을 뜻하는 말이라는 사실은 흔히 사용되는 우리말 지명 잣뒤가 성북城北으로 차자표기되는 경우를 통해 쉽게 입증될 수 있을 것이다. 잣뒤의 잣은 성城을 뜻하는 우리말이다. 그리고 뒤는 흔히 앞뒤의 뒤로 알고 있고, 또 그렇게 사용하고 있지만 기실 북北을 뜻하는 우리말이다. 또한 거기에 덧붙여 이들이 북쪽을 뜻하는 말이라는 사실은 북쪽으로 난 창을 뜻하는 되창 혹은 들창을 통해서도 쉽게 입증될 수 있을 것이다. 되창의 되나 들창의 들이 북쪽을 의미하기 때문에 북쪽으로 난 창을 되창 혹은 들창이라고 이름하였을 것이기 때문이다. 사정이 이와 같다고 할 때 '달말'의 달은 북쪽을 뜻하는 우리말 '둘'에서 파생된 말로 보아 틀림이 없다고 생각되며, '달말'은 북쪽에 있는 마을을 뜻할 것이다.

그렇다면 '달말'이 그와 같은 이름을 갖게 된 연유는 무엇인가? 그것은 앞에서 살펴본 ≪세종실록≫의 기록에도 나타나지만 '달말'이 금천현의 읍치邑治에서 보아 북쪽에 형성된 마을이기 때문이라고 생각된다. 도야미리道也味里가 달촌達村이라는 이름을 계승하고 있다고 할 때 도야미리가 금천현의 북면北面 중 상북면上北面에 속해 있었다는 사실이 확실한 증거가 될 수 있을 것이다.

한편 되미리는 도야미리에서 파생된 말로 생각된다. ≪영등포구지≫에서는 '이 지역 뒤쪽의 야산 모습이 성城처럼 둘러싸고 있다고 하여 되미리'라고 한다고 하였지만 야산 모습이 성처럼 둘러싸고 있다는 사실과 되미리라는 지명의 연관성을 찾기는 어렵다. 도야미리의 '도야'가 축약되어 '되'가 되면서 되미리가 되었을 것이다.

또한 ≪서울특별시 동명연혁고≫ <영등포구편>을 보면 도림동지역에 조선시대朝鮮時代 자연부락自然部落으로 돼지마을이 있었다고 하고, 이에 대해 '돼지마을은 현 도림제2동道林第2洞 156번지 일대인데, 돼지(도야지)를 많이 쳤기 때문에 붙여진 이름이라고 전해지고 있다.'고 하였다. 돼지마을에서 돼지를 많이 쳤을 수는 있겠지만 돼지마을이란 마을 이름이 순전히 돼지 때문에 생겨났다고 보기는 어렵다. 이 또한 도야미리의 '도야'가 돼지의 옛말인 도야지를 연상시켜 생겨난 마을 이름으로 생각된다.

신길동(新吉洞)

1. 신길동의 유래

신길동은 원래 신길리新吉里였다. 신길리가 기록에 처음으로 등장하는 것은 1789년에 편찬된 ≪호구총수(戶口總數)≫에서이다. ≪호구총수≫를 보면 경기도京畿道 금천현衿川縣 하북면下北面에 속한 마을로 우와피리牛臥陂里 번대방리番大坊里 방하곶리放下串里 영등포리永登浦里 신고사리新高寺里와 함께 신길리新吉里가 등장한다.

그러나 ≪호구총수≫가 편찬된 1789년 이전에 이 지역에 마을이 없었던 것은 아니다. 1757년에서 1765년 사이에 편찬된 ≪여지도서(輿地圖書)≫를 보면 경기도 금천현 하북면에 속한 마을로 민간에서는 방하곶리方下串里로 일컫는 방학호리放鶴湖里 번당리樊塘里 우와피리牛臥陂里 고사리高寺里와 함께 마포리麻浦里가 등장한다. '마포리가 금천현 관문에서 20리里의 거리에 있다'고 하였다. 마포리는 ≪여지도서≫ 이후 금천현衿川縣 관련 기록에 등장하지 않는다. ≪호구총수≫의 기록에서 보듯 신길리新吉里 영등포리永登浦里가 새로이 등장한다. 번당리의 또 다른 이름이 번대방리이고, 고사리와 신고사리가 어떻게든 관련을 갖고 있을 것이라는 점을 생각할 때 마포리가 있던 지역이 신길리와 영등포리가 되었기 때문에 그럴 것이다.

신길리는 조선朝鮮 정조正祖 19(1795)년 금천현이 시흥현始興縣으로 이름을 바꾸자 경기도 시흥현 하북면下北面 신길리가 되었고, 1895년에 있었던 지방제도개편 때 시흥군으로 바뀌면서 인천부仁川府 시흥군 하북면 신길리가 되었다가 다음해 다시 경기도 시흥군 하북면 신길리가 되었다. 그 즈음 시흥군 하북면에는 신길리를 비롯하여 우와피리牛臥皮里 번대방리番大方里 영등포永登浦 상방하곶리上方下串里 하방하곶리下方下串里가 속해 있었다. 1895년 2월에 저술된 ≪기전읍지(畿甸邑誌)≫ <시흥현읍지여사례성책(始興邑誌輿事例成冊)>를 보면 '신길리가 시흥현 읍치邑治에서 10리里에 있다.'고 하였다.

신길리는 1914년 행정구역개편 때 시흥군이 과천군果川郡과 안산군安山郡을 병합하면서 경기도 시흥군 북면北面 신길리가 되었는데 이 때 상방하곶리上方下串里를 병합하였다. 당시 경기도 시흥군 북면에는 신길리를 비롯하여 도림리道林里 구로리九老里 당산리堂山里 양평리楊坪里 영등포리永登浦里 신길리新吉里 번대방리番大方里 노량진리鷺梁津里 본동리本洞里 흑석리黑石里 동작리銅雀里가 속해 있었고, 영등포리가 군소재지郡所在地와 면소재지面所在地였다.

신길리는 1936년 일제가 경성부京城府를 확장하면서 영등포출장소永登浦出張所를 설치하자 그에 편입되어 경성부 영등포출장소 신길정新吉

町이 되었다. 영등포출장소가 설치됨에 따라 경기도京畿道 시흥군始興郡 영등포읍永登浦邑의 영등포리永登浦里 당산리堂山里 양평리楊坪里와 신길리가 속해 있던 경기도 시흥군 북면北面의 노량진리鷺梁津里 본동리本洞里 흑석리黑石里 동작리銅雀里 번대방리番大方里 도림리道林里, 경기도 시흥군 동면東面의 상도리上道里, 김포군金浦郡 양동면陽東面의 양화리楊花里도 경성부에 편입되어 영등포정永登浦町 당산정堂山町 양평정楊坪町 노량진정鷺梁津町 본동정本洞町 흑석정黑石町 동작정銅雀町 번대방정番大方町 도림정道林町 상도정上道町 양화정楊花町으로 이름을 바꾸고 그에 속하여 경성부 영등포출장소 영등포정 당산정 양평정 노량진정 본동정 흑석정 동작정 번대방정 도림정 상도정 양화정이 되었다.

영등포출장소는 1943년 경성부가 구제區制를 실시하면서 영등포구永登浦區가 되었으며, 그에 따라 신길정은 경성부 영등포구 신길정이 되었다. 당시 영등포구에 속한 마을로는 영등포출장소에 속해 있던 영등포정永登浦町 도림동에서 분동된 사옥정絲屋町 당산정堂山町 양평정楊坪町 노량진정鷺梁津町 본동정本洞町 흑석정黑石町 동작정銅雀町 신길정新吉町 번대방정番大方町 도림정道林町 상도정上道町 양화정楊花町과 경성부에서 새로 편입된 여의도정汝矣島町이 있었다.

신길정은 해방을 맞고 난 다음해인 1946년 경성부가 서울시로 바뀌면서 일본식 마을지칭인 정町을 청산하고 지금과 같은 이름인 신길동이 되어 서울시 영등포구 신길동이 되었다가 1949년에는 서울시가 서울특별시가 되면서 서울특별시 영등포구 신길동이 되었다.

2. 상방하곶리라는 지명의 유래

상방하곶리는 1914년 행정구역개편 때 지금은 신길동이 된 신길리에 통합된 마을이다. 본래는 하방하곶리와 함께 방하곶리였으나 방하곶리가 상방하곶리와 하방하곶리로 나뉘어 독립적인 마을로 있다가 이 때 신길리에 병합된 것이다.

상방하곶리라는 마을 이름이 지리서地理書에 처음으로 등장하는 것은 1895년 2월에 편찬된 ≪기전읍지(畿甸邑誌)≫에서이다. ≪기전읍지≫ <시흥현읍지여사례성책(始興邑誌與事例成冊)>를 보면 상방하곶리가 하방하곶리下方下串里와 함께 등장한다. 당시 상방하곶리 하방하곶리는 우와피리牛臥皮里 번대방리番大方里 신길리新吉里 영등포永登浦와 함께 경기도 시흥현 하북면에 속해 있었는데 '상방하곶리上方下串里가 시흥현 읍치邑治에서 20리里에 있다. 하방하곶리下方下串里가 시흥현 읍치邑治에서 20리里에 있다.'고 하였다. 그런데 방하곶리가 지리서에 마지막으로 등장하는 것은 1871년에 편찬된 ≪경기읍지(京畿邑誌)≫에서이다. ≪경기읍지≫를 보면 '방학정리放鶴亭里가 시흥현 읍치에서 20리에 있다.'고 하였다. 방학정리는 방하곶리의 또 다른 이름이다. 원문에는 방학정리放隹亭里라고 표기되어 있으나 이는 방학정리放鶴亭里의 이기이다. 그러므로 방하곶리가 상방하곶리와 하방하곶리로 나뉘게 된 시기는 ≪경기읍지≫가 편찬된 1871년 이후 ≪기전읍지≫가 편찬된 1895년 2월 이전 어느 때가 될 것이다.

방하곶리方下串里의 또 다른 표기는 방학호리放鶴湖里이다. 방학호리와 방하곶리가 지리서에 처음으로 등장하는 것은 1757년에서 1765년 사이에 편찬된 ≪여지도서≫에서이다. ≪여지도서≫를 보면 경기도 금천현 하북면에 속한 마을로 번당리樊塘里 마포리麻浦里 우와피리牛臥陂里 고사리高寺里와 함께 민간에서는 방하곶리方下串里로 일컫는다는 방학호리放鶴湖里가 등장한다. '민간에서는 방하곶리方下串里로 일컫는 방학호리放鶴湖里가 금천현 관문에서 20리里의 거리에 있다.'고 하였다. 그러니까 ≪여지도서≫의 내용대로라면 방학호리는 이른바 공식적인 이름인 셈이고, 방하곶리는 민간에서 일컫는 이름으로 이른바 비공식적 이름이었던 셈이다.

그러나 비공식적 마을 이름으로 취급당하던 방하곶리는 곧 공식적인 마을 이름으로 쓰였던 것으로 생각된다. 1789년에 편찬된 ≪호구총수≫를 보면 경기도 금천현 하북면에 속한 마을로 우와피리牛臥陂里 번대방리番大坊里 영등포리永登浦里 신길리新吉里 신고사리新高寺里와 함께 방학호리放鶴湖里가 아닌 방하곶리放下串里가 등장한다. 방하곶리放下串里는 방하곶리方下串里리의 또 다른 표기일 것이다.

방하곶리는 조선朝鮮 정조正祖 19(1795)년 금천현이 시흥현始興縣으로 이름을 바꾸자 경기도 시흥현 하북면下北面 방하곶리가 되었다.

방하곶리는 1842년에서 1843년 사이에 편찬된 ≪경기지(京畿誌)≫에는 방학정리放鶴亭里라는 이름으로 등장한다. '방학정리가 시흥현始興縣 읍치邑治에서 20리里에 있다.'고 하였다. 또한 1871년에 편찬된 ≪경기읍지(京畿邑誌)≫에는 방학정리放雀亭里라는 표기로 등장하나 이는 방학정리放鶴亭里의 이기이다. 앞에서 살펴본 바와 같이 방하곶리가 상방하곶리와 하방하곶리로 나뉘지 않고 지리서에 등장하는 것은 ≪경기읍지≫가 마지막이고, 1895년 2월에 편찬된 ≪기전읍지≫에서는 상방하곶리와 하방하곶리가 등장한다.

상방하곶리와 하방하곶리는 ≪기전읍지≫가 편찬되는 1895년에 있었던 지방제도개편 때 시흥현이 시흥군始興郡으로 바뀌면서 인천부仁川府 시흥군 하북면 상방하곶리와 하방하곶리가 되었고, 다음해 다시 경기도 시흥군 하북면 상방하곶리와 하방하곶리가 되었다가 앞에서 언급한 바와 같이 상방하곶리는 1914년 일제日帝가 대대적인 행정구역개편을 하면서 신길리리에 병합되었다.

그렇다면 상방하곶리는 지금의 어디인가? 방하곶리가 방하곶리로 불리게 된 것은 방하곶 주위에 마을이 형성되었기 때문일 것이다. 그리고 방하곶이 곶이라는 점을 생각하면 방하곶리는 여의도로 해서 생겨난 샛강 가의 마을일 수밖에 없다. 그러므로 방하곶리에서 나뉘어 독립한 상방하곶리 또한 샛강 가의 마을일 수밖에 없다고 생각된다. 또한 1899년 5월에 저술된 ≪경기도시흥군읍지지도(京畿道始興郡邑誌地圖≫를 보면 '상방하곶리는 시흥군 읍치에서 20리에 있다. 하방하곶리는 시흥군 읍치에서 22리에 있다. 영등포리는 시흥군 읍치에서 22리에 있다.'고 하였다. 그리고 1899년 11월에 저술된 ≪시흥군읍지(始興郡邑誌)≫를 보면 '상방하곶리는 시흥군 읍치에서 15리에 있다. 하방하곶리는 시흥군 읍치에서 17리에 있다. 영등포리는 시흥군 읍치에서 20리에 있다.'고 하였다. 이와 같은 사정을 감안하여 상방하곶리였던 지역을 추정해 본다면 영등포동과 동작구 대방동大方洞 사이의 샛강과 연접한 신길동지역이었을 것으로 생각된다.

한편 방하곶리方下串里가 방하곶리로 불리게 된 것이 방하곶 주위에 마을이 형성되었기 때문이라고 본다면 방하곶리는 방하곶에서 연유하는 마을 이름임에 틀림이 없다. 방하곶의 방하方下는 곡식을 찧거나 빻는 기구를 뜻하는 우리말 방아의 옛말 방하를 한자의 음을 빌어 표기한 것이고, 곶串은 바다나 강 들 쪽으로 좁고 길게 들어간 땅줄기를 일컫는 우리말 곶을 한자 관串을 빌어 표기한 것이나 우리나라에서는 전통적으로 관串을 관이라 읽지 않고 곶으로 읽었다. 그러므로 방하곶은 곡식을 찧거나 빻는 기구를 뜻하는 우리말 방아와 관련하여 생겨난 지명일 것이다. 실제로 ≪여지도서≫를 보면 '세간에 전하기는 '용추龍湫와 방하곶方下串, 율일리栗日里의 대야택大也澤은 서로 통한다. 옛사람이 용추에 저杵를 빠뜨렸는데 뒤에 방하곶에서 그것을 얻었다. 민간에서는 저杵를 방하方下라고 하는 까닭에 방하곶이라고 이름한 것이다. 또 기우제祈雨祭를 지낼 때 용추에서 관분盥盆을 잃어버렸는데 뒤에 대야택에서 그것을 얻었다. 민간에서는 관분을 대야大也라고 하는 까닭에 대야택이라고 이름한 것이다.'라고 한다.'고 하였다. 용추는 금천현의 진산鎭山인 검지산黔芝山의 정상에 있는 못의 이름이고, 저杵는 통상 방아공이를 일컫는 말이지만 <방아타령>이 보통 <저타령(杵打令)>으로 표기된다는 점을 생각할 때 위 기록의 말처럼 방아라는 말로 사용된 것이다. 물론 그곳에서 빠뜨린 방아가 방하곶에서 나왔을 리는 없다. 그러나 당시 사람들이 방아와 관련하여 방하곶이라는 지명을 생각했다는 것만은 분명하다는 것을 충분히 입증시켜 주는 자료이다.

그렇다면 방하곶에 방하곶이라는 이름이 붙은 것은 어떤 까닭인가? 당연히 그곳 지형이 방아를 연상시킬 만한 지형이었기 때문에 그와 같은 이름이 붙었을 것이다. 방학호진放鶴湖津은 방하곶에 설치된 나루였다. 나루가 설치되려면 포구浦口의 형태를 갖추어야 한다. 1991년에 간행된 ≪영등포구지(永登浦區誌)≫를 보면 '이 방학호放鶴湖 나루터는 현재 신길동 영등포여자고등학교 북쪽의 신길동 47번지에 있었다. 이곳은 저지대로서 옛 마을의 형태가 남아 있다'고 하였다. 방학호진이 있었다는 현재 신길동 영등포여자고등학교 북쪽의 신길동 47번지 일대의 지형을 살펴볼 때 방학호진은 포구의 형태를 갖추었다고 생각된다. 또한 그와 같은 생각을 뒷받침해 주는 것이 방하곶의 또 다른 표기인 방학호放鶴湖이다. 여의도로 해서 한강의 샛강에 위치하게 된 방하곶을 방학호로 표기하였다는 것은 그곳이 호수湖水와 같은 지형 곧 호수의 곡선曲線을 연상시킬 만한 지형이었다는 것을 말해주는 것이기 때문이다. 방하곶이 샛강 쪽으로 길게 들어가서 그와 같은 지형이 형성되었을 것이다. 그렇다면 그와 같은 지형을 통해서 당시 사람들은 무엇을 연상했을까? 당연히 방아의 확을 연상했을 것이고, 그러한 까닭에 그곳에 방하곶이라는 이름을 붙였을 것이다.

방하곶은 ≪신증동국여지승람≫에서는 암곶岩串으로 표기되었다. 이역시 방하곶을 차자표기한 것이다. 암岩의 훈은 '바위'인데 지금도 바위를 강원도江原道 평안도平安道 경상도慶尙道 등에서는 방우라고 한다는 점을 생각할 때 암岩이 방하를 표기하기 위한 차자로 사용되었음에 틀림이 없는 까닭이다.

≪신증동국여지승람≫에 암곶岩串으로 표기되었던 방하곶은 ≪여지도서≫에서는 방학호放鶴湖로 표기되었고, 민간에서 달리 일컫는다고 하여 방하곶放下串 방하곶方下串으로도 표기되었으나 사실은 모두 방하곶을 차자표기한 것이다. 방하곶放下串이야 방하곶方下串과 마찬가지로 한자의 음을 빌어 방하곶을 표기한 것이지만 방학호放鶴湖의 경우도 한자의 음을 빌어 방하곶을 표기한 것으로 생각되기 때문이다. 방학호放鶴湖를 한자음을 따라 발음하면 '방하코'가 되는데 이는 방하곶과 그 소리가 유사하다. 실제로 김정호金正浩가 1861년에 저작한 ≪대동여지도(大東輿地圖)≫를 보면 방하곶이 방학곶放鶴串으로 표기되어 있다. 다만

다른 점이 있다면 한자를 차자함에 있어 아취雅趣를 더했다는 것이다. 방하곶의 방아의 확 모양의 지형에서 호수를 연상하여 호湖라는 한자를 취하고, 거기에 학을 놓아준다는 뜻을 더하여 방학放鶴이라는 한자를 취하였을 것으로 생각된다. 학을 놓아준다는 뜻은 중국 송宋나라 때 장천기(張天驥, ?~?)가 은거하면서 학 두 마리를 길렀는데 아침에 놓아주면 저녁에 돌아왔으므로 집 동쪽에 정자를 지어 방학정放鶴亭이라 불렀다는 고사에서 연유하는 것이다. 그러니 ≪여지도서≫ <금천현(衿川縣)>을 저술하면서 방학호放鶴號라는 표기를 공식적으로 취하고, 방하곶放下串 혹은 방하곶方下串을 민간에서 사용하는 이름으로 처리하였다고 하여 조금도 이상할 것이 없다. ≪여지도서≫ <금천현>을 저술한 사람이 선비였다고 본다면 방학호는 그들의 취향에 딱 맞는 표기였을 것이다.

방학호放鶴湖 방하곶放下串 방하곶方下串 등으로 표기되었던 방하곶은 대곶碓串으로도 표기되었다. 앞에서 살펴본 바와 같이 ≪대동지지≫를 보면 방학호放鶴湖를 달리 부르는 이름으로 대곶碓串이 등장한다. 그러나 이 또한 방하곶을 차자표기한 것이다. 대碓의 훈이 '방아'인 까닭이다.

그렇다면 방하곶은 지금의 어디에 위치했을까? 필자는 방하곶이 지하철1호선 신길역新吉驛에서 샛강 쪽으로 뻗어나갔던 땅줄기라고 생각한다. 지금은 지형이 변하여 본래 모습을 찾을 수 없지만 그곳이 뻗어나가야 신길동 쪽에 방아를 연상시킬 만한 곡선曲線의 지형이 형성될수 있다고 생각될 뿐만 아니라 그곳이야말로 상방하곶리와 하방하곶리의 경계가 되었던 지역이라고 생각되기 때문이다.

한편 방하곶리의 또 다른 이름으로 방학정리放鶴亭里가 있다. 방학정리放鶴亭里가 지리서에 처음으로 등장하는 것은 앞에서 살펴본 바와 같이 1842년에서 1843년 사이에 편찬된 ≪경기지≫에서이다. 방학정리는 방학정放鶴亭에서 연유하는 이름일 것으로 생각된다. 방학호 부근에 정자를 세웠던 까닭에 방학정放鶴亭이라 이름하였겠고, 방학정이 있어 방학호리를 대신해 방학정리放鶴亭里가 마을 이름이 되었던 것으로 생각되기 때문이다. 분명 방학정이 존재했겠지만 그러나 방학정에 대해서 알려진 사실은 별로 없다. 1985년에 간행된 ≪서울특별시(特別市) 동명연혁고(洞名沿革攷)≫ <영등포구편(永登浦區篇)>을 보면 방하곶에 대해 이야기하면서 '이 곳에는 최근세에 고종말기高宗末期 황실皇室에서 세웠던 방학정放鶴亭이라는 유연遊宴의 장소가 있기도 했다.'고 하였다. 그러나 방학정리라는 마을 이름이 나타나는 ≪경기지≫가 편찬된 것이 1842년에서 1843년 사이 조선 헌종憲宗 때이고 보면 방학정이 고종말기 황실의 유연의 장소로 사용될 수는 있었을지언정 그 때 세운 정자는 아니다. 방학정을 세운 시기는 ≪경기지≫가 편찬된 1842년에서 1843년 사이 훨씬 이전이어야 한다. 정자가 처음 지어지고 그 이름이 마을 이름이 되기까지에는 꽤 많은 시간이 걸렸다고 보아야 할 것이기 때문이다. 그런 관점에서 혹 방학정리가 1757년에서 1765년 사이에 편찬된 ≪여지도서≫에 소개되어 있는 취암정醉巖亭과 관련이 있는 것은 아닌지 모르겠다. ≪여지도서≫를 보면 '취암정은 방학호에 있다. 좌랑佐郞 이세운李世雲의 정자이다.'라고 하였다. 이세운(?~?)은 조선 숙종肅宗 때 문신文臣으로 숙종 25(1699)년 성균관成均館에 기숙하는 재생齋生들의 임원인 재임齋任에 뽑혔고, 29(1703)년에는 영릉참봉英陵參奉이 되었으며, 32(1706)년에는 헌릉봉사獻陵奉事가 되었고, 39(1713)년에는 형조좌랑刑曹佐郞이 되었던 사람이다. 그러나 취암정이 방학정리와 관련이 있으려면 취암정이 방학정으로 통칭되었다든가 누군가가 정자이름을 방학정으로 바꿨다든가 했어야 될 텐데 취암정은 ≪여지도서≫ 이후 지리서에 등장하지 않는다. 사정을 알 수 없다.

상방하곶리는 하방하곶리에 상대되는 이름으로 상방하곶리를 윗방하곶리라고 부르고, 하방하곶리를 아랫방하곶리라고 부르던 것을 상上의 훈이 '위'이고, 하下의 훈이 '아래'인 것에 기대어 상방하곶리上方下串里 하방하곶리下方下串里로 표기한 것일 것이다. 물론 여기서 리里는 상방하곶리 하방하곶리가 마을이라는 일반적 속성을 가지고 있는 동시에 조선시대 후기 방리제坊里制가 확산됨에 따라 가장 작은 지방행정구역단위라는 사실을 나타낸 것이다.

3. 신길동이라는 지명의 유래

흔히들 지금은 신길동이 된 신길리를 한자말 지명으로 생각하고 있는 듯하다. ≪서울특별시 동명연혁고≫ <영등포구편>을 보면 신길리의 신길新吉에 대해 '새로운 좋은 일이 많이 생기기를 기원하는 뜻에서 붙여진 이름 같으나 정확한 유래는 알 수 없다.'고 하였고, ≪영등포구지≫를 보면 '새로 좋은 일이 많이 생기기를 기원하는 뜻에서 붙여진 것으로 추정된다.'고 하였다. 신길新吉을 한자의 뜻으로 새겨 신新에 '새롭다.'는 뜻이 있고, 길吉에 '길하다.'는 뜻이 있으니 대충 '새로운 좋은 일' 혹은 '새로 좋은 일'을 뜻하는 말이 아니겠느냐는 이야기다. 그러나 마을 이름이 한자漢字로 표기되었다고 해서 한자말 이름인 것은 아니다. 우리나라 마을 이름의 경우 한자로 표기되었다고 하더라도 거의 모두가 우리말 지명이지 한자말 지명인 경우는 드물다. 신길리의 경우도 마찬가지다.

신길리의 신길新吉은 '새멀'을 표기하기 위한 차자로 생각된다. 신新의 훈이 '새'이고, 길吉의 옛 훈이 '멀'이기 때문에 그와 같이 차자되었을 것이다. 신新의 훈 '새'는 물론 한자의 뜻인 '새롭다.'의 '새'라는 음가를 취한 것이겠지만 길吉의 옛 훈 '멀'이 무엇을 뜻하는지는 분명치 않다. 1575년에 간행된 ≪광주천자문(光州千字文)≫을 보면 길吉의 훈을 '멀'이라고 하였다. 그러나 길吉의 훈 '멀'이 무슨 뜻인지 모른다고 해서 문제가 되는 것은 아니다. 어차피 지명표기에서 한자의 음이나 훈은 대부분 소리를 취한 것이지 뜻을 취한 것은 아니기 때문이다. 물론 신길리의 리里는 신길리가 마을이라는 일반적 속성을 가지고 있는 동시에 조선시대 후기 방리제坊里制가 확산됨에 따라 가장 작은 지방행정구역단위라는 사실을 나타낸 것이다.

그렇다면 신길新吉로 차자표기된 '새멀'은 어떤 뜻을 갖는 말인가? '새멀'의 '멀'은 마을을 뜻하는 우리말 말에서 변한 소리로 생각된다. 그러므로 '새멀'은 '새멀'이라고 불리는 마을을 뜻할 것이다. 그렇다면 '새멀'의 '새'는 어떤 뜻을 갖는 말인가? 지명이 대체로 일정지역을 다른 지역과 구별하기 위한 이름을 앞에 두고 일정지역의 일반적 속성을 나타내기 위한 이름이 뒤에 결합하여 형성된다는 점을 생각할 때 '새멀'의 '새'는 '새멀'을 다른 지역과 구별하기 위한 이름일 것이다. 그런데 일정지역을 다른 지역과 구별하기 위한 이름은 보통은 방위를 지칭하는 이름들이다. 북면北面 동면東面 등의 이름이 그렇고, 상북면上北面 하북면下北面 등의 이름이 그렇다. 그러므로 '새멀'의 '새' 또한 방위를 지칭하는 이름은 아닐까 하는 생각을 할 수 있는데 이 때 고려해야 될 사항은 동쪽을 뜻하는 우리말이 '술'이라는 사실이다. '술'이 외파外破되면 '스ᄅ'가 되는데 이들에서 '솔' '살' '서' '사' '소' '사라' '서라' '소리' '수리' '새' '쇠' 등과 같은 말이 파생되었다. 이들이 동쪽을 뜻하는 말이라는 사실은 샛별을 통해서 입증될 수 있을 것이다. 금金의 훈이 '쇠'이고, 성星의 훈이 '별'인 것에 기대어 금성金星으로 차자표기되는 샛별은 새벽 녘 동쪽에 떠 있는 별로 샛별의 '새'는 동쪽을 뜻하기 때문이다. 물론 그 때 'ㅅ'은 사잇소리이다. 사정이 이와 같다고 할 때 '새멀'의 '새'는 동쪽을 뜻하는 우리말 '술'에서 파생된 말로 보아 틀림이 없다고 생각되며, 그러므로 '새멀'은 동쪽에 위치한 마을을 뜻하겠다.

그러나 '새멀'이 동쪽에 위치한 마을을 뜻한다고 할 때 두 가지 의문이 제기될 수 있다. 하나는 '새멀'의 '멀'이 마을을 뜻한다면 '멀'은 당연히 마을의 뜻이 그대로 나타나는 촌村 등의 한자가 차자되었을 법도 한데 왜 하필 길吉로 차자되었느냐 하는 것이고, 하나는 '새멀'의 '새'가 동쪽을 뜻한다면 신길리가 왜 하필 동쪽에 위치한 마을로 인식되었느냐 하는 것이다. 그러나 이와 같은 의문들은 지금의 대림동과 구로구九老區 신도림동新道林洞에 걸쳐 있는 마을이었던 원지목리遠之牧里가 해소시켜 줄 수 있을 것으로 생각된다.

우선 마을을 뜻하는 '멀'을 표기하는데 왜 하필 길吉이 차자되었느냐 하는 의문을 생각해 보자. 이 책 <대림동(大林洞)>에서 살펴보았듯 원지목리는 그곳에 설치되었던 마장馬場의 우리말에서 연유하는 마을 이름이다. 마장馬場의 우리말은 '물만'으로 추정할 수 있다. 마馬의 옛 훈이 '물'이고, 장場의 옛 훈이 '만'이기 때문이다. 원지목리의 원遠은 '물만'의 '물'에서 변이된 소리를 '멀'로 인식하고 차자된 표기로 생각된다. 원遠의 훈이 '멀'이기 때문에 그와 같이 표기하였을 것이다. 지之는 사잇소리 'ㅅ'을 표기한 것이다. 목牧은 '몰맏'의 '맏'이 '막'으로 변이되고, '막'이 다시 '목'으로 변이된 것을 목牧의 음이 '목'이고, 한자에 목장牧場의 뜻이 있다는 사실에 힘입어 그와 같이 표기하였다고 생각된다. 물론 '몰맏'의 '맏'이 '목'으로 변이되기까지는 '몰맏'이 말 목장이었다는 사실과 목牧이라는 한자에 목장이라는 뜻이 있다는 사실이 크게 작용했을 것이다. 그러므로 원지목遠之牧은 마장馬場의 우리말 '몰맏'에서 변이된 소리인 '멄목'을 표기하고 있다고 생각된다.

그러나 이와 같이 원지목遠之牧이 '멄목'의 차자표기임에도 불구하고 원지목의 원遠이 '멀'의 차자표기임을 아는 사람도 드물고, 또 '멀'이 마장馬場의 '몰'에서 연유한다는 사실을 아는 사람은 더욱 드물다. ≪서울특별시 동명연혁고≫ <영등포구편>을 보면 도림동에 있던 조선시대 자연부락으로 원지막園趾幕이 있었다 하고, 이에 대해 '원지막은 현재 141번지 일대로서 과수원이 있었기 때문에 붙여진 이름이라고도 하고, 또 현재 신도림동新道林洞을 원지막이라고도 하였는데 와전訛傳되어 먼지막이라고도 불렀다 한다.'고 하였다. 원지막園趾幕은 원지목遠之牧의 '원'에서 과수원의 원園을 연상하여 파생된 말이고, 먼지막은 원지목의 원遠을 한자의 뜻인 '멀다.'로 새겨 파생된 말로 생각되거니와 이를 통해서 알 수 있는 것은 보통 원지목遠之牧이라는 마을 이름을 보고 마장馬場을 생각하지는 않는다는 사실이다.

그렇다면 '멄목'을 원지목遠之牧으로 차자표기했던 사람은 '멄목'의 '멀'이 말에서 변이된 소리라는 사실을 알고 있었을까? 아무리 생각해도 그런 것 같지가 않다. 그것을 알았다면 아무리 사람들이 마을을 '멄목'으로 지칭하고 있다고 하더라도 '멀'을 원遠으로 표기하지는 않았을 것이다. 당연히 마馬나 그 밖의 짐승인 말을 뜻하는 한자로 표기하였을 것이다. '멀'을 원遠으로 차자표기한 것을 보면 '멊목'의 '멀'을 '멀다.'의 '멀'로 오해했다고 볼 수밖에 없다.

사정이 이와 같다고 할 때 길吉로 차자표기된 '멀'도 같은 논리를 적용할 수 있을 것으로 생각된다. 곧 '새멀'의 '멀'을 마을을 뜻하는 또 다른 우리말 말에서 변이된 말이라는 사실을 망각하고 길吉의 훈 '멀'을 뜻하는 말로 오해하게 되어 길吉로 표기하게 되었다는 말이다.

다음으로 신길리가 왜 하필 동쪽에 위치한 마을로 인식되었느냐 하는 의문을 생각해 보자. 원지목리에 있던 마장馬場은 국마國馬를 기르는 목장이었다. ≪세종실록(世宗實錄)≫ <지리지(地理志)>를 보면 달촌達村에 국마를 기르는 목장이 있다는 기록이 나온다. '금천현에 목장牧場이 둘이 있다. 하나는 달촌達村인데 달촌은 현의 북쪽에 있고, 둘레가 12리里이니 국마國馬를 기른다. 둘은 사외포沙外浦인데 사외포는 현의 서북쪽에 있고, 양천陽川의 사곶포寺串浦목장과 서로 연결되어 있으며, 둘레가 15리里이니 우군右軍의 목장牧場이다.'라고 하였다. 달촌에 있다는 목장이 원지목리에 있던 마장이다. 달촌은 후대에 원지목리와 도야미리道也味里로 나뉘어 원지목리는 지금의 대림동大林洞과 구로구 신도림동新道林洞이 되었고, 도야미리는 지금의 도림동道林洞이 되었다. 이에 대해서는 이 책 <도림동(道林洞)> <대림동(大林洞)> <문래동(文來洞)> 등에서 자세히 살펴보았다. 어쨌든 국마를 기르는 목장이 있었다면 그곳은 중심이 되는 곳으로 인식될 수 있다. 나라와 관련된 곳이기 때문이다. 그런데 신길리는 마장이 있던 달촌 곧 원지목리나 도야미리 동쪽에 위치한다. 신길리가 동쪽에 위치한 마을로 인식된 것은 그 때문일 것이다.

한편 1991년에 간행된 ≪영등포구지≫를 보면 신길동이라는 이름이 신기리에서 온 것으로 이해하는 듯한 언급이 나온다. 신길동新吉洞이 '조선시대부터 포구浦口로서 신기리라고 불리어진 마을'이라고 한 것이나 '신길新吉제3동 285번지 6(도림국민학교 옆)에는 부군당府君堂이 세워져 있다. 전하는 이야기로는 옛날 이 부근에 강이 흐르고 있어서 포구浦口가 되었는데 그 이름은 신기리라고 불렀다.'고 한 것이 그 예이다. 또한 2009년 서울특별시사편찬위원회에서 간행한 ≪서울지명사전≫을 보면 거기에서 한술 더 떠 신기리의 신기를 신기新基 즉 '새터'로 해석하고 있다. '신길동 동명은 조선시대부터 포구로서 신기리라고 부른 데서 유래되었다. 신기는 '새터마을' 즉 새로 생긴 마을이라는 뜻이'라고 하였다. 그러나 신기리는 그 동안 기록에 등장하지 않던 말이다. 신길리가 신기리에서 온 말이라면 그 동안 기록에 등장하지 않았을 리가 없다. 신기리는 신길리에서 파생된 말인가 싶고, 포구浦口 운운은 신길리가 상방하곳리를 통합함으로써 방하곳에 설치되었던 나루인 방학호진放鶴湖津이 신길리에 속하게 된 사실과 관련을 맺고 있을 것이다.

대림동(大林洞)

1. 대림동의 유래

대림동이 세상에 처음으로 등장하는 것은 1977년의 일이다. 본래 서울특별시 영등포구永登浦區 신도림동新道林洞이었던 곳인데 1977년 지금은 도림천道林川이라 부르는 마장천馬場川을 경계로 동쪽지역이 나뉘어 대림동大林洞이 되었고, 서쪽지역은 그대로 신도림동으로 있다가 1980년 영등포구에서 구로구九老區가 분구될 때 구로구 신도림동이 되었다.

신도림동은 본래 신도림리新道林里였고, 신도림리는 본래 도림리道林里였다. 도림리가 세상에 처음으로 등장하는 것은 1914년의 일이다. 1914년 일제日帝가 대대적인 행정구역개편을 하면서 경기도京畿道 시흥군始興郡 상북면上北面 사촌리沙村里 도야미리道也味里 원지목리遠之牧里를 통합하여 경기도 시흥군 북면北面 도림리道林里라 이름하였다. 이 때 시흥군은 과천군果川郡과 안산군安山郡을 병합하였고, 당시 시흥군 북면北面에는 도림리를 비롯하여 구로리九老里 당산리堂山里 양평리楊坪里 신길리新吉里 번대방리番大方里 영등포리永登浦里 노량진리鷺梁津里 본동리本洞里 흑석리黑石里 동작리銅雀里가 속해 있었으며, 영등포리가 군소재지郡所在地와 면소재지面所在地였다.

경기도 시흥군 북면에 속해 있던 도림리는 1936년 경성부京城府가 확장되면서 영등포출장소永登浦出張所가 설치되자 둘로 나뉘게 된다. 지금은 도림천이라 부르는 마장천과 그 지류인 상도천上道川을 경계로 북쪽지역과 남쪽지역을 나누어 북쪽지역을 도림정道林町이라 이름하고 새로 설치된 경성부 영등포출장소에 편입시켰고, 남쪽지역을 도림리라는 지명을 그대로 둔 채 경기도 시흥군 동면東面에 편입시켰다. 경기도 시흥군 동면에 속해 있던 도림리는 1949년 영등포구에 편입되면서 신도림리新道林里가 되었다가 1950년 신도림동新道林洞이 되었다.

한편 지금은 대림동과 신도림동이 된 경기도 시흥군 동면東面에 편입되었던 도림리 즉 지금은 도림천이라 부르는 마장천과 그 지류인 상도천上道川을 경계로 북쪽지역과 남쪽지역을 나눌 때 남쪽에 속한 지역은 본래는 원지목리遠之牧里였다. 1991년에 간행된 ≪영등포구지(永登浦區誌)≫를 보면 '전의 도림리道林里는 도림道林마을과 원지목遠芝牧마을로 이루어졌는데 원지목은 행정구역개편으로 신도림동新道林洞에 속하게 되었다.'고 하였다. 원지목遠芝牧은 원지목遠之牧의 또 다른 표기일 것이고, 여기에서 말하는 신도림동은 1977년 도림천을 경계로 동쪽지역이 대림동으로 분동되기 이전의 신도림동을 지칭할 것이다.

원지목리가 지리서地理書에 처음으로 등장하는 것은 1757년에서 1765년 사이에 편찬된 ≪여지도서(輿地圖書)≫에서이다. ≪여지도서≫ <금

천현(衿川縣)>을 보면 금천현衿川縣 상북면上北面에 속한 마을로 당산리棠山里 양평리楊坪里 선유봉리仙遊峯里 사촌리沙村里 도야미리道也味里 구로리九老里와 함께 원지목리遠之牧里가 등장한다. '원지목리가 금천현 관문에서 15리의 거리에 있다.'고 하였다.

원지목리는 조선朝鮮 정조正祖 19(1795)년 금천현이 시흥현始興縣으로 이름을 바꾸자 경기도 시흥현 상북면上北面 원지목리가 되었다. 원지목리는 1842년에서 1843년 사이에 편찬된 ≪경기지(京畿誌)≫ <시흥읍지(始興邑誌)>를 보면 원지목遠志牧으로 등장한다. '원지목이 시흥현始興縣 읍치邑治에서 10리里에 있다.'고 하였다. 당시 원지목은 경기도 시흥현 상북면上北面에 속해 있었고, 상북면에는 원지목 이외에 구로리九老里 사촌沙村 도야미道也味 당산棠山 양평리楊坪里 선유봉仙遊峯 등이 속해 있었다. 원지목遠志牧은 원지목遠之牧의 또 다른 표기일 것이고, 원지목리가 아니라 원지목이라 표기한 것은 원지목리가 아니라 원지목으로 불렀기 때문일 것이다.

원지목리는 시흥현이 1895년 지방제도개편 때 시흥군으로 바뀌면서 인천부仁川府 시흥군 상북면 원지목리가 되었다가 다음해 다시 경기도 시흥군 상북면 원지목리가 되었다. 이즈음 상북면에 속한 마을로는 원지목리遠志牧里를 비롯하여 구로일리九老一里 구로이리九老二里 사촌리沙村里 도야미리道也味里 당산리堂山里 양평리楊坪里 양진리楊津里가 있었다.

앞에서 언급했듯 원지목리는 결국 1914년 일제가 시행한 행정구역의 개편으로 사촌리沙村里 도야미리道也味里와 합쳐져 도림리道林里가 되었다.

2. 대림동이라는 지명의 유래

대림동은 신대방동新大方洞의 대大와 신도림동新道林洞의 림林을 따서 만든 이름이다. 대림동이 신도림동에서 분동이 되는 것은 1977년이지만 대림동大林洞이라는 명칭이 사용된 것은 훨씬 이전이다. 1985년에 간행된 ≪서울특별시(特別市) 동명연혁고(洞名沿革攷)≫ <영등포구편(永登浦區篇)>을 보면 대림동大林洞 동명洞名의 유래는 1949년으로 거슬러 올라간다고 한다. 1949년 '서울특별시特別市 행정구역확장行政區域擴張에 따라 경기도京畿道 시흥군始興郡 동면東面의 구로리九老里 도림리道林里 번대방리番大方里를 편입하고, 뒤이어 구로동九老洞 신도림동新道林洞 신대방동新大方洞으로 명칭을 변경한 뒤 행정동명行政洞名을 신대방동新大方洞과 신도림동新道林洞을 합하여 대림동大林洞이라 한 데서 연유한다.'고 하였다. 동洞에는 행정동行政洞과 법정동法定洞이 있다. 행정동이란 말 그대로 행정의 편의를 위해서 설치하는 동을 일컫는 말로 행정동 밑에 통統이 있고, 통 밑에 반班이 있다. 이에 비해서 법정동이란 말 그대로 각종 공부公簿의 작성 등 법적인 기능을 수행하기 위해서 설치하는 동을 일컫는 말이다. 행정동과 법정동이 일치하지 않는 경우가 있을 수 있다. 예를 들어 양화동楊花洞은 법정동이지만 행정동은 양평동陽坪洞이다.

한편 신대방동은 본래 신대방리新大方里였고, 신대방리는 본래 번대방리番大方里에 속한 지역이었다. 그러나 이 지역은 1914년 행정구역개편 때 번대방리에 병합되기 전까지는 우와피리牛臥皮里였다.

번대방리와 우와피리가 지리서에 처음으로 등장하는 것은 1757년에서

1765년 사이에 편찬된 ≪여지도서≫에서이다. ≪여지도서≫ <금천현>을 보면 경기도 금천현衿川縣 하북면下北面에 속한 마을로 민간에서는 방하곶리方下串里로 일컫는 방학호리放鶴湖里 마포리麻浦里 고사리高寺里와 함께 번당리樊塘里 우와피리牛臥陂里가 등장한다. '번당리가 금천현 관문에서 15리里의 거리에 있다. 우와피리가 금천현 관문에서 10리里의 거리에 있다.'고 하였다. 번당리는 번대방리의 또 다른 이름이고, 우와피리牛臥陂里는 우와피리牛臥皮里의 또 다른 표기이다.

번대방리는 번대방리番大坊里로도 표기되었다. 1789년에 편찬된 ≪호구총수(戶口總數)≫를 보면 번대방리番大坊里로 등장한다. 당시 번대방리는 우와피리牛臥陂里 방하곶리放下串里 영등포리永登浦里 신길리新吉里 신고사리新高寺里와 함께 경기도 금천현衿川縣 하북면下北面에 속해 있었다.

번대방리 우와피리는 조선朝鮮 정조正祖 19(1795)년 금천현이 시흥현始興縣으로 이름을 바꾸자 경기도 시흥현 하북면下北面 번대방리 우와피리가 되었다.

번대방리 우와피리는 1842년에서 1843년 사이에 편찬된 ≪경기지≫ <시흥읍지>를 보면 번대방番大坊 우와피牛臥陂로 등장한다. '우와피牛臥陂가 시흥현始興縣 읍치邑治에서 10리里에 있다. 번대방番大坊이 시흥현始興縣 읍치邑治에서 10리里에 있다.'고 하였다. 당시 번대방 우와피는 경기도 시흥현 하북면下北面에 속해 있었고, 하북면에는 번대방 우와피 이외에 신길리新吉里 방학정리放鶴亭里 영등포리永登浦里가 속해 있었다. 번대방番大坊은 번대방番大方의 또 다른 표기일 것이고, 번대방리 우와피리가 아니라 번대방 우와피라 표기한 것은 번대방리 우와피리가 아니라 번대방 우와피로 불렀기 때문일 것이다.

번대방리가 번대방리番大方里, 우와피리가 우와피리牛臥皮里라는 표기로 등장하는 것은 1895년 2월에 저술된 ≪기전읍지(畿甸邑誌)≫ <시흥현읍지여사례성책(始興邑誌與事例成册)>에서이다. 당시 번대방리 우와피리는 신길리新吉里 상방하곶리上方下串里 하방하곶리下方下串里 영등포永登浦와 함께 경기도 시흥현 하북면에 속해 있었는데 '우와피리牛臥皮里가 시흥현 읍치邑治에서 10리里에 있다. 번대방리番大方里가 시흥현 읍치邑治에서 10리里에 있다.'고 하였다. 번대방리 우와피리는 그 해 있었던 지방제도개편 때 시흥현이 시흥군始興郡으로 바뀌면서 인천부仁川府 시흥군 하북면 번대방리 우와피리가 되었다가 다음해 다시 경기도 시흥군 하북면 번대방리 우와피리가 되었다.

번대방리는 1914년 행정구역개편 때 시흥군이 과천군果川郡과 안산군安山郡을 병합하면서 경기도 시흥군 북면北面 번대방리가 되었는데 이 때 우와피리牛臥皮里를 병합하였다. 당시 경기도 시흥군 북면에는 번대방리를 비롯하여 도림리道林里 구로리九老里 당산리堂山里 양평리楊坪里 신길리新吉里 영등포리永登浦里 노량진리鷺梁津里 본동리本洞里 흑석리黑石里 동작리銅雀里가 속해 있었고, 영등포리가 군소재지郡所在地와 면소재지面所在地였다.

경기도 시흥군 북면에 속해 있던 번대방리는 1936년 경성부京城府가 확장되면서 경성부 영등포출장소永登浦出張所가 설치되자 둘로 나뉘게 된다. 상도천上道川을 경계로 북쪽지역과 남쪽지역을 나누어 북쪽지역을 번대방정番大方町이라 이름하고 경성부 영등포출장소에 편입시켰고, 남쪽지역을 번대방리라는 지명을 그대로 둔 채 경기도 시흥군 동면東面에 편입시켰다. 시흥군 동면에 편입되는 번대방리는 1914년 행정구역개편 때 번대방리에 병합된 우와피리牛臥皮里가 있던 지역이다.

영등포출장소는 1943년 경성부가 구제區制를 실시하면서 영등포구가 되었으며, 그에 따라 번대방정은 경성부 영등포구 번대방정이 되었다.

한편 번대방정은 해방을 맞고 난 다음해인 1946년 경성부가 서울시로 바뀌면서 일본식 마을지칭인 정町을 청산하는 동시에 마을 이름도 대방동大方洞으로 바뀌 서울시 영등포구 대방동이 되었다가 1949년에는 서울시가 서울특별시가 되면서 서울특별시 영등포구 대방동이 되었다.

또한 경기도 시흥군 동면 번대방리는 1949년 영등포구에 편입되면서 신대방리新大方里가 되었다가 1950년 신대방동新大方洞이 되었다.

영등포구에 속해 있던 대방동과 신대방동은 1973년 관악구冠岳區가 신설될 때 관악구에 속하게 되었으며, 1980년 동작구銅雀區가 신설될 때 동작구에 속하여 지금의 서울특별시 동작구 대방동 신대방동이 되었다.

3. 원지목리라는 지명의 유래

대림동과 신도림동에 걸쳐 있던 마을인 원지목리는 무엇에서 연유하는 이름인가? ≪서울특별시 동명연혁고≫ <영등포구편>을 보면 도림동에 있던 조선시대 자연부락으로 원지막園趾幕이 있었다 하고, 이에 대해 '원지막은 현재 141번지 일대로서 과수원이 있었기 때문에 붙여진 이름이라고도 하고, 또 현재 신도림동新道林洞을 원지막이라고도 하였는데 와전訛傳되어 먼지막이라고도 불렀다 한다.'고 하였다. 원지막園趾幕은 원지목遠之牧의 '원'에서 과수원의 원園을 연상하여 파생된 말이고, 먼지막은 원지목의 원遠을 한자의 뜻인 '멀다.'로 새겨 파생된 말로 생각되거니와 원지목의 목牧에 목장牧場의 뜻이 있고 보면 원지막이라는 이름이 과수원이 있었기 때문에 생겨난 마을 이름이라고 볼수는 없겠고, 혹 목장과 관련된 마을 이름은 아닌가 하는 생각을 할 수는 있겠다.

원지막이 목장과 관련된다고 가정할 때 당연히 떠오르는 것은 지금은 도림천이라 부르는 마장천馬場川이다. 원지목리는 원래는 마장천이라 불리던 도림천 주위에 형성된 마을이기 때문이다. 마장천이 처음으로 기록에 등장하는 것은 1899년 5월에 저술된 ≪경기도시흥군읍지지도(京畿道始興郡邑誌地圖≫이다. ≪경기도시흥군읍지지도≫를 보면 지도에 마장천교馬場川橋가 기재되어 있다. 마장천교는 지도에 표기된 위치로 보아 신대방동新大方洞에서 도림천을 지나 구로동九老洞으로 건너가는 다리로 지금의 시흥대로始興大路 구로교九老橋 언저리에 놓였을 것으로 추정된다. 언제부터 마장천이라 불렸는지는 확실하지 않지만 마장천이라 불리는 내에 놓인 다리였기 때문에 그와 같은 이름이 붙었을 것이다.

도림천이 마장천이라는 이름을 갖게 된 것은 그곳에 말 목장이 있었기 때문이다. ≪세종실록(世宗實錄)≫ <지리지(地理志)>를 보면 '금천현에 목장牧場이 둘이 있다. 하나는 달촌達村인데 달촌은 현의 북쪽에 있고, 둘레가 12리里이니 국마國馬를 기른다. 둘은 사외포沙外浦인데 사외포는 현의 서북쪽에 있고, 양천陽川의 사곶포寺串浦목장과 서로 연결되어 있으며, 둘레가 15리里이니 우군右軍의 목장牧場이다.'라고 하였다. 여기에 등장하는 달촌이라는 지명은 도야미리道也味里라는 지명으로 계승되었고, 도야미리는 지금은 도림동道林洞이 되었다. 이에 대해서는 이 책 <도림동(道林洞)>에서 자세히 언급한 바 있거니와 그러므로 달촌에 있다는 목장이 원지목리에 있었던 목장일 것이다. 그러나 목장은 곧 혁파되었던 것으로 생각된다. 1530년에 편찬된 ≪신증동국여지승람(新增東國輿地勝覽)≫ <금천현(衿川縣)>을 보면 목장에 대한 언급이 없다.

이와 같은 사정을 감안할 때 원지목리는 마장馬場에서 연유하는 이름으로 생각된다. 원지목遠之牧이 말 목장을 뜻하는 한자말 마장馬場의 우리말을 표기하고 있다고 생각되기에 더욱 그렇다. 원지목遠之牧이 말 목장을 뜻하는 한자말 마장馬場의 우리말을 표기하고 있다면 원지목리는 마장馬場에서 연유하는 마을 이름으로 보아 틀림이 없을 것이다.

마장의 우리말은 '물맏'으로 추정할 수 있다. 마馬의 옛 훈이 '물'이고, 장場의 옛 훈이 '맏'이기 때문이다. 원지목의 원遠은 '물맏'의 '물'에서 변이된 소리를 '멀'로 인식하고 차자된 표기로 생각된다. 원遠의 훈이 '멀'이기 때문에 그와 같이 표기하였을 것이다. 지之는 사잇소리 'ㅅ'을 표기한 것이다. 목牧은 '물맏'의 '맏'이 '막'으로 변이되고, '막'이 다시 '목'으로 변이된 것을 목牧의 음이 '목'이고, 한자에 목장牧場의 뜻이 있다는 사실에 힘입어 그와 같이 표기하였다고 생각된다. 물론 '물맏'의 '맏'이 '목'으로 변이되기까지는 '물맏'이 말 목장이었다는 사실과 목牧이라는 한자에 목장이라는 뜻이 있다는 사실이 크게 작용했을 것이다. 그러므로 원지목리의 원지목遠之牧은 마장馬場의 우리말 '물맏'에서 변이된 소리인 '멄목'을 표기하고 있다고 생각된다. 물론 원지목리의 리里는 원지목리가 마을이라는 일반적 속성을 가지고 있는 동시에 조선시대 후기 방리제坊里制가 확산됨에 따라 가장 작은 지방행정구역단위라는 사실을 나타낸 것이다.

한편 원지목리遠之牧里는 원지목리遠志牧里 원지목리遠芝牧里 등으로 표기되기도 하였다. 그러나 이는 원지목리遠之牧里를 한자음으로 부르게 되면서 파생된 표기일 것이다.

4. 번대방리라는 지명의 유래

번대방리는 대림大林동이라는 지명의 한 짝을 이루고 있는 대大의 연원이 되는 마을 이름이다. 번대방리가 1914년 행정구역개편 때 병합한 우와피리牛臥皮里가 신대방동新大方洞이 되었고, 대림동은 신대방동新大方洞의 대大와 신도림동新道林洞의 림林을 따서 만든 마을 이름인 까닭이다.

지금은 대방동이 된 번대방리의 또 다른 이름인 번당리樊塘里는 그곳에 번당樊塘이라는 못이 있었기 때문에 생겨난 마을 이름으로 생각된다. 물론 리里는 번당리가 마을이라는 일반적 속성을 가지고 있는 동시에 조선시대 후기 방리제坊里制가 확산됨에 따라 가장 작은 지방행정구역단위라는 사실을 나타낸 것이다.

1966년에 한글학회에서 간행한 ≪한국지명총람≫ <서울편>을 보면 번당리와 그 속칭으로 번뎅이가 등장한다. '예부터 낙천군洛川君, 연령군延齡君의 묘를 모신 계동궁桂洞宮 연못이 있던 곳이라 하여 번당리라' 하고, '번뎅이는 번당리의 속칭'이라 하였다. 또한 계동궁 연못에 대해서는 '낙천군과 연령군을 모신 계동궁에 딸렸던 연못터'로 현재는 없어졌다고 하였다. 연령군은 조선 숙종肅宗의 셋째 아들로 이름은 이훤(李昍, 1699~1719)이고, 자는 문숙文淑이며, 시호는 효헌孝憲이고, 어머니는 명빈禩嬪 박씨(朴氏, ?~1703)이다. 낙천군은 연령군의 계자繼子로 이름은 이온(李縕, 1720~1737)이다. 또한 계동궁은 계동桂洞에 있던 이재원(李載元, 1831~1891)의 집을 일컫는 말이다. 이재원은 낙천군의 고손高孫이고, 조선 고종高宗의 사촌형이자 흥선대원군 이하응(李昰應, 1820~1898)의 장조카이다. ≪여지도서≫를 보면 '명빈묘禩嬪墓는 숙묘肅廟 후궁後宮 박씨朴氏의 묘이다. 금천현 읍치邑治에서 남쪽으로 15리 번당리樊塘里에 있다.'고 하였고, '연령군묘延齡君墓는 숙종대왕肅宗大王 제3자第三子 휘諱 훤昍의 묘이다. 상산군부인商山郡夫人 김씨金氏를 같은 묘에 썼다. 명빈묘 옆이다.'라고 하였다. 그러나 이들 묘는 1940년 경성부가 구역정리사업을 할 때 충청남도忠淸南道 예산군禮山郡 덕산면德山面으로 이장하였고, 이들 묘가 있던 신길7동 묘역에는 대방초등학교가 자리 잡았다. 이들 묘를 그곳으로 이장한 것은 흥선대원군의 아버지 남연군南延君 이구(李球, ?~1822)의 묘가 그곳에 있었기 때문일 것이다.

그러나 ≪한국지명총람≫의 주장대로 계동궁 연못을 번당으로 보기는 어렵다. 번당樊塘은 ≪신증동국여지승람≫에 등장하는 하택下澤을 지칭하는 것으로 생각되기 때문이다. ≪신증동국여지승람≫ <금천현>을 보면 하택이 등장한다. '하택下澤이 금천현衿川縣 읍치邑治에서 북쪽으로 7리里에 있다.'고 하였다. 하택을 번당으로 보는 이유는 두 지명이 같은 우리말 지명에서 파생된 소리를 표기하고 있다고 생각되기 때문이다. 하택은 '알못'의 차자표기로 생각된다. 하下의 훈이 '아래'이고, 택澤의 훈이 '못'이기 때문에 그와 같이 차자하였을 것이다. 지금도 경상도 지방에서는 아래를 '알'이라고 한다는 점을 생각한다면 하下가 왜 '알'을 표기하기 위한 차자로 사용되었는지가 납득이 될 것이다. 번당樊塘 또한 '알못' 내지는 '울못'의 차자표기로 생각된다. 번樊의 훈이 울타리를 뜻하는 '울'이고, 당塘의 훈이 '못'이기 때문에 그와 같이 차자되었을 것이다.

하택의 또 다른 이름은 대야택大也澤이다. ≪신증동국여지승람≫에 하택下澤이라는 이름으로 등장하는 번당은 ≪여지도서≫에서는 대야택大也澤이라는 이름으로 등장한다. ≪여지도서≫ <금천현>을 보면 '대야택大也澤이 금천현衿川縣 읍치邑治에서 북쪽으로 10리里쯤에 있다. 용추

龍湫의 주註를 보라.'고 하였고, 같은 책 용추의 주를 보면 '용추龍湫는 검지산黔芝山의 꼭대기에 있다. 우묵하게 꺼져 저절로 둥그런 못이 되었는데 낮고 물에 잠겨 있으며, 매우 깊고 막힘이 없어 바닥이 없다. 세간에 전하기는 '용추龍湫와 방하곶方下串, 율일리栗日里의 대야택大也澤은 서로 통한다. 옛사람이 용추에 저杵를 빠뜨렸는데 뒤에 방하곶에서 그것을 얻었다. 민간에서는 저杵를 방하方下라고 하는 까닭에 방하곶이라고 이름한 것이다. 또 기우제祈雨祭를 지낼 때 용추에서 관분盥盆을 잃어버렸는데 뒤에 대야택에서 그것을 얻었다. 민간에서는 관분을 대야大也라고 하는 까닭에 대야택이라고 이름한 것이다.'라고 한다. 민간에 전하기는 '이 못은 곧 신룡神龍이 사는 곳이다. 그러한 까닭으로 날이 가물 때 경건히 정성을 드려 비를 빌면 번번이 영험이 있다.'고 한다.'고 하였다. 그러나 대야택은 율일리에 있는 못이 아니다. 율일리는 지금은 광명시 하안동下安洞 밤일마을이 되었다. 밤일마을에 있던 못은 대야택이 아니라 대택大澤이다. ≪신증동국여지승람≫ <금천현>을 보면 '대택大澤이 금천현衿川縣 읍치邑治에서 서쪽으로 5리에 있다. 날이 가물면 비를 빈다.'고 하였다. 금천현衿川縣 읍치邑治에서 서쪽으로 5리에 있다면 밤일마을에 있던 못을 지칭하는 것이 틀림없다. 대택은 조선 현종顯宗 때 유형원(柳馨遠, 1622~1673)이 편찬한 ≪동국여지(東國輿地志)≫에도 ≪신증동국여지승람≫과 동일한 내용으로 등장하지만 그 이후에 편찬된 지리서에서는 1864년에 김정호(金正浩, ?~1864)가 저술한 ≪대동지지(大東地志)≫에만 등장할 뿐 일절 등장하지 않는다. 대택이 메워져 없어졌기 때문에 그럴 것으로 생각된다. 대택이 없어지면서 번당의 또 다른 이름인 대야택大也澤을 대택大澤과 혼동하여 율일리에 있다고 한 것이라 생각된다.

이와 같이 번당이 하택이고, 하택이 대야택이라고 할 때 그렇다면 번당은 어디에 위치한 못인가? ≪신증동국여지승람≫의 경우 금천현 읍치에서 북쪽으로 7리에 있다고 하였고, ≪여지도서≫의 경우 금천현 읍치에서 북쪽으로 10리쯤에 있다고 하였다. ≪여지도서≫에 당시 금천현 하북면下北面에 속했던 번당리가 금천현 관문에서 15리의 거리에 있고, 우와피리가 금천현 관문에서 10리의 거리에 있다고 한 것을 고려한다면 번당은 번당리 쪽보다는 우와피리 쪽에 가깝게 있어야 하고, 따라서 보라매공원 안에 있는 공원호수가 번당일 것으로 생각된다.

한편 1989년에 간행된 ≪서울특별시 동명연혁고≫ <관악·동작구편(冠岳·銅雀區篇)>을 보면 장백에웅덩이가 소개되어 있다. 장백에웅덩이에 대해 '현재 보라매공원 운동장 자리로 광복光復 이전부터 이곳에 만여 평 정도 되는 늪이 있어, 메기 가물치 붕어 등이 서식하여 주민들은 사철 이 늪에서 고기잡이를 하였으나 공군사관학교空軍士官學校가 이 자리에 들어서면서 운동장이 되었다고 한다.'고 하였다. 공원호수는 보라매공원 축구장 옆에 있는데 장백에웅덩이가 운동장이 되었다면 아마도 이 웅덩이가 축구장이 되었다는 이야기일 것이고, 그렇다면 공원호수와 장백에웅덩이는 서로 연결이 되어 있었을 것이다. 그러나 자세한 사정을 알 수 없고 또한 장백에웅덩이의 '장백에'가 무엇을 뜻하는 말인지도 분명치 않다.

어쨌든 그렇다면 번당樊塘 혹은 하택下澤으로 차자표기된 '알못' 또는 '울못'은 어떤 뜻을 가진 말인가? '알못' 또는 '울못'의 '알' '울'은 '올'에서 파생된 말이고, '올'은 고대사회古代社會에 행해졌던 어른이 되는 의식인 성인식成人式과 관련된 말이다. 성인식이 행해지던 장소도 '올'이라 지칭되었고, 성인식을 통해서 어른이 된 사람도 '올'이라 지칭되었다. ‘올’이 외파外破되면 ‘ㅇㄹ’가 되고, 이들에서 ‘알’ ‘얼’ ‘올’ ‘울’ ‘아라’ ‘아리’ ‘어라’ ‘어리’ ‘오리’ ‘우리’ ‘을나’ ‘오라’ 등과 같은 말이 파생되었는데 이들이 들어가는 우리말 지명이 헤아릴 수 없이 많은 것도, 고대사회의 사람 이름에서 이들이 들어가는 이름을 수없이 발견할 수 있는 것도 모두 그 때문이다. 지명의 경우 대표적으로 한강漢江의 또 다른 이름인 아리수阿利水가 그렇고, 압록강鴨綠江이 그러하며, 박혁거세왕朴赫居世王의 탄생과 관련하여 등장하는 알천閼川이 그렇다. 아리수의 아리阿利는 아阿와 리利의 음을 취해 ‘올’에서 파생된 ‘아리’를 차자표기한 것이고, 압록강의 압鴨은 압鴨의 훈인 ‘오리’를 취해 ‘올’에서 파생된 ‘오리’를 차자표기한 것이며, 알천의 알閼은 알閼의 음을 취해 ‘올’에서 파생된 ‘알’을 차자표기한 것이기 때문이다. 사람 이름의 경우 대표적으로 박혁거세왕의 또 다른 이름이며 경주김씨慶州金氏의 시조의 이름이기도 한 알지閼智가 그렇고, 박혁거세왕의 비妃인 알영閼英이 그러하며, 제주도 삼성신화三姓神話의 주인공인 양을나良乙那 고을나高乙那 부을나夫乙那가 그렇다. 알지의 알閼과 지智는 알閼에서는 ‘알’이라는 음을 취하고 지智에서는 ‘알’이라는 훈을 취해 알閼로 차자표기된 ‘올’에서 파생된 ‘알’이라는 이름의 의미와 소리를 동시에 첨기添記한 것이고, 알영의 알閼은 음을 취해 ‘올’에서 파생된 ‘알’을 차자표기한 것이며, 양을나 고을나 부을나의 을나乙那는 을乙과 나那의 음을 취해 ‘올’에서 파생된 ‘을나’를 차자표기한 것이기 때문이다.

그런데 고대사회에서 성인식은 중심이 되는 산山과 거기에서 가까운 물가에서 거행되었다. 중심이 되는 산에 신神을 모셔두는 당집이 있고, 고대사회에서 행해던 성인식의 전통을 계승하고 있는 불교의 계戒를 받는 의식이나 기독교의 세례洗禮를 받는 의식에서 보듯 성인식에는 물이 필요했던 까닭이다. 그러므로 '올'은 중심이 되는 산을 지칭하는 이름으로도 쓰였고, 중심이 되는 산 가까이에 있으면서 성인식이 행해지던 못이나 내 강江 등 물을 지칭하는 이름으로도 쓰였다. 이와 같이 '알못' 또는 '울못'의 '알' '울'이 '올'에서 파생된 말이고, 성인식이 행해지던 장소인 물가의 물 역시 '올'로 지칭되었다고 할 때 '알못' 또는 '울못'은 성인식을 거행하던 못을 지칭하는 말이라고 보아 틀림이 없을 것이다.

'알못' 또는 '울못'이 중심이 되는 산 가까이에 있으면서 성인식이 행해지던 못을 지칭하는 말이라고 할 때 그렇다면 중심이 되는 산은 어디가 될 것인가? 아무래도 대방동에 있는 성남중고등학교城南中高等學校의 뒷산인 용마산龍馬山을 생각하지 않을 수 없다. ≪서울특별시 동명연혁고≫ <관악·동작구편>을 보면 용마산이 소개되어 있다. '용마우물에서 용이 나와 지금의 성남중고등학교 뒷산으로 올라갔다 하여 그 산을 가리켜 용마산이라고 불렀다고' 한다고 하였다.

용마산龍馬山은 마산馬山이라는 일반적 속성을 가지고 있는 지명이다. 지명이 대체로 일정지역을 다른 지역과 구별하기 위한 이름을 앞에 두고 일정지역의 일반적 속성을 나타내기 위한 이름이 뒤에 결합하여 형성된다고 할 때 용龍은 용마산을 다른 지역과 구별하기 위한 이름이고, 마산은 용마산이 마산이라는 일반적 속성을 나타내기 위한 이름으로 보아야 하기 때문이다. 전국적으로 널려 있는 지명인 마산馬山은 '몰뫼'의 차자표기이다. 마馬의 옛 훈이 '몰'이고, 산山의 훈이 '뫼'이기 때문에 그와 같이 차자되었을 것이다. 그런데 '몰뫼'는 중심이 되는 산 곧 중심산中心山을 지칭하는 말이다. '몰뫼'가 중심산을 지칭하는 말이 되는 것은 '몰'이 중심을 뜻하는 말이기 때문이다. '몰'은 외파外破되면 'ᄆᆞᄅ'가 되는데 이들에서 '말' '맏' '마리' '머리' '마루' '미르' 등과 같은 말이 파생되었다. 이들이 중심을 뜻하는 말이라는 사실은 이른바 남산南山이 용산龍山 마산馬山 등 '믈'에서 파생된 이름을 갖는 것을 보면 쉽게 드러난다. 용산의 경우 용龍은 옛 훈이 '미르'이고, 따라서 용산은 '미르뫼'의 차자표기이다. 그런데 이른바 남산에는 보통 당집이 있게 마련이다. 당집이 있다면 그 산이 중심산이라는 사실을 의심할 여지는 조금도 없다. 신이 내려와 머무는 공간이 당집인데 신은 항상 세계의 중심에 내려와 머물기 때문이다. 중심산이 '미르뫼' 등으로 불렸다면 '미르' 등 '믈'에서 파생된 말이 중심을 뜻한다고 보아 틀림이 없을 것이다. 이와 같이 마산馬山으로 차자표기된 '믈뫼'가 중심이 되는 산을 의미한다고 할 때 용마산 또한 중심이 되는 산을 의미할 것임은 물론이다. 앞에서 살펴본 것처럼 용마산의 용龍 또한 '믈'에서 파생된 '미르'를 표기하기 위한 차자이기 때문이다. 거기에 더하여 '알못' 또는 '울못'에서 번당리라는 지명이 연유하고, 용마산 또한 원래는 번당리라 불렸던 대방동에 위치한다. 서로 가까운 거리에 있었다는 말이다. 그러므로 용마산이 '알못' 또는 '울못'에서 행해지던 성인식과 관련된 중심산인 것이 분명하다. 덧붙일 것은 용마산이 용마산이라는 이름을 갖게 된 것이 용마우물에서 용이 나와 그 산으로 올라갔기 때문이라는 이야기는 본말本末이 전도된 민간어원설民間語源說이라는 것이다. 당연히 용마산 때문에 용마우물이라는 우물이름도 생겨났고, 그와 같은 이야기도 생겨났을 것이다.

그렇다면 번당의 또 다른 이름인 대야택은 무엇에서 연유하는 이름인가? 이 문제를 생각할 때 우선 고려해야 될 사항은 대야택이 금천현의 읍치에서 보아 북쪽에 있는 못이라는 사실이다. 그와 같은 사실을 고려해야 하는 이유는 대야택의 대야大也가 북쪽을 뜻하는 우리말 '둘'에서 파생된 말이라 생각되기 때문이다. 북쪽을 뜻하는 우리말 '둘'이 외파外破되면 '드ㄹ'가 되는데 이들에서 '뒤' '되' '데' '대' '달' '들' '덜' '다라' '도리' '두리' '도라' 등과 같은 말이 파생되었다. 이들이 북쪽을 뜻하는 말이라는 사실은 흔히 사용되는 우리말 지명 잣뒤가 성북城北으로 차자표기되는 경우를 통해 쉽게 입증될 수 있을 것이다. 잣뒤의 잣은 성城을 뜻하는 우리말이다. 그리고 뒤는 흔히 앞뒤의 뒤로 알고 있고, 또 그렇게 사용하고 있지만 사실은 북北을 뜻하는 우리말이다. 대야택의 대야大也는 북쪽을 뜻하는 우리말 '돌'에서 파생된 '달'이 외파하여 '다라'가 되고, 다시 'ㄹ'이 탈락하면서 '다아'로 변이되었다가 모음母音 충돌을 피하기 위하여 '대야'로 변이된 것인데 대大의 음이 '대'이고 야也의 음이 '야'인 것에 기대어 대야大也로 차자표기한 것으로 생각된다. 그러므로 대야택은 '대야못'의 차자표기로 북쪽에 있는 못을 뜻하며, 고을의 북쪽에 위치하기 때문에 그와 같은 이름이 붙었을 것으로 생각된다.

번대방리番大方里는 번당의 또 다른 이름인 대야택大也澤과 번당樊塘이 뒤섞여 생겨난 마을 이름으로 생각된다. 번당에서 당塘 대신에 '대야못'이 들어가 '번대야못'이 되고, '번대야못'에서 다시 변이한 '번대못'을 차자표기한 번대방番大方에 조선시대 후기 방리제坊里制가 확산됨에 따라 가장 작은 지방행정구역단위라는 사실을 나타내는 리里가 결합하여 생긴 마을 이름으로 생각되는 까닭이다. 그와 같은 변이가 일어나는 데는 율일리에 있었던 대택大澤과 대야택을 혼동한 것이 큰 역할을 했을 것이다. 그리고 번樊이 번番으로 쓰인 것은 번番의 훈에 울타리를 뜻하는 '울'이 있는데다가 번樊의 자획字劃이 번다하기 때문일 것이다. 또한 '대못'이 대방大方으로 차자된 것은 대大의 음이 '대'이고, 방方의 훈이 '못'인 것에 기대어 그와 같이 차자되었을 것이다. 그러므로 번대방番大方은 성인식을 거행하던 북쪽 못을 뜻하는 동시에 번대방리가 아닌 번대방으로 불렀다는 점을 감안한다면 성인식을 거행하던 북쪽 못 주위에 형성된 마을을 뜻한다고 보아야 할 것이다.

한편 번대방리番大方里의 또 다른 표기로 번대방리番大坊里가 있다. 번대방리番大坊里라는 표기가 기록에 등장하는 것은 1789년에 편찬된 ≪호구총수(戶口總數)≫에서이고, 번대방리番大方里라는 표기가 기록에 등장하는 것은 1895년 2월에 저술된 ≪기전읍지(畿甸邑誌)≫ <시흥현읍지여사례성책(始興邑誌與事例成冊)>에서이다. 그러한 까닭에 번대방리番大坊里라는 표기에서 번대방리番大方里라는 표기가 파생되어 함께 번대못을 차자표기하고 있을 것으로 생각된다. 방坊 또한 둑 혹은 제방이라는 훈을 취해 못을 표기하기 위한 것으로 차자로 사용되었을 것으로 생각되기 때문이다.

5. 우와피리라는 지명의 유래

지금은 신대방동이 된 우와피리는 우와피牛臥陂에서 연유하는 마을 이름이다. 우와피의 피陂는 웅덩이를 뜻하는 말이다. 그러므로 우와피牛臥陂는 웅덩이의 이름인 동시에 우와피리가 우와피리가 아닌 우와피로 불렀던 까닭에 우와피라는 웅덩이가 있는 부근에 형성된 마을을 뜻한다고 보아야 한다.

우와피가 지리서에 처음으로 등장하는 것은 ≪여지도서≫에서이다. ≪여지도서≫ <금천현>을 보면 '우와피牛臥陂가 금천현 읍치에서 북쪽으로 10리에 있다. 옛적 중국사신이 왕래할 때 와우형臥牛形

곧 소가 누워 있는 형국이라고 일컬어 그러한 까닭으로 해서 이름을 우와피牛臥陂라 하였다.'고 하였다. 우와피는 우와피牛臥皮로도 표기되었다. ≪경기지≫ <시흥읍지>를 보면 '우와피牛臥皮가 시흥현 읍치에서 북쪽으로 10리에 있다. 옛적 중국사신이 와우형臥牛形 곧 소가 누워 있는 형국과 같다고 일컬어 그것의 이름을 우와피牛臥皮라 하였다.'고 하였다.

그러나 이와 같은 이야기가 사실에 근거한 것이라 보기는 어렵다. 우와피의 우와牛臥는 '쇠눌'을 표기하고 있는 것으로 생각된다. 우牛의 훈은 '소'인데 우육牛肉을 쇠고기라고 하는 데서 보듯 '쇠'로도 나타나기 때문에 '쇠'를 표기하기 위해 차자되었고, 와臥의 훈은 '누을'인데 '눌'로 축약되어 '눌'을 표기하기 위해 차자되었을 것이다. 그리고 피陂는 한자의 뜻대로 웅덩이를 표기하고 있는 것으로 생각된다. 피陂의 훈이 '웅덩이'이기 때문에 그와 같이 차자되었을 것이다. 그러므로 우와피牛臥陂는 '쇠눌웅덩이'라는 우리말 지명의 차자표기라고 보아야 하고, '쇠눌웅덩이'는 '쇠눌'이라고 부르는 웅덩이를 뜻한다고 보아야 한다. 사정이 이렇다고 할 때 우와피가 우와피牛臥陂로 불리게 된 연유가 짐작이 간다. 중국사신이 우와피를 보고 소가 누워 있는 형국이라고 일컬어 우와피牛臥陂라 이름한 것이 아니라 '쇠눌웅덩이'라고 하는 우리말 지명을 소가 누운 웅덩이로 해석하여 소가 누워 있는 형국이라는 풍수설風水說에 기댄 민간의 이야기가 형성되었고, 그와 같은 이야기에 힘입어 우와피牛臥陂라는 차자표기를 탄생시켰을 것이다.

그렇다면 '쇠눌'은 무엇을 뜻하는 말인가? 1989년에 간행된 ≪서울특별시 동명연혁고≫ <관악·동작구편>을 보면 우와피牛臥皮를 쇠내피라고 하고는 이에 대해 '소가 누워 있는 형국으로, 옛날에는 현재의

도림천道林川이 넓고 수심水深이 깊어 도림천道林川을 강변江邊이라 불렀다. 특히 물이 맑아 지금의 도림4동道林4洞 파출소 부근을 옥수玉水라 불렀다. 현재 문창국민학교 정문 앞 강 속에 높이 10여 미터나 되는 큰 바위가 있었는데 이 바위에는 직경 2자 가량의 크기로 글씨(?)가 새겨져 있었으며, 당시 마을사람들 사이에 '이 바위가 땅속으로 완전히 묻히면 천지가 개벽한다.'라는 구전口傳이 전해졌다. 그 뒤 6·25동란을 전후하여 하상이 높아져 점차 바위는 도림천道林川 땅속으로 묻히기 시작하였으며, 지금부터 5~6년 전에도 이 바위를 확인할 수 있었으나 최근 전철역電鐵驛이 생기면서 자취를 감추었다고 한다.'고 하였다. 어쨌든 우와피가 쇠내피이고, 소가 누워 있는 형국의 도림천이라는 것인데 우와피가 지리서에 등장하는 것이 1757년에서 1765년 사이에 편찬된 ≪여지도서≫에서이고, 쇠내피라는 말이 채집된 것이 근래라는 점을 생각할 때 우와牛臥로 차자표기된 '쇠눌'이 변하여 쇠내피의 '쇠내'라는 지명으로 굳어지게 되었을 것이다.

그런데 '쇠눌' '쇠내'가 무엇을 뜻하는 말인지를 생각했을 때 우선 고려해야 될 사항은 지명이 대체로 일정지역을 다른 지역과 구별하기 위한 이름을 앞에 두고 일정지역의 일반적 속성을 나타내기 위한 이름이 뒤에 결합하여 형성된다는 사실이다. 그러므로 '쇠눌' '쇠내'의 '쇠'는 '쇠눌' '쇠내'를 다른 지역과 구별하기 위해 붙여진 이름이고, '쇠눌' '쇠내'의 '눌' '내'는 '쇠눌' '쇠내'의 일반적 속성을 가지고 있다는 사실을 나타내기 위한 이름으로 보아야 한다. '쇠눌' '쇠내'의 '눌' '내'가 '쇠눌' '쇠내'가 일반적 속성을 가지고 있다는 사실을 나타내기 위한 이름이라고 할 때 다음으로 고려해야 될 사항은 천川을 뜻하는 우리말이 내이며, 내의 옛말이 나리라는 사실이다. '쇠내'의 '내'야 당연히 천川을 뜻하는 우리말 내로 볼 수 있지만 '쇠눌'의 '눌' 역시 나리에서 파생된 말로 볼 수 있고 보면 '쇠눌' '쇠내'는 내의 이름이 될 수 있을 것이기 때문이다. '쇠눌' '쇠내'가 내의 이름이라고 할 때 그렇다면 '쇠눌' '쇠내'는 어떤 내를 지칭하는 것일까? 지금은 신대방동이 된 우와피리가 도림천 부근에 형성된 마을이며, 우와피가 도림천에 형성된 웅덩이를 지칭하는 말이라는 사실을 생각할 때 '쇠눌' '쇠내'는 도림천을 지칭하는 것이 틀림없다.

지금은 도림천이라 부르지만 도림천의 본래 이름은 마장천馬場川이다. 그리고 마장천이 그와 같은 이름으로 불린 것은 그곳에 말 목장이 있었기 때문이다. 그렇다면 그곳에 말 목장이 있기 이전에는 무엇이라고 불렀을까? 옛 지리서에 나타나는 기록은 없다. 그러나 '쇠눌' '쇠내'가 도림천을 지칭하는 것이라면 당연히 '쇠눌' '쇠내'로 불렀다고 보아 틀림이 없을 것이다.

이와 같이 '쇠눌' '쇠내'가 내의 이름이며, 도림천을 지칭한다고 할 때 '쇠눌' '쇠내'의 '쇠'는 '쇠눌' '쇠내'를 다른 내와 구별하기 위해 붙여진 이름이다. 그런데 일정지역을 다른 지역과 구별하기 위한 이름은 보통은 방위를 지칭하는 이름들이다. 북면北面 동면東面 등의 이름이 그렇고, 상북면上北面 하북면下北面 등의 이름이 그렇다. 그러므로 '쇠눌' '쇠내'의 '쇠' 또한 방위를 지칭하는 이름은 아닐까 하는 생각을 할 수 있는데 여기서 고려해야 될 사항은 동쪽을 뜻하는 우리말이 '술'이라는 사실이다. '술'이 외파外破되면 '스르'가 되는데 이들에서 '솔' '살' '서' '사' '소' '사라' '서라' '소리' '수리' '새' '쇠' 등과 같은 말이 파생되었다. 이들이 동쪽을 뜻하는 말이라는 사실은 샛별을 통해서 입증될 수 있을 것이다. 금金의 훈이 '쇠'이고, 성星의 훈이 '별'인 것에 기대어 금성金星으로 차자표기되는 샛별은 새벽녘 동쪽에 떠 있는 별로 샛별의 '새'는 동쪽을 뜻하기 때문이다. 물론 그 때 'ㅅ'은 사잇소리이다. 사정이 이와 같다고 할 때 '쇠눌' '쇠내'의 '쇠'는 동쪽을 뜻하는 우리말 '솔'에서 파생된 말로 보아 틀림이 없다고 생각되며, 그러므로 '쇠눌' '쇠내'는 마장천馬場川이라 부르기 이전부터 부르던 도림천의 본래 이름으로 동쪽에 있는 내를 뜻하겠다. 도림천은 관악산에서 발원하여 금천현의 읍치에서 동쪽에 위치하는 동면東面에 속해 지금은 관악구冠岳區 봉천동奉天洞이 된 봉천리奉天里를 지나 지금은 관악구 신림동新林洞이 된 신림리新林里를 거쳐 지금은 안양천이라 부르는 대천大川에 합류하는 내이다. 고을의 읍치에서 보아 동쪽에 있는 내라고 생각하여 그와 같은 이름이 붙었을 것이다.

한편 우와피牛臥陂의 또 다른 표기인 우와피牛臥皮는 우와피를 한자음으로 부르게 되면서 생겨나게 되었을 것이다. 그리고 쇠내피는 '쇠눌웅덩이'가 우와피牛臥陂로 표기된 뒤 '쇠눌'에서 변이된 '쇠내'에 우와피의 피陂가 결합하여 생겨난 지명일 것이다.

다른 한편 ≪영등포구지≫를 보면 우와피牛臥陂를 '현 대방동大方洞에 있는 언덕'이라고 하였다. 그러나 지금까지 살펴본 바와 같이 대방동은 당연히 신대방동이라고 해야 맞고, 언덕은 당연히 도림천에 형성된 웅덩이라고 해야 옳을 것이다. 우와피의 피陂를 웅덩이로 새기지 않고 언덕이나 비탈을 뜻하는 파陂로 잘못 새겨 언덕이라고 하였을 것이다. 어쨌거나 우와피를 언덕으로 오해하게 된 것은 그 동안 도림천의 지형이 변하여 우와피가 본래 모습을 잃었기 때문일 것이다.

또 다른 한편 ≪여지도서≫를 보면 우두현牛頭峴이 등장한다. '우두현이 한수漢水 우저牛渚의 위로 깎아 세운 듯이 높이 솟아 있다. 동쪽으로 왕성王城을 바라다보는데 임금을 그리워하는 사람이 있으면 반드시 이 고개에 오른다. 그러한 까닭에 민간에서는 왕현王峴이라고 한다고 전한다.'고 하였다. 여기에 등장하는 우두현의 우牛나 우저의 우牛 또한 우와피의 우牛와 마찬가지로 동쪽을 뜻하는 우리말 '술'에서 파생된 '쇠'를 표기하기 위한 차자일 것으로 생각된다. 우두현이나 우저가 금천현의 읍치에서 보아 동쪽에 있는 고개나 섬으로 인식되어 그와 같은 이름을 갖게 되었을 것이다.

1991년에 간행된 ≪영등포구지≫를 보면 우두현을 '오늘날 영등포永登浦지역에 속하는 명승名勝'이라 하여 ≪여지도서≫에 등장하는 우두현 등에 대한 기록을 인용한 다음 '우두현(牛頭峴, 소머리재)이라는 곳의 위치는 정확히 알 수가 없'다고 하는 한편 '영등포永登浦라는 지명地名이 어디에서 유래된 것인지'를 따지는 또 다른 문맥에서는 '우저牛渚의 정확한 위치를 알 수 없기는 하나 한강漢江 옆에 있었다는 내용과 이 우두현牛頭峴을 소개한 글 바로 뒤에 우와피牛臥陂를 소개한 것을 보면 이 소머리재는 오늘날 영등포역永登浦驛이 있는 곳 같이 추측이' 된다고 하였다.

그러나 영등포역 부근에는 이 책 <영등포동(永登浦洞)>에서 살펴보았듯 고추말고개가 있었거니와 정작 우두현은 동작구銅雀區 상도동上道洞에 위치한 국사봉의 또 다른 이름일 것으로 생각된다. 국사봉은 국사봉國思峰으로도 표기하고, 국사봉國師峰으로도 표기한다. ≪서울특별시 동명연혁고≫ <관악 · 동작구편>을 보면 국사봉이 국사봉國思峰으로 불리게 된 연유에 대해 '이 산은 관악구冠岳區 봉천동奉天洞과 경계를 이루는 산으로 글자 그대로 양녕대군이 이 산에 올라 나라를 생각하고 상감을 걱정했기 때문에 불리어진 이름이다. 양녕대군은 왕세자로서

실덕失德을 저질러 폐세자가 되어 왕의 자리를 동생에게 물려준 뒤 대궐에서 쫓겨났지만 그는 형제간에 우애가 지극하여 이 산에서 멀리 경복궁景福宮을 바라보며 나라와 세종世宗의 일을 걱정했다고 해서 국사봉國思峰이라 했다.'고 하였다. 마치 효령대군孝寧大君과 관련하여 형성된 관악산冠岳山의 연주대설화戀主臺說話를 보는 듯하다. 그리고 국사봉이 국사봉國師峰이라고 불리게 된 연유에 대해서는 '한편 국사봉國師峰으로 칭하게 된 연유는 조선왕조朝鮮王朝 건국建國 당시 무학대사無學大師가 태조太祖의 한양漢陽 도읍都邑을 도우면서 한양을 돌아보니 한양 주변 산세山勢 중에 이곳 국사봉이 백호白虎가 되어 한양 외곽으로 빠져나가는 형국임을 알고 그 맥을 잡아 백호가 빠져나가지 못하도록 사자암獅子庵이란 암자를 지었으므로 무학대사를 국사國師로 보고 국사봉國師峰이라 부르게 되었다는 것이다.'라고 하였다.

《여지도서》의 우두현을 민간에서 왕현王峴으로 불렀다는 이야기나 《서울특별시 동명연혁고》〈관악·동작구편〉의 국사봉國思峰에 대한 이야기는 그곳에 양녕대군讓寧大君 이제(李禔, 1394~1462)의 묘가 있기 때문에 생겨났을 것으로 생각된다. 《여지도서》를 보면 양녕대군묘讓寧大君墓에 대해 '태종대왕太宗大王의 첫째 아들의 휘諱는 제禔인데 금천현 읍치에서 동쪽으로 30리 상도리上道里에 있다. 자손들이 지금까지 대를 이어 묘를 쓴다.'고 하였다. 또한 국사봉國師峰 이야기는 국사봉國思峰이라는 명칭이 생겨난 후 사자암에 관한 이야기와 무학대사(無學大師, 1327~1405) 이야기가 착종되어 생겨났을 것이다.

국사봉의 또 다른 이름으로 궁교산弓橋山이 있다. 궁교산은 《신증동국여지승람》에 등장한다. 《신증동국여지승람》〈금천현〉을 보면 '사자암獅子菴이 궁교산弓橋山에 있다.'고 하였다. 같은 책을 보면 호암산에 대해 기술하면서 윤자尹慈의 설說을 실었는데 윤자의 설에 '금천의 동쪽에 산이 있는데 우뚝하여 그 산세가 북으로 치달아 마치 범이 나아 가는 것과 같다. 그 산에 바위가 있는데 가팔라서 민간에서는 호암虎巖 이라고 부른다. 술가術家가 점을 쳐보고 바위의 북쪽 모퉁이에 절을 세 워 호갑사虎岬寺라 하였다. 거기에서 북쪽으로 7리里를 가면 다리가 있 는데 이름을 궁교弓橋라 하고, 또 그 북쪽 10리里에 암자가 있는데 사자 암獅子菴이라고 한다. 모두 범이 나아가는 듯한 산세를 누르기 위함이었 다.'라고 하였다. 궁교는 관악구 봉천동奉天洞의 도림천에 놓였던 다리 로 지역사람들은 화다리라고 부르고 화교花橋로 표기한다. 화다리는 '활다리'에서 변이된 말로 '활다리'는 궁교의 궁弓을 훈인 '활'로 읽고, 교橋를 훈인 '다리'로 읽어 생겨난 말로 생각된다. 어쨌든 궁교산이라는 이름은 궁교弓橋에서 연유할 것이다.

우두현의 또 다른 이름으로 사자봉獅子峯이 있다. ≪여지도서≫를 보 면 '사자봉獅子峯은 금천현 읍치에서 북쪽으로 10리 성도화동成桃花洞에 있다.'고 하고, 이와는 별도로 우두현을 소개하여 사자봉과 우두현이 서로 다른 산인 것처럼 되어 있다. 그러나 사자봉과 우두현은 서로 다 른 산이 아니다. 여기에 등장하는 성도화동은 1914년 상도리上道里에 통합되어 지금은 동작구 상도동上道洞이 되었다. 성도화동이 상도리에 통합되었고 보면 우두현과 사자봉이 서로 다른 산일 수 없다. 또한 그 것이 사실임은 ≪대동지지≫의 기록이 입증해 줄 수 있을 것으로 생각 된다. ≪대동지지≫ <시흥>을 보면 '삼성산三聖山은 시흥현 읍치에서 동쪽으로 10리에 있다. 과천果川의 관악冠岳과 돌로 연결되어 얽혀 있는 데 기세가 가파른 바위이다. 향로봉香爐峯 남자하동南紫霞洞 북자하동南 紫霞洞 삼막사三藐寺가 있다. 삼성산의 북쪽으로 사자봉獅子峯이 있고, 사자봉 아래에는 도화동桃花洞 사자암獅子庵이 있다. 삼성산의 남쪽으로 옛날에 안양사安養寺가 있었고, 안양사의 남쪽으로 고려 태조가 세운 칠 층 전탑塼塔이 있다.'고 하였다. 여기서 도화동은 성도화동을 달리 일컫 는 말이다.

그리고 우저牛渚는 한강인도교漢江人道橋가 지나는 중지도中之島의 또 다른 이름일 것으로 생각된다. 저渚의 훈에 '섬'이 있고 보면 우저는 '쇠 섬'의 차자표기임이 분명한데 한수漢水가 한강漢江을 달리 일컫는 말이 고 보면 우저는 한강에 있는 섬임에 틀림이 없을뿐더러 중지도中之島 또 한 '쇠섬'을 '사이에 있는 섬'이라는 뜻으로 오해하고 이를 다시 '가운데 있는 섬'으로 해석하여 그와 같이 차자표기하였다고 생각되기 때문이 다. 물론 그 때 지之는 사잇소리 'ㅅ'을 표기한 것일 것이다.

중지도의 공식명칭은 노들섬이다. 중지도가 노들섬이라는 공식명칭 을 갖게 된 것은 1995년이다. 정부에서 추진한 일본식 지명 개선사업 에 따라 서울시지명위원회가 중지도를 일본식 지명이라 하여 노량진鷺 梁津의 우리말 이름인 노들나루에서 노들을 가져와 노들섬이라 고쳤다. 서울시지명위원회가 중지도를 일본식 지명으로 본 것은 중지도가 일 제강점기에 나카노시마로 불렸기 때문일 것이다. 그러나 중지도가 일 제감점기에 나카노시마라고 불렸다고 해서 중지도를 일본식 지명으로 볼 일은 아니다. 나카노시마는 중지도中之島의 일본식 발음일 뿐이다. 더구나 중지도는 일제 때 갑자기 생겨난 섬도 아니다. 한강인도교가 가 설되기 전까지 중지도에는 납천정리納泉井里라는 마을이 있었다. 1980 년에 간행된 ≪서울특별시(特別市) 동명연혁고(洞名沿革攷)≫ <용산 구편(龍山區篇)>을 보면 '제1한강교第1漢江橋 가운데 있는 중지도中之島 를 납천정리納泉井里라고 했는데 이는 이 마을에 물맛이 좋은 우물이 있어서 이 우물물을 궁중宮中에 상납上納했다고 하는 데서 붙여진 이름이다. 그러나 이 마을은 한강漢江 인도교人道橋가 가설架設되면서 폐동廢洞되고 그 우물도 자취를 감추게 되었다.'고 하였다. 중지도라는 이름의 섬에 사람들이 살게 되면서 납천정리라는 마을 이름이 생겨났고, 그러한 까닭으로 납천정리라는 마을 이름이 중지도를 대신하여 사용되기도 하였을 것이다.

6. 고사리 신고사리라는 지명의 유래

고사리高寺里는 조선 영조英祖 때 편찬된 ≪국조인물고(國朝人物考)≫에 전하는 1,400년대 후반에 지어진 <노한비명(盧閈碑銘)>에 등장한다. <노한비명>은 노사신(盧思愼, 1427~1498)의 부탁으로 김수온(金守溫, 1410~1481)이 지은 노한(盧閈, 1376~1443)의 묘비명墓碑銘으로 노한이 '어머니 왕씨王氏의 상을 당하여 금천衿川 북면北面 고사리高寺里의 언덕에 장사지냈다.'고 하였다. 노한은 조선 세종 때의 문신으로 본관이 교하交河이고, 자가 유린有隣이며, 호는 효사당孝思堂이고, 시호가 공숙恭肅이다. 민제(閔霽, 1339~1408)의 사위이자 태종의 동서이고, 노사신의 조부祖父이다. 정종定宗 2(1400)년에 공조의랑工曹議郎이 되었고, 지사간원사知司諫院事를 거쳐 태종 3(1403)년에는 좌부승지左副承旨가 되었으며, 이조전서吏曹典書 경기도관찰사京畿道觀察使 등을 거쳐 한성부윤漢城府尹으로 있던 9(1409)년 처남 민무구(閔無咎, ?~1410) 형제의 옥사에 연좌되어 파직되었다가 세종 4(1422)년에 다시 한성부윤으로 복관

되고, 그 뒤 형조판서刑曹判書 찬성사贊成事 대사헌大司憲 등의 벼슬을 거쳐 17(1435)년에는 우의정右議政이 되었으나 19(1437)년 언사言事가 임금의 뜻에 거슬려 파직된 뒤 고사리에 내려와 살다가 세상을 떠났다.

그 후 고사리는 1757년에서 1765년 사이에 편찬된 ≪여지도서≫에 지금은 대방동이 된 번당리를 비롯한 방학호리 마포리 우와피리와 함께 금천현 하북면에 속한 마을로 등장한다. 그러나 ≪여지도서≫ 이후 고사리는 금천현의 기록에서 사라진다. 대신 1789년에 편찬된 ≪호구총수≫를 보면 경기도 과천현果川縣 하북면下北面에 속한 마을로 흑석리黑石里 노량리露梁里 상가차산리上加次山里 하가차산리下加次山里 옹막리瓮幕里 옹점리瓮店里와 함께 고사리高寺里가 등장한다. 고사리가 ≪여지도서≫가 편찬된 1757년에서 1765년 사이 이후 ≪호구총수≫가 편찬된 1789년 이전 어느 때인가 과천현에 편입되었기 때문에 그럴 것이다.

과천현에 편입되었던 고사리는 1914년 행정구역개편 때 시흥군이 과천군果川郡과 안산군安山郡을 병합하면서 신촌분리新村分里 옹점리瓮店里 옹막리瓮幕里와 합쳐져 경기도 시흥군 북면北面 노량진리鷺梁津里가 되었다. 당시 경기도 시흥군 북면에는 노량진리를 비롯하여 도림리道林里 구로리九老里 당산리堂山里 양평리楊坪里 신길리新吉里 번대방리番大方里 영등포리永登浦里 본동리本洞里 흑석리黑石里 동작리銅雀里가 속해 있었고, 영등포리가 군소재지郡所在地와 면소재지面所在地였다.

신고사리新高寺里는 1789년에 편찬된 ≪호구총수≫에 지금은 대방동이 된 번대방리를 비롯한 우와피리 방하곶리 영등포리 신길리와 함께 경기도 금천현衿川縣 하북면下北面에 속한 마을로 나타났다가 그 이후 기록에서 사라지는 마을 이름이다. 신고사리가 기록에서 사라진 이유는 분명치 않다. 고사리가 과천현에 편입된 후 고사리 근처에 새로이 마을이 생겨나 신고사리가 되었는데 이 또한 과천현 하북면 고사리에 통합되었기 때문에 그럴 것이라 짐작되나 실상을 알 수 없다.

한편 ≪서울특별시 동명연혁고≫ <관악·동작구편>에 소개되어 있는 노량진동鷺梁津洞과 대방동大方洞의 자연부락 명칭에 높은절이가 등장한다. 높은절이는 고사리를 지칭한다. 노량진동쪽의 기록은 높은 절이가 고사리高寺里인 것을 밝히고, '현재 노량진동과 대방동, 상도동 과 경계가 되는 노량진동 산山 10번지의 지대가 높은 곳에 청련암이란 절이 있어서 붙여진 이름으로 고려 때 노 정승의 사패지라고 하는데 이 에 따라 고사리회高寺里會가 있기도 하다.'고 하였고, 대방동쪽의 기록 은 높은절이에 대해 '청련암青蓮庵 아래에 있는 마을로 높은 절 아래에 있는 마을이라 하여 붙여진 이름이다.'라고 하였다. 사패지賜牌地는 사 전賜田이라고도 하는데 왕족이나 나라에 큰 공을 세운 벼슬아치에게 내 려 준 논밭을 일컫는 말이다.

고사리高寺里는 우리말 지명 높은절이의 차자표기이다. 고高의 훈이 '높을'이고, 사寺의 훈이 '절'이기 때문에 차자되어 한자의 뜻 그대로 쓰 였다. 그리고 리里는 높은절이의 '이'의 표기이면서 고사리가 마을이라 는 일반적 속성을 가지고 있는 동시에 조선시대 후기 방리제坊里制가 확 산됨에 따라 가장 작은 지방행정구역단위라는 사실을 나타낸 것이다.

고사리나 높은절이는 '높은절'에서 연유하는 마을 이름일 것이나 '높 은절'이 절의 고유이름으로 생각되지는 않는다. ≪서울특별시 동명연 혁고≫ <관악·동작구편>의 설명대로 청련암青蓮庵을 지칭하는 것으 로 생각된다. 청련암이 지리서에 등장하기는 1899년 11월에 저술된 ≪시흥군읍지(始興郡邑誌)≫가 처음인데 이름만 소개되어 있다. 그러나 그 연원은 통일신라시대統一新羅時代로 거슬러 올라가는 모양이다. ≪서울특별시 동명연혁고≫ <관악·동작구편>을 보면 '청련암은 통일신라시대統一新羅時代 원효대사(元曉大師, 617~686)가 창건하였다고 한다.'고 하였다. 원효대사가 창건했다는 절이 하도 많아서 그 말을 곧이곧대로 믿을 수는 없는 일이지만 하여튼 김수온이 지은 <노한비명>에 고사리라는 마을 이름이 등장하는 것을 보면 꽤 오래된 절인 것만은 사실일 것이다.

≪한국지명총람≫ <서울편>을 보면 청련암에 대해 '대방동 1번지 비선거리 위에 있는 암자'라고 하고는 '이 암자는 신라시대에 지은 것이라 전하나 상고할 수 없으며, 고로古老들이 전하는 바에 의하면 선조대왕 때 옥계玉溪선생이라 불리던 노진盧禛 씨가 그 때 재상으로 있으면서 그 부모의 명복을 빌기 위해서 지은 것인데 지금으로부터 약 100년 전에 불이 났는데 석가존상만은 엄연히 화를 면한 바 있어 그 절 화상이 분발하여 다시 모금하여 중건 중수하고, 그 뒤에 석가 약사 아미타불 세 존상을 중수하고 6·25 때 일부가 폭격을 당하여 다시 중수하였다고' 한다고 하였다. 노진(1518~1578)은 조선 선조 때의 문신으로 본관이 풍천豊川이고, 자가 자응子膺이며, 호는 옥계玉溪이고, 시호가 문효文孝이다. 조선 세종 때의 문신인 노숙동(盧叔仝, 1403~1463)의 후손으로 경상도慶尙道 함양咸陽사람이다. 명종 1(1546)년에 문과에 급제하여 경상도관찰사慶尙道觀察使 대사간大司諫 대사헌大司憲 등을 거쳐 이조판서吏曹判書를 지냈다. 저서로 ≪옥계문집(玉溪文集)≫이 있다.

그러나 ≪한국지명총람≫에서 이른바 고로들이 전한다는 옥계 노진의 이야기는 노한盧閈의 조부祖父 노진(盧禛, ?~?)의 이야기와 노한의 이야기, 옥계 노진의 이야기가 서로 섞이면서 와전되어 생겨난 것

으로 생각된다. 노한의 조부 노진은 고려 공양왕恭讓王의 장인으로 본
관이 교하交河이고, 시호는 제효齊孝이다. 공민왕恭愍王 21(1372)년에 판
밀직判密直이 되어 사은사謝恩使로 명明나라에 다녀왔고, 22(1373)년에
는 평리評理가 되었으나 우왕禑王 2(1376)년 그 아들 노선(盧瑄, ?~13
76)이 홍윤(洪倫, ?~1376) 등과 역모를 꾀하다가 죽임을 당하자 그로
인하여 유배되었다가 아들인 노한의 아버지 노균(盧鈞, ?~?) 등과 함
께 주살되었다. 1389년 공양왕이 즉위하여 딸이 순비順妃가 된 후 창
성군昌城君에 추증되었다.

옥계 노진盧禛의 이야기를 노한의 조부인 노진의 이야기와 노한의
이야기, 옥계 노진의 이야기가 서로 섞이면서 와전되어 생겨난 것으로
보는 것은 옥계 노진이 태어나기 훨씬 이전에 지어진 <노한비명>에
고사리가 등장하는데다가 ≪국조인물고≫에 전하는 조선 인조仁祖 때
의 문신인 이정귀(李廷龜, 1564~1635)가 지은 <노진비명(盧禛碑銘)>
만을 보더라도 옥계 노진은 경상도 함양사람으로 금천과는 아무런 연
고가 없을뿐더러 노한의 조부인 노진과 노한이야 말로 고사리와 관련
이 있는 인물이기 때문이다. 고사리에 노한의 선영先塋이 있었을 뿐만
아니라 노한이 세종 19(1437)년 우의정으로 있다가 파직당한 후 우거
한 곳이 바로 고사리였다. ≪여지도서≫를 보면 노한을 금천현 출신의
명환名宦으로 꼽아 '우의정右議政 노한은 자가 유린有隣이고, 시호는 공
숙恭肅이며, 본관은 교하交河이다. 나이 여남은 살에 부친상을 당하였
는데 어머니 왕王 씨를 모시고 금천현 고사리古寺里에 와서 우거寓居하
였다.'라고 하였다. 우거란 타향에서 임시로 몸을 붙여 사는 것을 일컫
는 말이다.

또한 고사리에 노한의 묘가 있었다. <노한비명>을 보면 '노한을 어

머니 왕씨의 묘 곁, 부인 민씨閔氏의 오른쪽에 붙여 장사지냈다.'고 하였는데 앞에서 살펴보았듯 노한은 어머니 왕씨를 고사리의 언덕에 장사지냈다. ≪신증동국여지승람≫을 보면 노한과 그 손자로 영의정領議政을 지낸 노사신의 묘가 금천현 읍치에서 북쪽으로 20리에 있다고 하였고, ≪여지도서≫를 보면 우의정 노한의 묘와 영의정 노사신 묘, 영의정의 아들인 영돈녕領敦寧 노공필(盧公弼, 1445~1516)의 묘가 금천현읍치의 북쪽 고사리高寺里에 있다고 하였다. 그러나 이들 묘는 그 후 언제인가 경기도 파주시坡州市 파주읍坡州邑 백석리白石里로 이장된 모양이다. 지금은 그곳에 있다.

또한 고사리에 노한이 세운 효사정孝思亭이 있었다. 효사정은 ≪신증동국여지승람≫에 등장한다. ≪신증동국여지승람≫을 보면 '효사정孝思亭이 노량도露梁渡 남쪽 언덕에 있는데 우의정右議政 노한盧閈의 별서別墅이다.'라고 하였다. 별서는 전장田莊이 있는 부근에 따로 한적閑寂하게 지은 집을 일컫는 말이다. 그러므로 ≪서울특별시 동명연혁고≫ <관악 · 동작구편>의 '현재 노량진동과 대방동, 상도동과 경계가 되는 노량진동 산山 10번지의 지대가 높은 곳에 청련암이란 절이 있어서 붙여진 이름으로 고려 때 노 정승의 사패지라고 하는데 이에 따라 고사리회高寺里會가 있기도 하다.'고 한 언급 중 '고려 때 노 정승'은 노한의 조부 노진을 지칭하는 것으로 생각된다. 그곳에 노한의 별서가 있었다는 점이나 노진이 공양왕의 장인이라는 점을 생각할 때 '노 정승의 사패지'는 노한의 전장을 지칭한다고 생각되기 때문이다.

그러나 효사정은 그 뒤 허물어졌던 것으로 생각된다. ≪여지도서≫를 보면 효사정 옛터가 등장한다. '효사정 옛터가 노량露梁 남쪽 언덕에 있다. 우의정右議政 노한盧閈이 어머니 왕王씨의 상을 당하여 장례를 마친 다음 집의 북쪽 언덕에 정자를 지어 여막을 삼고 올라 바라봄으로써 부모님을 사모하는 회포를 풀었다. 민간에서 전하기를 효사정孝思亭이라고 한다.'고 하였다. 왕씨가 돌아간 것은 세종 21(1439)년의 일이다. 그 때 노한의 나이는 64세였다. 효사정이란 정자이름은 ≪신증동국여지승람≫에 전하는 조선 성종成宗 때의 문신인 강희맹(姜希孟, 1424~1483)이 지은 기문記文에 의하면 강희맹의 아버지로 조선 세조世祖 때의 문신인 강석덕(姜碩德, 1395~1459)이 노한의 아들이자 노사신의 아버지로 동지돈녕부사同知敦寧府事를 지낸 노물재(盧物載, ?~1446)의 부탁으로 지었다고 한다.

위와 같은 사실을 생각할 때 노한의 조부 노진盧稹의 이야기가 이름의 소리가 같다는 점 때문에 옥계 노진盧禛에게로 옮겨가고, 노한의 효사정에 대한 이야기가 청련암으로 옮겨가는 등의 과정을 거쳐 급기야는 옥계 노진의 청련암 이야기가 생겨났다고 보아 틀림이 없을 것이다. 그랬거나 어쨌거나 청련암이 높은 지대에 있었기 때문에 '높은절'이라고 불렀고, 그 절 아래에 형성된 마을이기 때문에 높은절이라고 불렀을 것이다.

한편 신고사리新高寺里는 고사리가 과천현에 편입된 후 고사리 근처에 새로이 마을이 생겨났기 때문에 고사리와 구별하기 위해 명명된 이름으로 생각된다.

여의도동(汝矣島洞)

1. 여의도동의 유래

　여의도동은 원래 여률리汝栗里였다. 여률리가 이 세상에 처음으로 등장하는 것은 1914년 행정구역개편 때이다. 1917년에 발간된 ≪신구대조조선전도부군면리동명칭일람(新舊對照朝鮮全道府郡面里洞名稱一覽)≫ <고양군(高陽郡)>을 보면 이 때 경성부京城府 서강면西江面에 속해 있던 마을인 율도栗島와 경성부 연희면延禧面에 속해 있던 마을인 여의도汝矣島를 통합하여 여률리라고 하고 경기도京畿道 고양군高陽郡 용강면龍江面에 속하게 하였다. 본문에는 여률리女栗里로 표기되어 있지만 이는 명백히 여률리汝栗里의 오기이다. 여률리는 여의도의 여汝와 율도의 율栗을 합성하여 만든 마을 이름임이 분명한 까닭이다.
　고양군 용강면에 속해 있던 여률리는 1936년 일제日帝가 경성부京城府를 확장하면서 경성부에 편입되게 되는데 이 때 마을 이름을 여의도정汝矣島町으로 바꿨고, 1940년에는 새로 설치된 경성부 서부출장소西部出張所에 속하게 된다.

경성부 서부출장소 속해 있던 여의도정은 1943년 경성부가 구제區制를 실시하면서 다시 여의도지역과 율도지역이 나뉘어 여의도지역은 새로 설치된 영등포구永登浦區에 속하게 되어 경성부 영등포구 여의도정이 되었고, 율도지역은 새로 설치된 서대문구西大門區에 속하게 되어 경성부 서대문구 율도정栗島町이 되었다가 1944년 마포구麻浦區가 새로 설치될 때 마포구에 속하게 되어 경성부 마포구 율도정이 되었다.

여의도정과 율도정은 해방을 맞고 난 다음해인 1946년 경성부가 서울시로 바뀌면서 일본식 마을지칭인 정町을 청산하고 여의도동汝矣島洞과 율도동栗島洞이 되어 서울시 영등포구 여의도동과 서울시 마포구 율도동이 되었다가 1949년에는 서울시가 서울특별시가 되면서 서울특별시 영등포구 여의도동과 서울특별시 마포구 율도동이 되었으나 마포구에 속해 있던 율도동은 서울특별시가 수립한 여의도개발3개년계획汝矣島開發3個年計劃이 시행되면서 토사와 암석을 여의도를 돋우는데 사용하기 위해 1968년 율도동에 살던 주민들을 마포구 창전동倉前洞 와우산臥牛山 중턱으로 이주시키고 밤섬을 폭파함으로써 세상에서 그 본모습이 사라지게 되었다. 영등포구청永登浦區廳에서 2004년에 발행한 ≪영등포(永登浦) 근대(近代) 100년사(年史)≫를 보면 '여의도 개발공사로 인하여 아름답던 밤섬이 사라지게 되었고, 당시 이곳에 거주하던' '62가구 443명의 원주민은 1968년 2월 28일 마포구 창전동 와우산 중턱으로 이주하였다'고 하였다. 물론 그렇다고 해서 밤섬이 완전히 사라진 것은 아니다. 원래의 모습을 잃고 사람이 살 수 없는 땅이 되었지만 여전히 섬으로 남아 여의도동에 그 대부분이 속해 있다. 그 동안 한강

퇴적물로 해서 넓이가 늘어났을 뿐만 아니라 나무와 풀이 우거지고 새들이 모이면서 도심 속의 철새도래지로 널리 알려졌고, 1999년에는 자연생태계보전지역自然生態界保全地域으로 지정되었다.

한편 1914년 행정구역개편이 되기 이전 연희면에 속해 있던 여의도와 서강면에 속해 있던 율도는 섬 자체가 아니라 여의도汝矣島와 율도栗島에 형성된 마을을 지칭하는 말로 사용된 것이다. 이들 섬은 조선시대 한성부에 속해 있었지만 그러나 언제부터 그곳에 마을이 형성되었는지는 알 수 없다. 다만 ≪연산군일기(燕山君日記)≫ <12년 6월 계유(癸酉)>를 보면 '전교하기를 '잠령蠶嶺 동룡단東龍壇 백석리白石理 흑석리黑石里 와리瓦里 마포麻浦 등지의 멀리서나 가까이서나 훤하게 바라보이는 인가와 여화도汝火島 율도栗島 등지의 인가를 모두 다류목多柳木으로 철거시키고 빙둘러서 담을 쌓아라. 옮겨 살게 한 지역이 만약 비좁으면 광흥창동廣興倉洞 안에 또한 담을 쌓고 살게 하며 창동倉洞에서 서울로 들어오는 길을 막아 통행하지 못하게 하라.'고 하였다.'고 하였다. 여화도汝火島는 여의도의 또 다른 표기이다. 그러니 적어도 조선朝鮮 연산군燕山君 12(1506)년 이전부터 여의도와 율도에 사람이 살고 있었다는 이야기가 된다.

그러나 여의도나 율도가 마을 이름으로 기록에 등장하게 되는 것은 조선 후기이다. ≪승정원일기(承政院日記)≫ <정조(正祖) 7년 11월 기해(己亥)>를 보면 서부西部 서강방西江坊에 속한 마을로 율도계栗島契가 등장하고, 북부北部에 속한 마을로 여의도계汝矣島契가 등장한다. 그리고 ≪정조실록(正祖實錄)≫ <12년 10월 갑진(甲辰)>을 보면 '각부各部의 방坊과 계契의 명칭을 정하였다. 한성부漢城府가 아뢰기를 '…… 북부北部의 선혜청계宣惠廳契 경리청계經理廳契 조지서계造紙署契 훈창계

訓倉契 금창계禁倉契 어창계御倉契를 하나의 방으로 만들고, 홍제원계弘濟院契 양철리계梁哲里契 역계驛契 사계私契 불광리계佛光里契 갈현계葛峴契 신사동계新寺洞契 말흘산계末屹山契를 하나의 방坊으로 만들고, 아현계阿峴契 세교리細橋里1계와 2계 연희궁계延禧宮契 가좌동嘉佐洞1계와 2계 성산리계城山里契 증산리계甑山里契 수색리계水色里契 휴암리계鵂巖里契 구리계舊里契 망원정望遠亭1계와 2계 3계 합정리계合亭里契 여화도계汝火島契를 하나의 방으로 만들었습니다. 그러나 세 방의 이름을 감히 마음대로 정할 수가 없습니다.'라고 하니 선혜청계 이하 여섯 계의 방명坊名은 상평방常平坊이라 정하고, 홍제원계 이하 여덟 계의 방명은 연은방延恩坊이라 정하고, 아현계 이하 열여섯 계의 방명은 연희방延禧坊이라 정하고서 금년부터는 호적戶籍에 이 방명을 들어 쓰도록 하라고 명하였다. …… 이 때 다리 없는 것을 금지하는 절목을 반포해 시행해야 했는데 각부各部에 계契만 있고 방坊이 없거나 방만 있고 계가 없는 곳이 있었으므로 비로소 그 이름을 정한 것이다.'라고 하였다. 정조 7년이면 1783년이고, 12년이면 1788년이다.

또한 1789년에 편찬된 ≪호구총수(戶口總數)≫를 보면 한성부 북부北部 연희방延禧坊에 속한 마을로 여의도계汝矣島契와 한성부 서부西部 서강방西江坊에 속한 마을로 율도계栗島契가 등장한다. 방坊은 한성부를 부部 방坊 리里의 행정구역단위로 나눈 데서 연유하는 것으로 부部 밑에 방이 있고, 방 밑에 리里가 있었으며, 지방행정조직의 면面에 해당한다. 또한 계契는 옛날부터 내려오는 우리나라의 독특한 협동자치조직의 하나를 일컫는 말이나 여기서는 방坊 밑에 있던 말단 행정구역단위인 리里를 바탕으로 조직된 도성수비都城守備를 위한 자치조직을 일컫는 말로 생각된다. 1985년에 간행된 ≪서울특별시(特別市) 동명연혁고(洞名沿

革罷)≫ <영등포구편(永登浦區篇)>을 보면 '조선조朝鮮朝 후기後期 영조시대英祖時代에 와서는 여의도汝矣島가 한 민간마을로 인정을 받게 되었다. 즉 영조英祖 27(1751)년에 도성수비都城守備를 위하여 작성, 발간된 수성책자守城册子인 ≪도성삼군문분계총록(都城三軍門分界總錄)≫에 의하면 훈련도감訓鍊都監 우정右停에 속한 북부北部 연희방延禧坊의 동계洞契 중 여의도계汝矣島契가 있음을 볼 수 있다. 이러한 조직은 도성수비都城守備에 대한 …… 자진 참가를 위한 것이었으며, 유사시有事時에는 각동계各洞契에 속한 주민들이 각기 정해진 분담구역으로 출동하여 해당 군문軍門의 지휘를 받았던 것으로 여의도汝矣島의 주민들은 훈련도감訓鍊都監 군문軍門의 지휘를 받아 수성守城에 임하게 되었던 것이다.'라고 하였다. 그러나 위에 인용된 언급에는 문제점이 없지 않다. 영조 27(1751)년에 발간된 ≪도성삼군문분계총록≫에서 훈련도감 우정에 속한 북부 연희방延禧坊의 동계 중 여의도계汝矣島契를 볼 수 있다고 한 것이 그것이다. 앞에서 살펴본 ≪정조실록≫의 기록을 통해서 알 수 있듯 1751년이면 연희방延禧坊이라는 방坊이름이 이 세상에 나오기도 전이기 때문이다. 그런데 서울특별시特別市가 1978년에 간행한 ≪서울육백년사(六百年史) 제이권(第二卷)≫을 보면 ≪도성삼군문분계총록≫의 내용을 소개하면서 여의도계를 비롯한 북부北部 연희방에 속했던 계를 열거하고 있다. 필자는 ≪도성삼군문분계총록≫을 아직 보지 못했거니와 위의 기술 역시 ≪도성삼군문분계총록≫을 직접 보고 기술한 것이 아니라 ≪서울육백년사 제이권≫에 수록된 내용을 보고 기술한 것으로 생각된다. ≪서울육백년사 제이권≫에 수록된 내용이 어떤 이유로 그와 같은 내용으로 되었는지 모를 일이다. 하지만 여기서 분명하게 이야기할 수 있는 것은 그 때 여의도계汝矣島契는 충분히 존재할 수 있었을 것이라는 점이다. 1783년에 분명히 여의도계가 존재했고 보면 1751년 이라고 해서 사정이 크게 다를 것으로 생각되지는 않기 때문이다.

어쨌든 여의도계와 율도계는 그 후 조선이 망할 때까지 존속하다가 일제가 우리나라를 강점하면서 도성수비都城守備를 위한 자치조직인 계 契가 해체되고 여느 지방행정조직과 마찬가지로 가장 작은 지방행정구 역단위인 리里 동洞으로 돌아갔던 것으로 생각된다. 1912년에 조선총 독부朝鮮總督府에서 발간한 ≪구한국지방행정구역명칭일람(舊韓國地方 行政區域名稱一覽)≫을 보면 당시 경성부京城府에 속했던 마을 이름이 모두 계契가 제거된 채 기재되어 있으며, 여의도계와 율도계도 마찬가 지여서 경성부 연희면延禧面에 속한 마을로 여의도汝矣島가 기재되어 있 고, 경성부 서강면西江面에 속한 마을로 율도栗島가 기재되어 있다. 여의 도와 율도가 가장 작은 지방행정구역단위인데도 불구하고 여의도동汝 矣島洞이나 여의도리汝矣島里 혹은 율도동栗島洞이나 율도리栗島里가 아닌 여의도 율도로 기재된 것은 여의도와 율도를 여의도동汝矣島洞이나 여 의도리汝矣島里 혹은 율도동栗島洞이나 율도리栗島里로 부른 것이 아니라 그냥 여의도와 율도로 불렀기 때문일 것이다.

2. 여의도동이라는 지명의 유래

여의도동은 여의도라고 불리는 섬에 형성된 마을이기 때문에 생겨 난 지명이다. 여의도汝矣島의 또 다른 표기로 잉화도仍火島 여화도汝火島 나의주羅衣洲 등이 있다.

여의도의 또 다른 표기 중 가장 먼저 기록에 등장하는 것은 잉화도仍火島이다. ≪세종실록(世宗實錄)≫ <3년 1월 을유(乙酉)>를 보면 잉화도仍火島가 등장한다. '예조禮曹에서 예빈시禮賓寺에 올린 보고에 의거해 아뢰기를 '양 돼지 닭 오리 당기러기 등은 전에는 홍제원동洪濟院洞에 있는 수연水碾과 서강西江에 있는 잉화도仍火島 등의 곳에 나누어 길렀는데 권지직장權知直長을 보내어 감독하여 기르게 하였으나 마음을 써 먹여 기르지 아니하는 까닭에 양과 돼지가 날로 말라가오니 수초水草 좋은 곳에다가 전구서典廐署의 전례에 의거하여 관청을 짓고 본시本寺 관리를 나누어 보내서 감독하여 기르게 하소서.'라고 하니 그대로 따랐다.'고 하였다. 세종 3년이면 1421년이다. 전구서는 조선시대 초기 제향祭享의 희생犧牲으로 쓸 가축의 사육에 관한 일을 맡아보던 관아로 뒤에 전생서典牲署로 바꼈다. 그리고 권지직장이란 직장直長의 벼슬을 임시로 맡은 사람을 지칭하는 말로 조선시대 직장은 종7품從七品의 벼슬이었다. 또한 1530년에 편찬된 ≪신증동국여지승람(新增東國輿地勝覽)≫ <한성부(漢城府)>를 보면 '잉화도仍火島는 서강西江의 남쪽에 있다. 축목장畜牧場이 있는데 사축서司畜署와 전생서典牲署의 관원 각 1인을 나누어 파견하여 기르는 것을 감독한다.'고 하였다. 사축서는 조선시대 말이나 소 이외의 가축을 기르는 일을 맡아보는 관아官衙를 지칭하던 말이고, 전생서는 조선시대 제향祭享에 쓸 희생犧牲을 기르는 일을 맡아보는 관아를 지칭하던 말이다.

여의도의 또 다른 표기 중 잉화도仍火島 다음으로 기록에 등장하는 것은 여화도汝火島이다. 앞에서 살펴본 바와 같이 ≪연산군일기≫ <12년 6월 계유>를 보면 여화도汝火島가 등장한다. 연산군 12년이면 1506년이다.

여의도의 또 다른 표기 중 가장 나중 기록에 등장하는 것은 나의주羅

衣洲이다. 조선 현종顯宗 때 유형원(柳馨遠, 1622~1673)이 편찬한 ≪동
국여지지(東國輿地志)≫를 보면 여의도가 나의주羅衣洲라는 또 다른 표
기로 등장한다. ≪동국여지지≫ <한성부>를 보면 '나의주羅衣洲는 도
성都城에서 서西쪽으로 15리 서강西江 가운데에 있다. 민간에서는 잉화
도仍火島라고 부르는데 본래는 율주와 서로 이어져 있었으나 큰 비로 홍
수가 나 갈라져 둘이 되었다. 축목장畜牧場이 있는데 사축서司畜署와 전
생서典牲署의 관원官員을 나누어 파견하여 기르는 것을 감독한다.'고 하
였다. 또한 조선 고종高宗 때 저술된 ≪동국여지비고(東國輿地備考)≫
<한성부(漢城府)>를 보면 '나의주羅衣洲는 잉화도仍火島라고도 하는데
도성都城에서 서쪽으로 15리에 있으니 곧 서강西江 남쪽이다. 율주栗洲
와 서로 이어져 있었으나 홍수가 나 갈라져 둘이 되었다. 옛날에는 축
목장畜牧場이 있어 사축서司畜署와 전생서典牲署의 관원官員을 나누어 파
견하였으나 후에 폐지되었다. 지금은 옛 사축서의 양羊 50마리 염소 6
마리를 놓아기른다. 위토전位土田이 서울에 92일 갈이가 있는데 1년의
세금이 222냥이다.'라고 하였다.

여의도가 여의도汝矣島라는 표기로 등장하는 것은 ≪승정원일기≫
<영조(英祖) 17년 4월 기해(己亥)>의 기록이 처음인 듯하다. 영조 17
년이면 1741년으로 ≪승정원일기≫를 보면 공물貢物로 바치는 양 염소
와 관련하여 여의도汝矣島가 등장한다. 이후 여의도汝矣島는 여의도에
대한 표기로 점차 일반화되어 갔던 것으로 생각된다. 앞에서 언급한 바
와 같이 1789년에 편찬된 ≪호구총수(戶口總數)≫에도 여의도汝矣島로
표기되었고, 1864년에 김정호(金正浩, ?~1864)가 저술한 ≪대동지지
(大東地志)≫에도 여의도汝矣島로 표기되었다. ≪대동지지≫ <한성부
(漢城府)>를 보면 '여의도汝矣島는 율도栗島의 서쪽에 있다. 곱고 깨끗

한 모래가 육지와 잇닿았다. 전생서典牲署 외고外庫가 있어 양羊을 친다.'고 하였다.

잉화도仍火島 여화도汝火島 나의주羅衣洲의 도島나 주洲는 '섬'을 표기하기 위한 차자이다. 도島의 훈이 '섬'이고, 주洲의 훈에 '섬'이 있기 때문에 그와 같이 차자되었을 것이다. 다만 주洲와 도島가 다른 점이 있다면 도島는 본래 한자의 뜻이 그렇듯 보통 바다나 강 호수 어디에 있든 가리지 않고 섬을 표기하기 위한 차자로 사용되지만 주洲는 본래 한자의 뜻이 그렇듯 강이나 호수 가운데 모래가 쌓여 형성된 섬을 표기하기 위한 차자로만 사용된다는 것이다. 나의주의 경우 도島로 차자하여도 상관없는 일이지만 여의도가 한강漢江에 형성된 섬이기 때문에 굳이 주洲로 차자하였을 것이다.

잉화도의 잉화仍火는 이 곳 영등포지역의 고구려 때 이름인 잉벌노현仍伐奴縣에서 연유하는 표기이다. 잉화仍火가 잉벌노현의 잉벌仍伐에서 파생된 표기이기 때문이다. ≪신증동국여지승람≫을 보면 울산군蔚山郡의 신라 때 이름인 굴아화촌屈阿火村을 소개하면서 '신라의 지명地名에는 화火로 일컫는 지명이 많다. 화火는 곧 불弗에서 온 것이고, 불弗은 또한 벌伐이 변한 것이다.'라고 하였다. 여기서 화火는 훈인 '불'을 표기하기 위해 차자한 것이고, 불弗 벌伐은 음인 '불' '벌'을 표기하기 위해 차자한 것이다.

잉벌仍伐은 '나벌'을 표기하기 위한 차자이다. 이 책 <잉벌노현 곡양현이라는 지명의 유래>에서 자세히 살펴보았듯 고대지명표기古代地名表記에서 잉仍은 내乃와 함께 보통 음을 빌어 '나'를 표기하기 위한 차자로 사용되었기 때문이다. '나벌'은 너른 벌을 뜻할 것으로 생각된다. '나벌'의 '나'와 '너르다.'의 '너르'는 서로 동일한 말에서 파생된 말로 생각되는 까닭이다. 유창균(兪昌均, 1925~) 교수는 1980년에 출간한『한국(韓國) 고대한자음(古代漢字音)의 연구(研究) I』에서 잉잉仍의 본래 한자음을 '날'로 보았으며, 잉벌仍伐로 차자표기된 '나벌' 또한 '날벌'에서 '날'의 'ㄹ'이 소거消去된 형태로 보았다. 이와 같은 사정을 생각할 때 잉화仍火는 '나불'의 차자표기이고, '나불'은 잉벌仍伐로 차자표기된 '나벌'에서 파생된 말로 '나벌'과 마찬가지로 너른 벌을 뜻하는 말이라고 보아 틀림이 없을 것이다.

그러므로 잉화도는 '나불섬'의 차자표기인데 그렇다면 '나불섬'은 무엇에서 연유하는 이름인가? 넓은 섬이라서 '나불섬'이라고 불렀을까? 그러나 섬이 넓다는 이유 때문에 '나불섬'이라고 부른 것 같지는 않다. '나불섬'의 '나불'이 잉벌仍伐로 차자표기된 '나벌'에서 파생된 말이라는 사실을 생각할 때 당연히 잉벌노현에 딸린 섬이었기 때문에 '나불섬'이라고 불렀다고 보아야 할 것이다.

그러나 '나불섬'은 조선시대 한성부에 속한 섬이었다. 잉벌노현에 딸린 섬이었다면 당연히 금천현에 속했어야 할 '나불섬'이 조선시대에 들어와서 한성부에 속하게 된 까닭은 무엇일까? 그것은 '나불섬'이 도성과 가까울 뿐만 아니라 사축서司畜署와 전생서典牲署의 축목장畜牧場이 있어 조정朝廷에서 직접 관리할 필요가 있었기 때문일 것이다. 축목장은 조선이 도읍을 한양漢陽으로 옮기면서 나라의 제향祭享에 쓸 희생을 공급할 목적으로 설치하였을 것이다. ≪명종실록(明宗實錄)≫ <11년 4월 임진(壬辰)>을 보면 '간원諫院이 아뢰기를 '잉화도仍火島는 양화진楊花津과 율도栗島 사이에 있는 별도의 구역으로 조종조祖宗朝 때부터 돼지와 양을 방목하여 가축을 기르는 곳으로 만들어 전생서典牲署와 사축서司畜署의 관원으로 하여금 관장하게 하여왔습니다. ……

관원을 수발하는 일과 가축을 기르는 일은 일체 남자가 하게 하여 추잡한 폐단을 근절시키소서. ……'라고 하니 모두 아뢴 대로 하라고 하였다.'고 하였다.

조선시대 한성부에 속해 있던 '나불섬'은 조선이 망한 후 한 때 고양군高陽郡에 속해 있다가 1936년에 경성부에 편입되는 등 우여곡절을 거쳐 1943년 드디어 잉벌노현이었던 곳의 일부에 설치된 영등포구에 속하게 되었다. 500여 년 동안이나 자신이 속해 있던 고을을 떠나 있다가 마치 고향 떠났던 사람이 제 고향에 돌아오듯 다시 자신이 속해 있던 고을로 돌아온 것이다.

여화도汝火島는 잉화도仍火島에서 파생된 표기이다. 잉화도仍火島로 차자표기된 '나불섬'이 '너불섬'으로 소리가 변하면서 이를 차자표기하기 위해서 여汝의 훈이 '너'인 것에 기대어 여화도汝火島로 표기하였을 것이다.

나의주羅衣洲는 잉화도仍火島와 마찬가지로 '나벌섬'을 표기하기 위한 차자로 생각된다. 나羅의 음이 '나'이고, 의衣는 훈이 '옷'이지만 옷을 세는 단위가 '벌'이기 때문에 그와 같이 차자되었을 것이다. 배우리 씨가 1994년에 출간한 『우리 땅이름의 뿌리를 찾아서 1』을 보면 나의주羅衣洲에 대해 '나의주羅衣洲의 의衣는 '옷'이므로, 옷을 세는 단위인 '벌(한 벌, 두 벌…)'로 보아 '나벌섬'이' 된다고 하였다. 나무를 세는 단위가 그루인 것을 근거로 나무를 지칭하는 옛말에 그루가 있었다고 상정할 수 있듯이 옷을 세는 단위가 벌인 것을 근거로 옷을 지칭하는 옛말에 벌이 있었다고 상정할 수 있음은 물론이다.

여의도汝矣島는 나의주羅衣洲의 나의羅衣를 한자음으로 읽게 되면서 파생된 말을 표기한 것으로 생각된다. 즉 나의주羅衣洲의 나의羅衣를 한자음으로 읽고, 주洲를 훈으로 읽어 '나의섬'이라는 말이 생겨났는데 '나의섬'이란 말이 다시 '너의섬'이란 말로 변이되면서 이를 여汝의 훈이 '너'이고, 의矣의 음이 '의'인 것에 기대어 여의도汝矣島로 표기한 것으로 생각된다는 말이다. 물론 그 때 '너불섬'의 차자표기가 여화도汝火島라는 점도 참고가 되었을 것이다. '너불섬'의 '너'가 여화도의 여汝로 표기된 것과 마찬가지로 '너의섬'의 '너'가 여의도汝矣島의 여汝로 표기되었다는 점이 그것을 입증한다.

　한편 ≪서울특별시 동명연혁고≫ <영등포구편>을 보면 여의도의 유래에 대해 '여의도汝矣島 나의주羅衣洲의 유래는 여의도汝矣島가 홍수로 인하여 휩쓸릴 때에도 제일 높은 곳인 지금 국회의사당國會議事堂이 자리잡은 양말산만은 물속에 잠기지 않고 나타나 있어 부근 사람들이 그것을 '나의섬' '너의섬' 하고 지칭指稱하던 데에서 얻어진 이름이라 하기도 한다.'고 하였고, ≪영등포 근대 100년사≫를 보면 여의도의 유래에 대해 앞의 이야기를 소개하고는 쓸모없는 땅이라고 해서 '너나 가질 섬'이라는 뜻에서 여의도가 나왔다고 보는 사람들도 있다고 하였다. 그러나 이와 같은 이야기는 일부 한자의 훈이나 음에 기대어 풀이한 민간어원설民間語源說에 지나지 않는다. 배우리 씨도 『우리 땅이름의 뿌리를 찾아서 1』에서 이와 같은 민간어원설에 대하여 '이 섬이 전에는 쓸모없다고 해서 '너나 가져라!' 또는 '너도 섬이냐?' 식의 풀이로 여의도汝矣島가 되었다는 말은 한낱 재미로 하는 이야기에 지나지 않는다.'라고 한 바 있다. 앞에서 살펴보았듯 여의도汝矣島는 나의주羅衣洲의 나의羅衣를 한자음으로 읽고, 주洲를 훈으로 읽어 '나의섬'이라는 말이 생겨났는데 '나의섬'이란 말이 다시 '너의섬'이란 말로 변이되면서 이를 여의도汝矣島로 표기한 것이라 생각된다.

다른 한편 위에서 인용한 ≪서울특별시 동명연혁고≫ <영등포구편>의 기록으로 알 수 있듯 여의도에는 양말산이 있었다. 양말산은 지금의 국회의사당이 들어선 자리에 있었는데 국회의사당이 들어서면서 흔적도 없이 사라져버렸다. 같은 책을 보면 양말산의 유래에 대해 '여의도汝矣島의 제1고지第1高地이던 양말산은 옛날부터 말이나 양羊을 기르던 중심지가 되었기 때문에 '양마산養馬山' 또는 '양마산羊馬山'의 의미로 그렇게 불리어 온 것이라고 한다. 양말산 앞 넓은 곳은 또 양말벌로 불리어졌다.'고 하였다. 그러나 양말산에 대한 이와 같은 이야기 또한 한낱 민간어원설의 범주를 벗어나기는 어려울 것으로 생각된다. 왜냐하면 조선시대 여의도에 설치되었던 축목장은 조선시대 말이나 소 이외의 가축을 기르는 일을 맡아보던 사축서司畜署와 제향祭享에 쓸 희생犧牲을 기르는 일을 맡아보던 전생서典牲署에서 관리하던 축목장이었기 때문이다. 그러므로 당시 여의도에 설치된 축목장에서 기르던 가축은 말이나 소 이외에 제향의 희생으로 쓸 가축이었다고 보아야 하는데 그것이 사실임은 앞에서 살펴보았던 ≪세종실록(世宗實錄)≫의 기록에 나타나 있다. 당시 여의도에서는 양 돼지 닭 오리, 흔히 거위로 불리는 당기러기 등을 길렀던 것이다.

말이나 소 이외에 제향의 희생으로 쓸 가축 중에서 중요한 것은 양과 염소였고, 그 중에서도 양이 가장 중요했다. 앞에서 살펴보았던 ≪승정원일기≫ <영조(英祖) 17년 4월 기해(己亥)>의 기록에 여의도에서 바치는 공물로 양과 염소가 언급되어 있지만 ≪대동지지(大東地志)≫에서는 전생서 외고가 여의도에서 치는 가축으로 양만 언급되어 있고, ≪동국여지비고≫에서는 사축서가 폐지된 뒤에도 여의도에 옛 사축서의 양羊 50마리 염소 6마리를 놓아기른다고 한 것이 그것을 반증한다. 그러므로 양말산은 양羊과 관계된 말에서 연유했을지언정 말과 관계된 말에서 연유했다고 볼 수는 없는 일인데 그렇다면 양말산은 무엇에서 연유하는 말인가?

안양천安養川의 지류支流로 도림천道林川이 있다. 그런데 도림천을 도림천으로 부르기 전에는 마장천馬場川으로 불렀다. 도림천을 마장천으로 불렀던 것은 그곳에 말 목장이 있었기 때문이다. 《세종실록(世宗實錄)》 <지리지(地理志)>를 보면 '금천현에 목장牧場이 둘이 있다. 하나는 달촌達村에 있는데 달촌은 현의 북쪽에 있고, 둘레가 12리里이니 국마國馬를 기른다. 둘은 사외포沙外浦인데 사외포는 현의 서북쪽에 있고, 양천陽川의 사곶포寺串浦목장과 서로 연결되어 있으며, 둘레가 15리里이니 우군右軍의 목장牧場이다.'라고 하였다. 여기에 등장하는 달촌이라는 지명은 도야미리道也味里라는 지명으로 계승되었고, 도야미리는 지금은 도림동道林洞이 되었다. 이에 대해서는 이 책 <도림동(道林洞)>에서 자세히 살펴본 바 있거니와 마장천馬場川의 마장馬場이 바로 말 목장을 지칭하는 말이고 보면 도림천을 마장천으로 부르게 된 것은 달촌에 있었던 말 목장 때문이었다고 보아 틀림이 없을 것이다. 말 목장을 마장馬場이라고 지칭했다면 양 목장은 무엇이라 지칭했을까? 당연히 양장羊場이라고 지칭했을 것이다. 그런데 마장馬場의 우리말은 '몰맏'으로 추정할 수 있다. 마馬의 옛 훈이 '몰'이고, 장場의 옛 훈이 '맏'이기 때문이다. 그렇다면 양장羊場의 우리말은 무엇이었을까? 양의 옛 훈은 염소의 옛말인 '염'이었다. 그런데 염소의 표기에 사용하던 고羔의 옛 훈 또한 염소의 옛말인 '염'이었던 까닭에 이와 변별하기 위해서 양羊의 훈은 곧 한자말 '양羊'으로 바뀌었다. 그러므로 양장羊場의 우리말은 '염맏'이 아니라 '양맏'으로 추정된다.

이와 같이 양 목장을 지칭하는 말이 양장羊場이고, 양장羊場의 우리말을 '양맏'으로 추정할 수 있다고 할 때 양말산이 무엇에서 연유하는 말인지를 짐작하기는 어렵지 않다. 'ㄷ'이 'ㄹ'로 변하는 것은 흔히 있는 일이고 보면 양말산은 '양맏'산에서 변한 말로 생각되기 때문이다. 그렇다고 할 때 양말산은 양 목장을 지칭하는 우리말 '양맏'에서 연유하였다고 보아 틀림이 없을 것이고, '양맏'에 있는 산 곧 양 목장에 있는 산을 뜻할 것으로 생각된다. 아울러 양말벌은 '양맏'에 있는 벌 곧 양 목장에 있는 벌을 뜻하겠다.

3. 율도동이라는 지명의 유래

율도동은 율도라고 불리는 섬에 형성된 마을이기 때문에 생겨난 지명이다. 앞에서 살펴보았던 ≪동국여지≫의 기록에 의하면 율도는 본래 여의도와 서로 이어졌던 섬이라고 한다. 서로 이어졌다면 한 섬인 셈인데 그 때도 각기 율도와 여의도를 각기의 이름으로 나누어 불렀는지 아니면 하나의 이름으로 불렸는지 알 수 없다. 만약 하나의 이름으로 불렀다면 앞에서 살펴본 바와 같이 잉화도라는 이름이 잉벌노현이라는 고을 이름에서 파생되었다는 점을 생각할 때 잉화도라고 불렀을 법도 하고, 여의도와 마찬가지로 잉벌노현에 속했을 법도 하지만 실상을 알 수 없다. 율도栗島의 또 다른 표기로 율주栗洲가 있고, 또 다른 이름으로 가산駕山이 있다.

율도를 지칭하는 이름 중 가장 먼저 기록에 등장하는 것은 율도栗島

이다. ≪세종실록≫ <5년 2월 정묘(丁卯)>을 보면 율도에 심겨진 뽕나무와 관련하여 등장한다. 세종 5년이면 1423년이다. 율도에는 뽕나무밭과 약전藥田이 있었다. ≪신증동국여지승람≫ <한성부>를 보면 '율도栗島는 마포麻浦 남쪽에 있는데 약초를 재배하고, 뽕나무를 심었다.'고 하였다. 또한 ≪동국여지지≫ <한성부>를 보면 '율주栗洲는 도성都城에서 서남西南쪽으로 15리 한강漢江 용산포龍山浦 가운데 있다. 민간에서는 율도栗島라고 부르는데 길이가 7리이다. 뽕나무 숲이 있고, 또 약전藥田이 있어 약초를 심는다.'고 하였고, ≪동국여지비고≫ <한성부>를 보면 '율주栗洲는 달리 율도栗島라고도 하고, 가산駕山이라고도 한다. 길이가 7리이고, 도성에서 서남쪽으로 10리 마포麻浦의 남쪽에 있다. 뽕나무밭이 있는데 곧 공상公桑이고, 약전藥田이 있어 지금은 내의원內醫院에 속하였는데 전의감典醫監에 속하였다고도 한다. 모래섬 중에 늙은 은행나무 두 그루가 있는데 민간에서 전하기를 고려조高麗朝의 김주金澍가 심은 것이라고 한다.'고 하였다. 율주栗洲는 율도栗島의 또 다른 표기이다. 그리고 여기서 김주는 조선 명종明宗 때의 문신文臣인 김주(金澍, 1512~1563)를 지칭하는 듯하다. 그러니 김주를 고려조 사람이라고 한 것은 오류로 생각된다. 김주는 본관이 안동安東으로 자가 응림應霖이고, 호는 우암寓菴이며, 시호는 문단文端이다. 중종中宗 34(1539)년 문과(文科)에 장원급제하여 전라도와 경상도의 관찰사觀察使를 역임하고 예조참판禮曹參判을 지냈다. 명종 18(1563)년 종계변무사宗系辨誣使로 명明나라 북경北京에 가서 사명使命을 마치고, 그 곳 객사客舍에서 세상을 떠났다. 저서로 ≪우암유집(寓菴遺集)≫이 있다. 어쨌든 ≪조선왕조실록(朝鮮王朝實錄)≫을 보면 율도에 뽕나무밭과 약전이 있었다는 사실을 입증하듯 여기저기 율도에서 재배하는 뽕나무와 감초甘草에 대한 기사가 등장한다.

율도를 지칭하는 이름 중 율도 다음으로 기록에 등장하는 것은 율도栗島의 또 다른 표기인 율주栗洲이다. 위에서 살펴본 바와 같이 조선 현종 때 유형원이 편찬한 ≪동국여지지≫에 율주栗洲가 등장한다.

율도를 지칭하는 이름 중 가장 나중 기록에 등장하는 것은 가산駕山이다. 역시 위에서 살펴본 바와 같이 조선 고종 때 저술된 ≪동국여지비고≫를 보면 율주의 또 다른 이름으로 가산駕山이 등장한다.

한편 흔히들 율도栗島와 율도의 또 다른 표기인 율주栗洲를 밤섬의 차자표기로 생각한다. 지역 사람들 또한 율도를 율도나 율주라고 부르지 않고 밤섬이라고 부른다. 율栗의 훈이 '밤'이고, 도島나 주洲의 훈이 '섬'이고 보면 본래 밤섬이라는 우리말 지명을 그와 같이 차자표기하였다고 생각하는 것도 무리는 아닐 것이다. 그리하여 밤섬이 밤섬으로 불리는 까닭이 섬이 밤처럼 생겼기 때문이라는 민간어원설이 만들어지기까지 했는데 1966년에 한글학회가 간행한 ≪한국지명총람≫ <서울편>을 보면 밤섬에 대해 '서강 앞 한강 속에 있는 밤처럼 생긴 섬'이라고 소개하고 있다.

그렇다면 율도栗島나 율주栗洲는 우리말 지명 밤섬의 차자표기인가? 이정룡 박사의 『한국 고지명 차자표기 연구』에 의하면 밤을 뜻하는 율栗은 차자표기에서 '수리' 내지는 '소리'를 표기하기 위한 차자로 사용되었다고 한다. 경상남도慶尙南道 마산시馬山市에 있는 율구미栗九味는 민간에서는 밤구미라고 하고 가포架浦로도 표기하는데 구미口味로 차자표기된 구미가 포浦나 진津을 뜻하는 우리말이고 가架의 옛 훈이 '실에'이고 보면 율栗이 '수리' 내지는 '소리'를 표기하기 위한 차자로도 사용되었다는 증거가 될 수 있으며, 또 충청북도忠淸北道 이

원면伊院面 평계리坪溪里에 있는 살구쟁이는 조선시대 율현원栗峴院이 설치되었던 마을인데 율현栗峴의 율栗이 '수리' 내지는 '소리'를 표기하기 위한 차자로 사용될 수 있는데다가 현峴이 훈인 '재'에 기대어 '재'를 표기하기 위한 차자로 사용될 수 있고 보면 율현栗峴으로 차자 표기된 말이 변해서 살구쟁이가 되었다고 볼 수 있으니 이 역시 율栗이 '수리' 내지는 '소리'를 표기하기 위한 차자로 사용되었다는 증거가 될 수 있다는 것이다. 밤을 뜻하는 율栗이 '수리' 내지는 '소리'를 표기하기 위한 차자로 사용된 것은 '수리' 내지는 '소리'가 밤을 지칭하는 또 다른 말로 쓰였기 때문일 것이다. 그러므로 율도栗島나 율주 栗洲를 밤섬의 차자표기로 보기는 어렵다. 당연히 '수리섬' 내지는 '소리섬의 차자표기로 보아야 한다. 그리고 이를 뒷받침해 주는 것이 율도의 또 다른 이름인 가산駕山이다. 가駕의 옛 훈이 '수뤼'이고 보면 이 또한 율栗과 같이 '수리' 내지는 '소리'를 표기하기 위한 차자일 것이기 때문이다.

그렇다면 율栗 혹은 가駕로 차자표기된 '수리' 내지는 '소리'는 무엇을 뜻하는 말인가? 이 책 <신길동(新吉洞)>과 <도림동(道林洞)>에서 언급했듯 동쪽을 뜻하는 우리말은 '술'이다. '술'이 외파外破되면 '스ᄅ'가 되는데 이들에서 '솔' '살' '서' '사' '소' '사라' '서라' '소리' '수리' '새' '쇠' 등과 같은 말이 파생되었다. 율栗 혹은 가駕로 차자표기된 '수리' 내지는 '소리'도 동쪽을 뜻하는 우리말 '술' 내지는 '스ᄅ'에서 파생된 말로 생각된다. 그러므로 율도栗島 율주栗洲는 동쪽에 있는 섬을 뜻하겠다. 여의도가 잉벌노에서 연유하듯이 잉벌노 혹은 금주의 동쪽에 위치하는 섬이기 때문에 그와 같은 이름이 붙었을 것이다.

그렇다면 그럼에도 불구하고 율도가 밤섬으로 불리는 것은 어떤 까닭인가? 물론 섬이 밤처럼 생겼기 때문에 붙은 이름은 아닐 것이다. 섬의 모양이 밤처럼 생겼다한들 그것이 도토리처럼 보일 수도 있고, 은행처럼 보일 수도 있고, 개암처럼 보일 수도 있는데 왜 하필 밤처럼 생겼다고 보아 밤섬이라고 했겠는가? 당연히 섬의 모양이 밤처럼 생겨 밤섬이라고 부른 게 아니라 율도 율주의 율栗을 '밤'으로 읽었기 때문에 밤섬이라 부르게 되었을 것이다. '수리' 내지는 '소리'로 불리던 밤이 '수리' 내지는 '소리'가 아닌 밤으로 불리게 되면서 생겨난 이름으로 생각된다.

필자가 지명을 바라보는 시각

　사람들은 누구나 다 자신이 살고 있는 지역과 관련된 것에 대해서 관심을 갖는다. 지명들에 대한 관심도 그 중의 하나다. 도대체 내가 살고 있는 지역의 지명들은 어떤 뜻을 지니고 있으며, 그렇게 불리게 된 까닭은 무엇인가? 생각할수록 궁금한 일들이 아닐 수 없다.

　그리하여 사람들은 나름대로 그와 같은 궁금증을 풀어보려는 시도를 하기도 하는데 그렇게 하여 형성된 것이 지명전설을 포함하는 민간어원설(folk-etymology)이다. 그러나 민간어원설은 지명이 가지고 있는 진실과는 거리가 먼 이야기들이 대부분이다.[1]

　민간어원설이 본래 지명이 가지고 있는 진실과 거리가 먼 이야기가 된 데는 여러 가지 원인이 있을 수 있겠지만 원인의 대부분은 지명을 한자漢字로 표기하고 한자음으로 부르게 되었기 때문이다. 지명을 한자로 표기하고 한자음으로 부르다 보니 의례히 한자말 지명인 줄로 알게 되고, 한자말 지명인 줄로 알게 되다 보니 자연 지명을 한자 뜻으로 해

---

1) 李秉淑, 『김해의 지명전설』(金海文化院, 2008) 참조.
　　李秉淑, 『지명전설의 생성적 의미에 관한 연구』(BM, 2010) 참조.

석하게 되어 본래 지명이 가지고 있는 진실과는 동떨어진 이야기가 되었다는 말이다.

사실 한자로 표기된 지명의 대부분은 한자말 지명이 아니라 우리말 지명을 한자를 빌려 표기한 것이다. 우리말 지명을 한자로 표기하게 된 것은 ≪훈민정음(訓民正音)≫이 창제되기 이전에는 물론이지만 ≪훈민정음≫이 창제된 이후에도 특별한 경우가 아니면 우리의 문자생활이 한자漢字 중심으로 이루어졌기 때문이다. 우리말 지명을 한자로 표기하려니 한자로부터 음音이나 훈訓을 빌려 표기할 수밖에 없었는데 음이나 훈을 빌려 한자로 표기한 지명들을 언제부터인가 우리말로 부르지 않고 한자음으로 부르게 되었고, 그러다 보니 한자말 지명인 줄로 잘못 알게 되어 본래 지명이 가지고 있는 진실과는 동떨어진 이야기를 할 수밖에 없었던 것이다.

그러므로 한자로 표기된 우리말 지명의 경우 지명이 가지고 있는 진실을 밝혀내기 위해서는 한자가 표기하고 있는 우리말 지명을 재구하는 일이 선행되지 않으면 안 된다. 그러나 우리말 지명을 재구하는 일부터가 쉬운 일이 아니다. 우리말 지명이 함께 전해지고 있을 때야 별 문제가 안 되겠지만 우리말 지명을 알 수 없는 경우 지명에 표기된 한자가 음을 빌린 것인지 훈을 빌린 것인지를 판별하는 것조차 그리 간단한 일이 아니기 때문이다. 예를 들어 흔히들 광주光州를 '빛고을'이라고 하고, 창녕昌寧을 창녕의 옛 이름인 비사벌比斯伐에 기대어 '빛벌'이라고 한다. 광주의 광光을 훈인 '빛'의 차자표기라고 보고, 비사벌의 비比를 음의 차자표기라고 보아 그렇게 재구해 부르는 것이다. 그러나 과연 '빛고을'이나 '빛벌'이 제대로 된 재구일까? 논란의 여지가 있겠지만 필자의 판단으로는 광光은 음의 차자표기이고, 비比는 훈의 차자표기이다.

어쨌든 어찌어찌하여 지명에 표기된 한자가 음을 빌린 것인지 훈을 빌린 것인지를 판별하여 우리말 지명을 재구했다고 치자. 정작 문제는 이제부터다. 우리말 지명을 재구해 놓고도 본래 지명이 가지고 있는 진실과는 거리가 먼 생각들을 한다. 특히 훈을 빌린 경우는 더욱 심해서 번역쯤으로 생각하기 일쑤다. 예를 들어 웅지현熊只縣을 보자.

웅지현은 옛적 지금은 창원시昌原市 진해구鎭海區가 된 지역에 설치되었던 고을 이름이다. 웅지현이란 고을 이름은 신라 때 소사小祀를 지내던 웅지熊只라는 산이름에서 비롯된 것으로 생각된다.2) 웅지는 후대기록에는 웅산熊山으로 기록된다.3) 웅지현 또한 신라 경덕왕 16(757)년에 웅신현熊神縣으로 이름을 바꾼다.4) 그런데 웅산권역이라고 할 수 있는 창원시 불모산佛母山에 성주사聖住寺가 있다. 성주사의 옛 이름은 웅신사熊神寺인데 사람들은 보통 곰절이라 불렀고, 지금도 성주사를 흔히들 곰절이라고 부른다. 그러므로 웅지현의 웅지熊只나 웅산의 웅熊, 웅신현의 웅신熊神은 모두 '곰'을 표기하기 위한 차자로 사용되었다고 보아도 좋을 것이다.

그렇다면 웅지熊只나 웅熊, 웅신熊神 등으로 차자표기된 '곰'은 어떤 뜻을 가진 말인가? 사람들은 이 '곰'을 웅熊의 훈인 동물 곰의 뜻으로 받아들였던 모양이다. 지금도 사람들은 성주사에 대해 곰이 나무를 물어다 놓은 곳에 절을 지었다는 등 동물인 곰을 연관시켜 이야기하곤 한다.5) 그러나 웅熊으로 차자표기된 '곰'을 웅熊의 훈인 동물 곰을 뜻하는 말이라고 보기는 어렵다. '곰'이 단순히 웅熊의 훈인 동물 곰의 뜻이라면 웅신사熊神寺를 곰절로 부르는 이유를 설명할 길이 없는 까닭이다.

---

2) ≪三國史記≫ <雜志, 小祀> 熊只屈自郡 熊只縣.
3) ≪新增東國輿地勝覽≫ <熊川縣, 山川> 熊山在縣北五里. 鑪山.. <熊川縣, 祀廟> 熊山神堂 在山頂. 土人每四月十月迎神下山 必陳鐘鼓雜戲 遠近爭來祭之..
4) ≪三國史記≫ <雜志, 地理> 熊神縣本熊只縣 景德王改名 今因之.
5) ≪昌原의 地名由來≫(昌原市, 1991), p.87.

그렇다면 웅신사를 곰절이라고 부르는 이유는 무엇인가? 필자는 그와 같은 의문을 풀 열쇠가 웅신熊神이라는 차자표기 자체에 있다고 생각한다. 사람들은 차자표기에 한자의 음을 빌리고, 훈을 빌리는 한편 음가音價를 첨기添記하는 방법이 있다는 사실은 잘 알고 있지만 의미意味를 첨기하는 방식이 있다는 사실은 잘 알지 못한다.6) 필자는 웅신熊神의 신神이 바로 의미意味를 첨기添記하기 위한 차자라고 생각한다. 곧 웅신熊神의 웅熊은 '곰'이라는 음가音價를 표기하기 위한 차자이고, 신神은 '곰'이라는 음가가 가지고 있는 '신神'이라는 의미를 첨기하기 위한 차자로 생각된다는 말이다. 그렇게 보면 웅신사를 곰절이라고 부르는 이유도 저절로 드러난다. '곰'이 신神의 뜻이니 곰절이라 부를 수밖에 없었던 것이다. 그러므로 웅熊으로 차자표기된 '곰'은 웅熊의 훈인 동물 곰의 뜻이 아니라 신神을 뜻하는 우리말이었음에 틀림이 없다.

위의 예가 그렇듯 사실 한자의 훈을 빌려 표기된 지명의 대부분은 훈의 음가音價를 빌려왔을 뿐 훈의 뜻까지 빌려온 것은 아니다. 만약 훈의 뜻까지 빌려왔다면 우리말 지명의 한자말 번역이라고 해도 좋을 것인데 오히려 그와 같은 지명을 찾기가 쉽지 않다. 필자가 기억하기로는 한밭이라는 우리말 지명이 대전大田으로,7) 한티라는 우리말 지명이 대치大峙로,8) 잣뒤라는 우리말 지명이 성북城北으로,9) 뒷개라는 우리말 지명이 북포北浦 또는 후포後浦로,10) 안말과 넘말이 내동內洞과 외동外洞

---

6) 閔肯基, 「우리말 地名의 表記에 사용된 漢字의 借字方式에 대하여」(『士林語文硏究』 제12집, 士林語文學會, 1999) 참조.
7) 한밭은 대전광역시의 우리말 이름이다.
8) 한티는 창원시 진북면 정현리(鼎峴里)에서 함안군 여항면 내곡리(內谷里)로 넘어가는 고개인 대치의 우리말 이름이다(閔肯基, 『昌原都護府圈域 地名硏究』(景仁文化社, 2000), p.335).
9) 잣뒤는 충남 당진시 순성면 성북리의 우리말 이름이다.
10) 뒷개는 김해시 장유면 유하리(柳下里)에 통합된 북포리의 우리말 이름이다(閔肯基, 『金海의 地名』(金海文化院, 2005), p.206 참조).

등으로 표기된 경우 등 극소수에 불과할 뿐이다. 그러므로 재구한 우리
말 지명을 통해서 본래 지명이 가지고 있는 진실들을 파악하기 위해서
는 훈의 뜻이 아닌 훈이 가진 음가 자체만을 주목할 필요가 있다.

재구한 우리말 지명과 현재 전해지고 있는 우리말 지명을 함께 놓고
음가 자체만을 주목했을 때 우리가 알 수 있는 것은 동일한 음가군音價
群으로 묶일 수 있는 일련의 지명들이 있다는 사실이다. 그러한 일련의
지명들은 일정지역의 이름에 그치는 것이 아니라 우리나라 전역에 걸
쳐 무수히 되풀이해서 나타난다. 이와 같은 사실은 동일한 음가군으로
묶일 수 있는 일련의 지명들이 일정지역을 단위로 하여 되풀이하여 명
명命名되었다는 것을 의미한다. 동일한 음가군으로 묶일 수 있는 일련
의 지명들이 일정지역을 단위로 하여 되풀이하여 명명되었다고 할 때
지명이 생성되던 당시 사람들이 일정한 틀을 가지고 일정지역에 이름
을 명명했다는 추론이 가능해진다. 최범훈 교수의 다음과 같은 언급
은[11] 필자의 추론이 필자 혼자만의 생각이 아님을 말해준다.

　　…… 지금도 全國 외진 農漁山村 골짜기마다 깔려 있는 地名은 現
　韓半島(南北韓)에서 確認할 수 있는 行政單位 地名만도 近 三萬인데
　山 · 들(野) · 고개(峴) · 늪(沼) · 개(浦)같은 餘他의 地名은 除外하고, 自
　然 群集된 部落名만도 實로 數十萬은 되리라 推算함에 어렵지 않다.
　　이렇게 많은 全國의 地名을 整理 分析해 보면 그것이 비록 固有文字
　로 表記된 地名은 아니더라도, 우리말의 音借 · 訓借임을 分揀할 수 있
　는 地名이 많으며, 또 한편 이런 地名은 몇 개의 類型(pattern)으로 나눌
　수 있다고 본다.

11) 崔範勳, 「韓國地名學 硏究序說」(『國語國文學』 제42 · 43합병호, 國語國文學會, 1968),
　　p.136.

그렇다면 지명이 생성되던 당시 사람들은 어떤 틀을 가지고 일정지역에 이름을 붙였을까? 우리나라의 지명은 대체로 일정지역이 갖는 일반적인 속성을 나타내기 위한 말과 일정지역을 다른 지역과 구별하기 위한 말이 결합한 형태를 하고 있다. 그리고 이들은 일정지역을 다른 지역과 구별하기 위한 말이 일정지역이 갖는 일반적인 속성을 나타내기 위한 말 앞에 붙는 방식으로 결합한다. 이와 같은 사실은 지명이 생성되는 틀의 구명究明이 기실 일정지역을 다른 지역과 구별하기 위한 말을 붙이는 방식의 구명에 달려 있다는 것을 의미한다. 지명이 일정지역이 갖는 일반적인 속성을 나타내기 위한 말과 일정지역을 다른 지역과 구별하기 위한 말의 결합이라고 할 때 일정지역과 다른 지역의 구별은 일정지역을 다른 지역과 구별하기 위한 말로써 가능하게 될 것이고, 따라서 일정지역을 다른 지역과 구별하기 위해 말을 붙이는 방식이 곧 지명이 생성되는 틀일 수 있을 것이기 때문이다.

그렇다면 일정지역을 다른 지역과 구별하기 위해 어떤 말을 붙였을까? 지명은 대체로 두 부류로 나누어 생각할 수 있다. 하나는 거시巨視적 공간인식이 반영된 거시적 지명이고, 하나는 미시微視적 공간인식이 반영된 미시적 지명이다.

우선 거시적 지명을 생각해 보자. 거시적 공간인식이란 일정지역을 하나의 지역단위로 하여 지역단위를 이루고 있는 하위지역 전체를 유기적인 공간으로 인식하는 것을 말한다. 조선시대를 예로 들자면 주州 군郡 현縣 등 고을들이 하나의 지역단위가 될 수 있을 것이고, 주 군 현 등을 이루고 있는 면面이나 방坊 등이 지역단위를 이루고 있는 하위지역이 될 수 있을 것이다. 물론 주 군 현 등 하나의 지역단위가 동시에 그보다 더 큰 지역단위의 하위지역이 될 수도 있을 것이고, 면 방 등 지역단위의 하위지역이 동시에 또 다른 작은 하나의 지역단위가 될 가능성도 얼마든지 있을 것이다. 어쨌든 지역단위의 하위지역 전체를 유기적인 공간으로 인식했을 때 하위지역을 서로 구별하기 위한 말은 서로 유기적인 관계를 갖는 말일 수밖에 없을 것이다. 그렇다면 어떤 말이 그와 같은 말이었을까? 예를 들어 조선시대 창원도호부昌原都護府의 경우를 보자. 관아官衙 등이 들어섰던 창원도호부의 중심부는 부내면府內面, 동쪽지역은 동면東面, 서쪽지역은 서면西面, 남쪽지역은 남면南面, 북쪽지역은 북면北面이었다. 그러므로 방위를 지칭하는 말이 창원도호부라는 지역단위의 하위지역을 구별하는 말로 사용되었다는 것을 알 수 있다. 그런데 사정은 다른 고을이라고 해서 크게 다르지 않다. 다른 고을들 역시 대체적으로 창원도호부와 같은 방식으로 하위지역들을 명명하였다. 그러므로 하나의 지역단위에서 하위지역을 구별하는 말은 바로 방위를 지칭하는 말이었다고 보아 틀림이 없을 것이다. 방위를 지칭하는 말이야말로 서로 유기적인 관계를 맺고 있는 말이면서 하위지역을 서로 구별하기 위한 말로서는 최적의 말이었기 때문에 그와 같이 명명하는 방식이 사용되었을 것이다.

다음으로 미시적 지명을 생각해 보자. 미시적 공간인식이란 하위지역을 서로 유기적인 공간으로 인식하기보다는 단편적인 공간으로 인식하는 것을 말한다. 하위지역을 단편적인 공간으로 인식하는 것을 반영하고 있는 미시적 지명은 둘로 나눌 수 있다. 하나는 서로 짝이 되는 지명의 부류이고, 다른 하나는 독립적인 지명의 부류이다. 서로 짝이 되는 지명의 예로는 안말과 넘말, 윗말과 아랫말, 큰말과 작은말 등을 들 수 있고, 독립적인 지명의 예로는 사동社洞 창동倉洞 현동縣洞 탑동塔洞 등을 들 수 있다. 서로 짝이 되는 지명은 지역단위를 이루고 있는 두

세 하위지역을 전제로 명명된 것으로 두세 하위지역 사이에서는 유기적인 공간인식이 존재하나 그 유기적 공간인식이 다른 하위지역과 관련되어 있지 않다는 점에서 단편적이다. 또한 독립적인 지명은 하위지역에 설치되었던 기관이나 건축물 자연물 지형 등 때문에 명명된 것으로 다른 하위지역과는 아무런 관련이 없다는 점에서 단편적이다.

거시적 지명과 미시적 지명이 이와 같이 명명되었다고 할 때 지명이 생성되는 틀과 관련하여 주목해야 될 것은 거시적 지명이다. 거시적 지명에서는 하나의 지역단위를 이루고 있으면서 서로 유기적인 공간인 하위지역들을 구별하기 위해 방위를 지칭하는 말을 붙였는데 서로 유기적인 공간인식을 공유하는 말이면서 하위지역을 서로 구별하기 위한 말로 방위를 지칭하는 말을 붙이는 방식이야 말로 곧 대다수의 거시적 지명이 생성되는 틀일 수밖에 없을 것이기 때문이다.

이와 같이 대다수의 거시적 지명이 생성되는 틀이 방위를 지칭하는 말을 붙이는 방식이라고 할 때 지명이 생성되는 틀은 방위체계와 관련을 맺고 있을 것이다. 물론 방위체계는 공간을 어떻게 인식하느냐에 따라 달라진다. 그러나 필자는 지명이 생성되는 틀과 관련된 방위체계는 오방체계五方體系라고 생각한다. 우리나라의 경우 언제부터 오방체계로 공간을 인식했는지는 알 수 없는 일이지만 ≪후한서(後漢書)≫의 고구려 오부五部에 대한 기록이나[12] 신라 혁거세왕赫居世王의 오릉五陵에 대한 기록이나[13] 서기 3~4백 년경에 우리나라 고분벽화에 사신도四神圖가 나타났다는 점을[14] 생각할 때 유사 이래 오방체계로 공간을 인식했

---

[12] ≪後漢書≫ <東夷列傳, 高句麗> 凡有五族 有消奴部絶奴部順奴部灌奴部桂婁部案今五部. 一曰內部 一名黃部 卽桂婁部也. 二曰北部 一名後部 卽絶奴部也. 三曰東部 一名左部 卽順奴部也. 四曰南部 一名前部 卽灌奴部也. 五曰西部 一名右部 卽消奴部也.

[13] ≪三國遺事≫ <紀異, 新羅始祖 赫居世王> 理國六十一年王升于天 七日後遺體散落于地. 后亦云亡. 國人欲合而葬之 有大蛇逐禁 各葬五體爲五陵 亦名蛇陵 曇嚴寺北陵是也.

다고 보아 무방할 것이고,[15] 그러므로 대다수의 거시적 지명은 오방체계에 의해 생성되었다고 보아야 할 것이다.

지명이 생성되는 틀과 관련된 방위체계가 오방체계五方體系라고 할 때 하위지역을 서로 구별하는 말로 오방五方을 지칭하는 말이 쓰일 수밖에 없을 것이고, 따라서 하위지역을 구분하는 말로는 중中 동東 서西 남南 북北을 지칭하는 말이 쓰였을 것이다. 그렇다면 중 동 서 남 북을 지칭하는 말은 구체적으로 무엇인가? 손목孫穆이 고려에 사신의 일행으로 다녀간 뒤 저술한 ≪계림유사(鷄林類事)≫를 보면 '동서남북을 지칭하는 말은 중국과 같다.'는 기록이 있다.[16] 손목이 고려에 사신의 일행으로 온 것이 고려 숙종 8(1103)년이니 그 이전에 벌써 우리말 대신에 한자말이 오방을 지칭하는 말로 통용이 되었다는 것을 알 수 있다. 그러므로 오방을 지칭하는 말로 우선은 지금 우리나라에서 통용되고 있는 중中 동東 서西 남南 북北이라는 오방을 지칭하는 한자말을 생각할 수 있을 것이다. 그러나 앞에서 언급한 바와 같이 ≪훈민정음(訓民正音)≫이 창제되기 이전에는 물론이지만 ≪훈민정음≫이 창제된 이후에도 특별한 경우가 아니면 우리의 문자생활이 한자 중심으로 이루어졌기 때문에 우리말 지명을 한자로 표기하려면 한자로부터 음이나 훈

---

14) 金元龍, 『韓國壁畵古墳』(一志社, 1980), pp.66~69.

15) 물론 신라의 육부(六部)에 대한 기록이나 가락(駕洛)의 구간(九干)에 대한 기록을 방위체계와 관련시켜 육방체계(六方體系)나 혹은 구방체계(九方體系)를 생각할 수도 있을 것이다. 그러나 '지금 민간에서 중흥부를 어머니라고 하고, 장복부를 아버지라고 하고, 임천부를 아들이라고 가덕부를 딸이라고 하나 그 실상은 자세치 않다(≪三國遺事≫ <紀異, 新羅始祖 赫居世王> 今俗中興部爲母 長福部爲父 臨川部爲子 加德部爲女. 其實未詳.).'고 한 기록이나 구간의 명칭 등을 고려할 때 그와 같은 방위체계의 실체가 어떤 것인지 짐작하기 어렵고, 또 그와 같은 방위체계가 실존했다고 하더라도 지명형성에 영향을 주었다고 확언하기도 어렵다.

16) ≪鷄林類事≫ 東西南北同.

을 빌려 표기할 수밖에 없었다. 거기다 한자의 사용이 보편화되면서 우리말이 한자말로 대체되는 사태가 야기되었고, 급기야는 우리말을 잃어버리고 한자말만 남게 된 경우가 허다하게 되었다. 그러한 까닭에 상당히 오래전부터 우리나라에서 오방을 지칭하는 말로 한자말인 중 동 서 남 북이 통용되었다고 하더라도 이들이 한자말인 이상 애초부터 이들이 오방을 지칭하는 말로 통용되었다고 보기는 어렵다. 애초에는 틀림없이 우리말이 따로 있어 중 동 서 남 북을 지칭하는 말로 쓰이다가 한자말인 중 동 서 남 북이 들어와 쓰이면서 언제부터인가 우리말을 밀어내고 우리말을 대신하여 오방을 지칭하는 말로 통용되게 되었을 것이다.

그렇다면 중 동 서 남 북을 지칭하는 우리말은 무엇이었을까? 그러나 이것은 그리 간단히 해결될 문제가 아니다. 불행하게도 중 동 서 남 북을 지칭하는 우리말 역시 잃어버렸기 때문이다. 그래도 다행인 것은 ≪삼국사기(三國史記)≫ ≪삼국유사(三國遺事)≫ ≪고려사(高麗史)≫ ≪세종실록(世宗實錄)≫ ≪신증동국여지승람(新增東國輿地勝覽)≫ ≪동국여지지(東國輿地誌)≫ ≪여지도서(輿地圖書)≫ ≪호구총수(戶口總數)≫ ≪대동지지(大東地志)≫ ≪구한국지방행정구역명칭일람(舊韓國地方行政區域名稱一覽)≫ ≪신구대조조선전도부군면리동명칭일람(新舊對照朝鮮全道府郡面里洞名稱一覽)≫ 등이나 각 고을의 읍지邑誌 등에 한자를 빌려 표기된 우리말 지명들이 비교적 온전히 보존되어 있다는 사실이다. 이와 같은 사실은 그들 문헌에 보존되어 있는 지명들을 통해서 중 동 서 남 북을 지칭하는 우리말을 유추해낼 수 있는 길이 열려 있다는 것을 의미한다.

그리하여 필자는 일찍이 문헌에 보존되어 있는 지명들과 현재 통용되고 있는 우리말 지명, 중 동 서 남 북과 관련이 있다고 생각되는 우리말 등을 토대로 해서 중 동 서 남 북을 지칭하는 우리말을 재구해 본 바 있는데17) 이를 보충·요약하면 다음과 같이 정리될 수 있을 것이다.

1) 중中을 지칭하는 우리말은 기본적으로 '믈~ㅁㄹ'의 형태이다. '믈~ㅁㄹ'는 'ㄹ'이 변이되거나 탈락하여 축약되기도 하고, 'ㆍ'가 다른 모음으로 변이되기도 하면서 여러 가지 변이형태를 갖게 되었다. 이들 변이형태는 보통 두頭 수首 지늘 종宗 사沙 마馬 오ㅑ 두斗 궐橛 논論 용龍 퇴退 수水 추推 형兄 장長 백伯 적積 합슴 회會 취聚 길吉 도都 골鶻 응鷹 담擔 첨檐 산山 야野 등과18) 말末 모母 무毋 무無 무舞 미尾 등으로19) 차자되어 오방의 중심에 있는 산이나 들 마을을 뜻하는 말로 사용되었고, 그곳 출신의 인물을 지칭하는 등에도 사용되었다. 지금도 살아남아 산의 보통명사가 된 뫼 메나 마을 뜻하는 말이나 산마루의 마루 등은 이에서 연원하는 것으로 생각된다.

한편 오방의 중심에는 '믈~ㅁㄹ'로 지칭되는 중심산中心山이 자리하게 마련이다. 고대사회에서 중심산은 그 지역 사람들에게는 세계의 중심으로 인식되었고, 그러한 까닭에 중심산에는 의례 당집을 지어 신들을 모셨다. 그리하여 중심산은 '믈~ㅁㄹ'로 지칭되었을 뿐만 아니라 어두에 당堂을 붙여 당산堂山 당뫼 당메 등으로도 지칭되었다.

당집에 모시는 신은 대체로 둘로 나누어 생각할 수 있다. 하나는 천신天神이고, 하나는 지모신地母神이다. 천신은 세계의 질서의 표상이고,

---

17) 민긍기, 「마산·창원지역의 몇 가지 지명에 대하여」(『송암 정교환 박사 화갑기념논총』, 송암 정교환 박사 화갑기념논총 간행위원회, 1995) 참조.
  閔肯基, 「중심을 나타내는 우리말에 대하여」(『檀山學志』 제4집, 梅檀學會, 1998) 참조.
  閔肯基, 「地名이 생성되는 틀에 대하여」(『淵民學志』 第7輯, 淵民學會, 1999) 참조.
  閔肯基, 『昌原都護府圈域 地名研究』, 앞의 책 참조.
18) 이들은 훈의 차자이다.
19) 이들은 음의 차자이다.

지모신은 세계의 질서를 받아들이는 대지의 표상이다.20) 따라서 천신과 지모신은 서로 별개로 존재하지 않는다. 신화神話에서 천신과 지모신의 결합으로 천지창조가 이루어지는 것으로 알 수 있듯 천신과 지모신은 결합하여 세계의 질서를 내재한 대지의 상태로 존재한다. 그리고 세계의 질서를 내재한 대지의 중심에 중심산이 위치한다. 그러므로 세계의 질서를 내재한 대지나 중심산은 천신의 대지나 산이자 지모신의 대지나 산이다. 그리고 그러한 까닭에 세계의 질서를 내재한 대지나 중심산은 신들을 지칭하는 말로도 불리는21) 동시에 '밀~ᄆᆞᆯ'의 어두에 신들을 지칭하는 말을 붙여 부르기도 하였다.22) 천신을 뜻하는 우리말은 '혼'으로 추정되며,23) 태太 백白 등과24) 한漢 한韓 환桓 등으로25) 차자되었다. 그리고 지모신을 뜻하는 우리말은 '검~ᄀᆞᆷ'로 추정되며,26) 웅熊 흑黑 현玄 자玆 오烏 칠漆 구龜 오鼇 시枾 부釜 등과27) 감柑 검黔 검儉

---

20) 閔肯基, 「신화시대에 대하여」(『檀山學志』 제6집, 梅檀學會, 2000) 참조.

21) 예를 들어 웅지(熊只)로 차자표기된 '곰'과 같은 경우이다. 필자는 '곰'을 지모신을 지칭하는 '검~ᄀᆞᆷ'의 변이형태라고 생각한다.

22) 예를 들어 고당(姑堂)으로 차자표기된 할미당의 '할미'와 같은 경우이다. 필자는 할미의 '할'은 천신을 지칭하는 '혼'의 변이형태이고, '미'는 중심산을 지칭하는 '밀~ᄆᆞᆯ'의 변이형태라고 생각한다. 창원시 진북면(鎭北面)에 고당리(姑堂里)가 있었는데 진북면 망곡리(網谷里)에 통합되었다(閔肯基, 『昌原都護府圈域 地名研究』, 앞의 책, pp.275~276 참조).

23) 필자가 천신을 지칭하는 말을 '혼'으로 추정하는 것은 <단군신화(檀君神話)>에서 환웅(桓雄)을 신웅(神雄) 혹은 신(神)으로도 일컬었기 때문이다(≪三國遺事≫ <紀異, 古朝鮮> 時有一熊一虎 同穴而居 常祈于神熊願化爲人. 時神遺靈艾一炷蒜二十枚日 爾輩食之……). <단군신화>에서 신(神)을 지칭하는 '혼'을 환(桓)으로 차자한 것은 환인(桓因) 때문일 것이다. 환인은 불교의 석제환인다라(釋帝桓因陀羅)를 줄인 말이다.

24) 이들은 훈의 차자이다.

25) 이들은 음의 차자이다.

26) 필자가 지모신을 지칭하는 말을 '검~ᄀᆞᆷ'로 추정하는 것은 <단군신화>에 등장하는 웅(熊) 웅녀(熊女) 때문이다. 웅(熊)으로 차자된 '곰'이 지모신을 지칭한다는 사실은 이제 상식이 되었다.

27) 이들은 훈의 차자이다.

금錦 금金 금衿 금今 광光 광廣 공公 등으로28) 차자되었다.

또한 중심산은 신화의 주인공이 탄생하는 공간이기도 하다. 신화의 주인공은 입사식을 통해서 어른으로 태어난다. 입사식에서는 천지창조가 되풀이된다. 신화의 주인공은 접신接神이 되어 태초太初에 천신과 지모신이 그랬던 것처럼 천지창조를 되풀이하여 체현體現한다. 그리하여 세계는 태초의 상태로 재창조되고, 신화의 주인공은 세계의 질서를 인식한 자로 거듭 태어나게 된다.29) 태초의 상태로 재창조된 세계는 우물이나 못 내 등으로 표상表象되었고,30) 그곳에서 세계의 질서를 인식한 자로 거듭 태어난 신화의 주인공과 함께 '올~ㅇ ㄹ'로 지칭되었다.31) 그리고 그러한 까닭에 태초의 상태로 재창조된 세계의 중심에 위치하는 중심산 역시 '올~ㅇ ㄹ'로도 불리게 되었다.32) '올~ㅇ ㄹ'는 'ㄹ'이 변이되거나 탈락하여 축약되기도 하고, 'ㆍ'가 다른 모음으로 변이되기도 하면서 여러 가지 변이형태를 갖게 되었다. 이들 변이형태는 보통 압鴨 명鳴 나奈 내來 몽蒙 난卵 전前 영永 등登 등과33) 알閼 아라我羅 아리阿利 아리娥利 울蔚 울鬱 등으로34) 차자되었다.

다른 한편 중심산은 흔히 남산南山으로도 불린다. 중심산이 남산으로도 불리는 것은 고을의 중심부가 신들을 모시는 신성공간인 중심산을

---

28) 이들은 음의 차자이다.
29) 閔肯基,「영웅신화 주인공의 탄생에 대하여」(『檀山學志』제7집, 梅檀學會, 2001) 참조.
30) <혁거세왕신화(赫居世王神話)>의 나정(蘿井) 알영정(閼英井) 알천(閼川), <금와왕신화(金蛙王神話)>의 곤연(鯤淵), <장자못전설>의 장자못 등이 그 대표적 예이다.
31) 재창조된 세계의 표상인 나정(蘿井) 알영정(閼英井) 알천(閼川) 등으로 불린 것이 그 대표적 예이고, 신화의 주인공일 경우 혁거세왕과 김알지(金閼智)가 알지(閼智)로 불린 것이 그 대표적 예이다. 필자의 판단으로는 알지의 알(閼)은 음을 표기하기 위한 차자이고, 지(智)는 의미를 첨기하기 위한 차자이다.
32) 예를 들어 울산(蔚山) 같은 경우이다.
33) 이들은 훈의 차자이다.
34) 이들은 음의 차자이다.

남쪽으로 바라보는 곳에 위치하기 때문이다. 그러나 그렇다고 해서 남
산이 지역단위의 남산을 지칭하는 것은 아니다. 서울의 남산南山을 남
산으로 부르지만 서울이라는 지역단위의 남산이 아닌 것과 마찬가지
이치다. 남산은 서울이라는 지역단위의 중심산이고, 정작 서울이라는
지역단위의 남산은 관악산冠岳山이다.

2) 동東을 지칭하는 우리말은 기본적으로 '술~ᄉ᷀ᄅ'의 형태이다.
'술~ᄉ᷀ᄅ'는 'ㄹ'이 변이되거나 탈락하여 축약되기도 하고, 'ᆞ'가 다른
모음으로 변이되기도 하면서 여러 가지 변이형태를 갖게 되었다. 이들
변이형태는 보통 반盤 반蟠 취鷲 차車 시矢 미米 송松 주酒 탄炭 정鼎 증甑
간間 신新 초草 조鳥 봉鳳 금金 철鐵 우牛 등과35) 술戌 순順 등으로36) 차자
되어 오방의 동쪽지역에 있는 산이나 들 마을을 뜻하는 말로 사용되었
고, 그곳 출신의 인물을 지칭하는 등에도 사용되었다. 지금도 살아남아
있는 동쪽을 뜻하는 새나 마을을 뜻하는 실, 높은 봉우리를 지칭하는
수리봉의 수리는 이에서 연원하는 것으로 생각된다.

3) 서西를 지칭하는 우리말은 기본적으로 '블~ᄇ᷀ᄅ'의 형태이다.
'블~ᄇ᷀ᄅ'는 'ㄹ'이 변이되거나 탈락하여 축약되기도 하고, 'ᆞ'가 다른
모음으로 변이되기도 하면서 여러 가지 변이형태를 갖게 되었다. 이들
변이형태는 보통 화火 광匡 정正 취嘴 연硯 전田 염簾 적赤 단丹 주朱 자취
吹 자紫 봉蜂 해海 천遷 성星 이梨 주舟 화禾 등과37) 발鉢 발發 불佛 불弗 벌
伐 등으로38) 차자되어 오방의 서쪽지역에 있는 산이나 들 마을을 뜻하
는 말로 사용되었고, 그곳 출신의 인물을 지칭하는 등에도 사용되었다.

---

35) 이들은 훈의 차자이다.
36) 이들은 음의 차자이다.
37) 이들은 훈의 차자이다.
38) 이들은 음의 차자이다.

지금도 살아남아 있는 들을 뜻하는 벌은 이에서 연원하는 것으로 생각된다.

4) 남南을 지칭하는 우리말은 기본적으로 '글~ᄀᄅ'의 형태이다. '글~ᄀᄅ'는 'ㄹ'이 변이되거나 탈락하여 축약되기도 하고, 'ᄀ'가 다른 모음으로 변이되기도 하면서 여러 가지 변이형태를 갖게 되었다. 이들 변이형태는 보통 완莞 화花 문文 행行 동銅 목木[39] 쌍雙 병竝 등과[40] 골骨 갈葛 개開 귀貴 등으로[41] 차자되어 오방의 남쪽지역에 있는 산이나 들 마을을 뜻하는 말로 사용되었고, 그곳 출신의 인물을 지칭하는 등에도 사용되었다. 지금도 살아남아 있는 마을을 뜻하는 골은 이에서 연원하는 것으로 생각된다.

한편 흔히들 남쪽에서 불어오는 바람을 지칭한다는 이유로 마파람의 '마'를 남쪽을 지칭하는 말이라고 한다. 그러나 필자의 판단으로는 '마'는 '믈~ᄆᄅ'의 변이형태이다. 따라서 필자는 마파람은 중심산으로부터 불어오는 바람을 뜻하는 말이지 남쪽에서 불어오는 바람을 뜻하는 말은 아니라고 생각한다. 고을의 중심부가 신들을 모시는 신성공간인 중심산을 남쪽으로 바라보는 곳에 위치하기 때문에 마파람은 결과적으로 남쪽에서 불어오는 바람일 수밖에 없는데 그러한 까닭에 결국 남쪽에서 불어오는 바람을 지칭하는 말이 되었을 것이다.

5) 북北을 지칭하는 우리말은 기본적으로 '둘~ᄃᄅ'의 형태이다. '둘~ᄃᄅ'는 'ㄹ'이 변이되거나 탈락하여 축약되기도 하고, 'ᄃ'가 다른 모음으로 변이되기도 하면서 여러 가지 변이형태를 갖게 되었다.

---

39) 목(木)의 현행 통훈(通訓)은 나무이나 나무를 세는 단위가 그루라는 점이나 그루터기 등의 어휘를 생각할 때 나무를 그루라 칭하던 시대가 있었던 것으로 생각된다.
40) 이들은 훈의 차자이다.
41) 이들은 음의 차자이다.

이들 변이형태는 보통 원圓 주周 입入 납納 석石 월月 감甘 환還 회回 회廻 양梁 계鷄 훼喙 교橋 족足 병屛 죽竹 승升 등과[42] 달達 대臺 등으로[43] 차 자되어 오방의 북쪽지역에 있는 산이나 들 마을을 뜻하는 말로 사용되 었고, 그곳 출신의 인물을 지칭하는 등에도 사용되었다. 지금도 살아 남아 있는 앞뒤의 뒤나 평평한 땅을 뜻하는 들은 이에서 연원하는 것 으로 생각된다.

필자의 이와 같은 재구는 일찍이 최범훈 교수가 재구했던 '굴'형型 지 명地名, '금'형 지명, '들'형 지명, '믈'형 지명, '블'형 지명, '솔'형 지명이 란 여섯 지명의 유형과[44] 표면상 거의 일치하는 것이다.[45] 최범훈 교 수가 지명을 그와 같은 유형으로 재구한 의도는

…… 이것을 通하여 上代人들의 地名 命名法의 形態와 精神 底邊을 支配하던 思考方式, 그리고 原始信仰 問題, 나아가서 우리말의 原初的 起源의 端緒를 찾고자 ……

하는 것이었다.[46] 그리하여 최범훈 교수는 '굴'형의 지명을 '분기점分岐點 즉卽 강류江流 · 천류川流의 분기점分岐點에 발달發達한 취락聚落이란 의미 意味'로, '금'형의 지명을 '자못 상대上代의 신앙信仰 · 정신면精神面과 관련 關聯되는 지명地名으로', '들'형의 지명을 "산山'에 대응對應'되는 지명으로 '근원적根源的인 '입立 · 지地'의 의미意味에서 전화轉化되어 '원圓 · 주周'의

---

42) 이들은 훈의 차자이다.
43) 이들은 음의 차자이다.
44) 崔範勳, 앞의 논문, pp.136~144 참조.
45) 연구목적이 달라 약간의 차이가 있지만 이는 이병선(李炳銑) 교수가 주로 관심을 가졌 던 어휘와도 거의 일치하는 것이다(李炳銑,『韓國古代國名地名研究』(亞細亞文化社, 19 82) 참조).
46) 崔範勳, 앞의 논문, p.136.

의미에까지 전화轉化'된 것으로, '믈'형의 지명을 '두 가지 견지見地'로 보아 '지형地形에서 그 기원起源을 찾을 수 있으니, 천연적天然的으로 산맥山脈 · 구릉丘陵이 많은 지세地勢에서 올 수 있는 지명地名'인 동시에 '혈족간血族間의 종주족宗主族이거나 정복征服으로, 여러 부족部族을 거느린 부족部族이 정착定着한 지명地名을 이르는 말이기도' 한 것으로, '벌'형의 지명을 광명光明을 뜻하는 '밝'으로 받아들여 '이 '밝'은 그 전차형前次型이 궁극적窮極的으로 '벌野 '불'火과도 그 어의가 상통相通'하는 것으로, '슬'형의 지명을 '근육筋肉(살)이요, 생활수단生活手段(살다)이요, 인류人類(사람)의 범칭汎稱'으로 파악하였다.47)

그러나 필자가 앞에서 주장한 바대로 그것들은 오방을 지칭하는 말이다. 그리고 적어도 그것들 가운데 동서남북을 지칭하는 우리말이 '슬~ᄉᆞ른' '벌~ᄇᆞ른' '굴~ᄀᆞ른' '들~ᄃᆞ른'라는 말로 재구될 수 있다는 사실은 이정룡李正龍 박사가 그의 학위논문을 통해서 확실하게 입증한 바 있다.48)

이와 같이 오방체계에 따라 방위를 지칭하는 말을 붙이는 방식이 지명이 생성되는 틀이고, '믈~ᄆᆞ른' '슬~ᄉᆞ른' '벌~ᄇᆞ른' '굴~ᄀᆞ른' '들~ᄃᆞ른'가 오방을 지칭하는 말이라고 할 때 지명이 가지고 있는 진실을 파악하기는 그리 어려운 일이 아니라고 생각된다. 지명이 생성되는 틀과 오방을 지칭하는 말들이 지명에 표기된 한자가 음을 빌린 것인지 훈을 빌린 것인지를 판별하여 우리말 지명을 재구하는 데 큰 도움이 될 것임은 물론 지명이 가지고 있는 진실을 밝혀줄 지남指南이 될 수 있을 것이기 때문이다.

---

47) 崔範勳, 위의 논문, pp.136~144 참조.
48) 李正龍, 「地名借字에 收容된 方位語辭 硏究」(昌原大學校 大學院 國語國文學科, 2001) 참조.
　　李正龍, 『韓國 古地名 借字表記 硏究』(景仁文化社, 2002) 참조.

참고문헌

≪경기도시흥군읍지지도(京畿道始興郡邑誌地圖)≫(규장각소장(奎章閣所藏), 1899.5).

≪경기읍지(京畿邑誌)≫(1871).

≪경기지(京畿誌)≫(1842~1843).

≪계림유사(鷄林類事)≫(손목(孫穆), 1103년경).

≪고려사(高麗史)≫(1451).

≪고종실록(高宗實錄)≫(1935).

≪광주천자문(光州千字文)≫(1575).

≪구한국지방행정구역명칭일람(舊韓國地方行政區域名稱一覽)≫(조선총독부(朝鮮總督府), 1912).

≪국조인물고(國朝人物考)≫(조선 영조대(英祖代)).

≪근역서화징(槿域書畵徵)≫(오세창(吳世昌), 계명구락부(啓明俱樂部), 1928).

≪기전읍지(畿甸邑誌)≫(1895.2).

『김해(金海)의 지명(地名)』(민긍기(閔肯基), 김해문화원(金海文化院), 2005).

『김해의 지명전설』(이홍숙(李泓淑), 김해문화원(金海文化院), 2008).

≪대동여지도(大東輿地圖)≫(김정호(金正浩), 1861).

≪대동지지(大東地志)≫(김정호(金正浩), 1864).

≪동국세시기(東國歲時記)≫(홍석모(洪錫謨), 1849).

≪동국여지비고(東國輿地備考)≫(조선 고종대(高宗代)).

≪동국여지지(東國輿地志)≫(유형원(柳馨遠), 조선 현종대(顯宗代)).

「마산·창원지역의 몇 가지 지명에 대하여」(민긍기, 『송암 정교환 박사 화
　　갑기념논총』, 송암 정교환 박사 화갑기념논총 간행위원회, 1995).

≪명종실록(明宗實錄)≫(1571).

≪삼국사기(三國史記)≫(김부식(金富軾), 1145).

≪삼국유사(三國遺事)≫(석일연(釋一然), 1270~1280경).

≪서울육백년사(六百年史) 제사권(第四卷)≫(서울특별시(特別市), 1981).

≪서울육백년사(六百年史) 제이권(第二卷)≫(서울특별시(特別市), 1978).

≪서울지명사전≫(서울특별시사편찬위원회, 2009).

≪서울특별시(特別市) 동명연혁고(洞名沿革攷)≫ <강서·양천구편(江
　　西·陽川區篇)>(서울특별시(特別市), 1991).

≪서울특별시(特別市) 동명연혁고(洞名沿革攷)≫ <관악·동작구편(冠
　　岳·銅雀區篇)>(서울특별시(特別市), 1989).

≪서울특별시(特別市) 동명연혁고(洞名沿革攷)≫ <구로구편(九老區篇)>
　　(서울특별시(特別市), 1990).

≪서울특별시(特別市) 동명연혁고(洞名沿革攷)≫ <마포구편(麻浦區篇)>
　　(서울특별시(特別市), 1979).

≪서울특별시(特別市) 동명연혁고(洞名沿革攷)≫ <영등포구편(永登浦
　　區篇)>(서울특별시(特別市), 1985).

≪서울특별시(特別市) 동명연혁고(洞名沿革攷)≫ <용산구편(龍山區篇)>
　　(서울특별시(特別市), 1980).

≪석봉천자문(石峰千字文)≫(한호(韓濩), 1583).

≪선조실록(宣祖實錄)≫(1616).

≪세조실록(世祖實錄)≫(1471).

≪세종실록(世宗實錄)≫(1454).

≪승정원일기(承政院日記)≫.

≪시흥군읍지(始興郡邑誌)≫(규장각소장(奎章閣所藏), 1899.11).

≪시흥직산안핵사주본(始興稷山按覈使奏本)≫(규장각소장(奎章閣所藏), 1904).

<시흥현지도(始興縣地圖)>(규장각소장(奎章閣所藏), 1872).

≪신구대조조선전도부군면리동명칭일람(新舊對照朝鮮全道府郡面里洞名稱一覽)≫(월지유칠(越智唯七), 1917).

≪신증동국여지승람(新增東國輿地勝覽)≫(1530).

≪신증유합(新增類合)≫(유희춘(柳希春), 1576).

「신화시대에 대하여」(민긍기(閔肯基), 『단산학지(檀山學志)』제6집, 전단학회(栴檀學會), 2000).

≪양천군읍지(陽川郡邑誌)≫(규장각소장(奎章閣所藏), 1899).

<양천팔경첩(陽川八景帖)>(정선(鄭歆), 1740~1745경).

≪여지도서(輿地圖書)≫(1757~1765).

≪연산군일기(燕山君日記)≫(1509).

≪영등포구지(永登浦區誌)≫(서울특별시(特別市) 영등포구(永登浦區), 1991).

≪영등포(永登浦) 근대(近代) 100년사(年史)≫(영등포구청(永登浦區廳), 2004).

「영웅신화 주인공의 탄생에 대하여」(민긍기(閔肯基), 『단산학지(檀山學志)』제7집, 전단학회(栴檀學會), 2001).

『우리 땅이름의 뿌리를 찾아서 2』(배우리, 토담, 1994).

『우리 땅이름의 뿌리를 찾아서 1』(배우리, 토담, 1994).

「우리말 지명(地名)의 표기(表記)에 사용된 한자(漢字)의 차자방식(借字方式)에 대하여」(민긍기(閔肯基), 『사림어문연구(士林語文研究)』제12집, 사림어문연구회(士林語文學會), 1999).

≪인조실록(仁祖實錄)≫(1653).

≪정조실록(正祖實錄)≫(1805).

≪조선금석총람(朝鮮金石總覽)≫(조선총독부(朝鮮總督府), 1919).

≪조선왕실의 행사그림과 옛지도≫(김정혜 이예성 양보경, 한국학중앙연구원, 2005).

≪조선왕조실록(朝鮮王朝實錄)≫.

≪조선후기지방지도(朝鮮後期地方地圖)≫ <경기도(京畿道)편>(서울대학교(大學校) 규장각(奎章閣), 1997).

≪주해천자문(註解千字文)≫(홍태운(洪泰運), 1804).

「중심을 나타내는 우리말에 대하여」(민긍기(閔肯基), 『단산학지(檀山學志)』제4집, 전단학회(栴檀學會), 1998).

「지명(地名)이 생성되는 틀에 대하여」(민긍기(閔肯基), 『연민학지(淵民學志)』제7집, 연민학회(淵民學會), 1999).

『지명전설의 생성적 의미에 관한 연구』(이홍숙(李泓淑), BM, 2010).

「지명차자(地名借字)에 수용(收容)된 방위어사(方位語辭) 연구(硏究)」(이정룡(李正龍), 창원대학교(昌原大學校) 대학원(大學院) 국어국문학과(國語國文學科), 2001).

≪지방행정구역요람(地方行政區域要覽)≫(내무부(內務部), 1987).

『창원도호부권역(昌原都護府圈域) 지명연구(地名硏究)』(민긍기(閔肯基), 경인문화사(京仁文化社), 2000).

≪창원(昌原)의 지명유래(地名由來)≫(창원시(昌原市), 1991).

≪청구도(青邱圖)≫(김정호(金正浩), 1834).

≪태종실록(太宗實錄)≫(1431).

『한국고대국명지명연구(韓國古代國名地名研究)』(이병선(李炳銑, 아세
　　　아문화사(亞細亞文化社), 1982).

『한국(韓國) 고대한자음(古代漢字音)의 연구(研究) II』(유창균(兪昌均),
　　　계명대학교출판부(啓明大學校出版部), 1983).

『한국(韓國) 고대한자음(古代漢字音)의 연구(研究) I』(유창균(兪昌均),
　　　계명대학교출판부(啓明大學校出版部), 1980).

『한국고분벽화(韓國壁畵古墳)』(김원룡(金元龍), 일지사(一志社), 1980).

『한국(韓國) 고지명(古地名) 차자표기(借字表記) 연구(研究)』(이정룡(李
　　　正龍), 경인문화사(京仁文化社), 2002).

≪한국세시풍속사전≫ <봄편>(국립민속박물관, 2005).

≪한국세시풍속사전≫ <정월편>(국립민속박물관, 2004).

『한국연극사(韓國演劇史)』(이두현(李杜鉉), 학연사(學硏社), 1985).

≪한국지명총람≫ <서울편>(한글학회, 1966).

「한국지명학(韓國地名學) 연구서설(研究序說)」(최범훈(崔範勳), 『국어국
　　　문학(國語國文學)』제42ㆍ43합병호, 국어국문학회(國語國文學會),
　　　1968).

≪호구총수(戶口總數)≫(1789).

≪후한서(後漢書)≫(범엽(范曄), 남북조(南北朝) 송대(宋代)).

≪훈몽자회(訓蒙字會)≫(최세진(崔世珍), 1527).

색인

영등포의 역사와 지명이야기

초판 1쇄 인쇄일	2013년 03월 09일
2쇄 인쇄일	2013년 07월 31일
초판 1쇄 발행일	2013년 03월 10일
2쇄 발행일	2013년 08월 10일

지은이	민긍기
펴낸이	정구형
편집이사	박지연
책임편집	심소영
편집/디자인	이하나 정유진 신수빈 윤지영 이가람
마케팅	정찬용 권준기
영업관리	김소연 차용원
인쇄처	미래프린팅
펴낸곳	**국학자료원**

등록일 2006 11 02 제2007-12호
서울시 강동구 성내동 447-11 현영빌딩 2층
Tel 442-4623 Fax 442-4625
www.kookhak.co.kr
kookhak2001@hanmail.net

ISBN	978-89-279-0226-3 *93900
가격	18,000원